APPRENDRE
LE CHINOIS

OBJECTIF LANGUES

APPRENDRE LE CHINOIS
Niveau débutants
A2

Hélène Arthus

LA COLLECTION OBJECTIF LANGUES

À PROPOS DU CADRE EUROPÉEN COMMUN DE RÉFÉRENCE POUR LES LANGUES

À partir de quel moment peut-on considérer que l'on « parle » une langue étrangère ? Et quand peut-on dire qu'on la parle « correctement », couramment ? Voire qu'on la « maîtrise » ? Cette question agite les spécialistes de la linguistique et de l'enseignement depuis toujours. Elle pourrait être de peu d'intérêt si les locuteurs d'aujourd'hui n'avaient pas à justifier leurs compétences dans ce domaine, notamment pour accéder à l'emploi.

C'est en partie pour répondre à cette question que le Cadre européen commun de référence pour les langues (CECRL), appelé plus communément « Cadre européen des langues », a été créé par le Conseil de l'Europe en 2001. Sa vocation première est de proposer un modèle d'évaluation de la maîtrise des langues neutre et adapté à toutes les langues afin de faciliter leur apprentissage sur le territoire européen. À l'origine, il entendait favoriser les échanges et la mobilité, mais aussi mettre un peu d'ordre dans les tests d'évaluation privés qui fleurissaient à la fin du XXe siècle et qui étaient, la plupart du temps, propres à une langue.
Plus de 15 ans après son lancement, son succès est tel qu'il a dépassé les simples limites de l'Europe et qu'il est utilisé dans le monde entier ; pour preuve, son cahier des charges est disponible en 39 langues. Les enseignants, les recruteurs et les entreprises y ont largement recours et les praticiens « trouvent un avantage à travailler avec des mesures et des normes stables et reconnues[1]. »

LES 6 NIVEAUX DU CADRE EUROPÉEN DES LANGUES

Le cadre européen se divise en 3 niveaux généraux et en 6 niveaux communs de compétence :

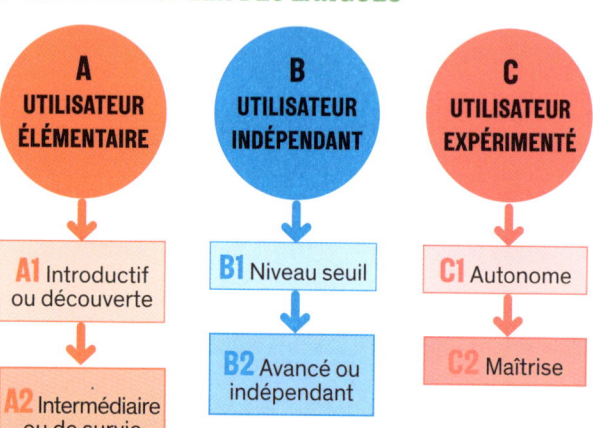

Chacun des niveaux communs de compétence est détaillé selon des activités de communication langagières :
- la production orale (parler) et écrite (écrire) ;
- la réception (compréhension de l'oral et de l'écrit) ;
- l'interaction (orale et écrite) ;
- la médiation (orale et écrite) ;
- la communication non verbale.

Dans le cadre de notre méthode d'apprentissage et de son utilisation, les activités de communication se limitent bien sûr à la réception (principalement) et à la production (un peu). L'interaction, la médiation et la communication non verbale s'exercent sous forme d'échanges en rencontrant des locuteurs et/ou en échangeant avec eux (avec ou sans présence réelle pour dire les choses autrement).

LES COMPÉTENCES DU NIVEAU A2

Avec le niveau A2, je peux :
- **comprendre** des expressions et des messages simples et très fréquents ;
- **lire** des textes courts et trouver une information dans des documents courants ;
- **comprendre** des courriers personnels courts et simples ;
- **communiquer** lors de tâches simples et habituelles ;
- **décrire** en termes simples ma famille, d'autres gens, mes conditions de vie, ma formation et mon activité professionnelle ;
- **écrire** des notes et des messages courts et simples.

La plupart des méthodes d'autoapprentissage de langues actuelles utilisent la mention d'un des niveaux du cadre de référence (la plupart du temps B2), mais cette catégorisation a souvent été faite *a posteriori* et ne correspond pas forcément à leur cahier des charges.

En suivant les leçons à la lettre, en écoutant les dialogues et en faisant les exercices proposés, vous parviendrez au niveau A2. Mais n'oubliez pas qu'il ne s'agit que d'un début. Le plus important commence ensuite : échanger avec des locuteurs natifs, entretenir sa langue et ne pas la laisser rouiller et, ainsi, améliorer sans cesse la compréhension et l'expression.

1. *Cadre européen commun de référence pour les langues,* Éditions Didier (2005).

APPRENDRE LE CHINOIS

INTRODUCTION

Abordant une autre famille de langues que celle de votre naissance, vous aurez besoin d'écouter les sons et les rythmes de la phrase chinoise en plusieurs étapes avant de la reproduire. Ce temps consacré à l'oreille sera d'ailleurs vite bénéfique, car la grammaire chinoise est simplissime. Elle consiste à juxtaposer des mots invariables dans le bon ordre, sans conjugaison ni accord… Une bonne nouvelle, non ?

UN CHEMINEMENT

Nous vous suggérons un chemin pour amorcer votre étude des 30 dialogues de ce manuel, qui couvre les niveaux A1-A2 du CECRL. Vous adapterez nos suggestions à vos compétences spécifiques bien sûr.

听 Pour une première immersion, commencez par écouter (**tīng**) le dialogue en suivant juste sa traduction française et les changements de voix.

听读 Une fois la situation du dialogue comprise, écoutez et lisez (**tīng dú**) la transcription pinyin en couleur dans les dialogues et en gras dans les explications. Vous la découvrirez au fil des premières leçons. Mais l'Annexe 1 la résume en 14 règles si vous souhaitez avoir d'emblée une vue globale.

比较 Pour déchiffrer chaque phrase du dialogue à partir du pinyin, commencez par explorer la rubrique VOCABULAIRE de la leçon. Une étape importante consiste à comparer (**bǐjiào**) la phrase chinoise et française : l'ordre des mots diffère souvent, leur nombre aussi et la ponctuation parfois.

再听 Ce travail de déchiffrage, facile au début, demandera des efforts quand les dialogues s'allongeront. Alors, prévoyez des étapes et pensez à réécouter (**zài tīng**) par segment dès que vous terminez une étape. Dès lors que les sons prennent sens, il est temps de commencer à répéter ce que vous comprenez.

看看 Entre chaque étape de déchiffrage, essayez de regarder (**kàn-kan**) les signes chinois. Vous ne tarderez pas à repérer visuellement ceux qui reviennent souvent, ceux qui sont simples ou en « pattes de mouche » ! En tout cas, l'étude du chinois gagne en intérêt si on apprend à reconnaître des signes, car ils permettent de voyager dans le temps et dans l'espace interculturel.

边听边说 Au terme de votre travail sur le dialogue, vous serez capable de l'écouter en répétant (**biān tīng biān shuō**)… sans regarder ! Passez alors à l'exercice enregistré : il est plus facile que le dialogue et vise l'essentiel pour communiquer en chinois.

DES OUTILS

Les tableaux récapitulatifs en annexes focalisent sur certains points sensibles de la langue.

Annexe 1 : pinyin et tons
Annexe 2 : compter
Annexe 3 : monnaie, mesures et classificateurs
Annexe 4 : lexique locatif et toponymes de la méthode
Annexe 5 : lexique temporel
Annexe 6 : particules et interjections
Annexe 7 : 86 caractères fréquents

Bien sûr, chaque leçon fournit au fur et à mesure les outils nécessaires : observations des signes, explications, numéros de renvoi à une leçon antérieure pour un mot déjà vu et non répété dans le VOCABULAIRE indiqué entre parenthèses dans le dialogue et réemploi de l'essentiel dans les exercices.

LA DÉCOUVERTE DE L'ÉCRITURE

写 Si vous le souhaitez, vous apprendrez à écrire (**xiě**) 86 caractères simples, à raison de deux ou trois par leçon. Ils sont listés en **Annexe 7.** Tracer un caractère implique de suivre l'usage ancestral ! Avec un crayon ou un stylo-bille, peu importe. La méthode ? Repasser sur chaque caractère gris en suivant les consignes de fléchage indiqué au-dessus du signe :

不 **bù**, *ne pas, non* - N° 1 (trait horizontal du haut) ; N° 2 (trait oblique vers la gauche) ↙ N° 3 (trait vertical médian) ↓ N° 4 (petit trait à droite) ↘

| 不 | 不 | 不 | 不 | 不 |

Ce signe comporte donc 4 traits dont il faut respecter l'orientation et l'ordre, sinon il ne trouvera pas sa forme optimale. Et voilà, le tour est joué. Est-ce vraiment sorcier ? Mais certains répliqueront peut-être : 不写！ **Bù xiě !** *Pas question d'écrire !*

Sachez qu'un signe reconnu ouvre un vaste réseau de sens. Prenons l'exemple de 礼 **lǐ**, *rite, rituel*, que l'on retrouve dans les mots 婚礼 **hūnlǐ**, *cérémonie de mariage*, 礼物 **lǐwù**, *cadeau*, 礼貌 **lǐmào**, *politesse*, etc.

ET AUSSI…

Un fil thématique s'est frayé un passage dans ces dialogues de langue courante. À vous de le trouver au détour de certaines petites notes culturelles…
Je vous souhaite un bon travail et une année de moisson abondante (丰年 **fēngnián**). Et maintenant : 上路！ **Shàng lù !** *En route !*

I.
PREMIERS CONTACTS

1. 数到三
COMPTER JUSQU'À TROIS — 15

2. 难不难？
C'EST DIFFICILE OU PAS ? — 23

3. 找什么？
QUE CHERCHEZ VOUS ? — 31

4. 她叫什么？
ELLE S'APPELLE COMMENT ? — 39

5. 你住哪儿？
TU HABITES OÙ ? — 47

6. 到达机场
ARRIVER À L'AÉROPORT — 55

II.
VIE PRATIQUE

7. 买点东西
PETITES COURSES — 63

8. 两杯绿茶
DEUX TASSES DE THÉ VERT — 71

9. 没有刀叉
SANS COUTEAU NI FOURCHETTE — 79

10. 花钱
DÉPENSER DE L'ARGENT — 87

11. 换卡
CHANGER DE CARTE SIM — 95

12. 太复杂了
TROP COMPLIQUÉ — 103

III.
TRANSPORTS

13. 坐车还是乘地铁？
BUS OU MÉTRO ? — 111

14. 两个冒失鬼司机
DEUX CHAUFFARDS — 119

15. 交通工具
MOYENS DE TRANSPORT — 127

IV.
MÉTÉO

16. 春夏秋冬
PRINTEMPS, ÉTÉ, AUTOMNE, HIVER — 135

17. 下雪的天气
TEMPS DE NEIGE — 143

V. FAMILLE ET ENTOURAGE

18. 小心点儿
SOIS PLUS PRUDENT 151

19. 同班同学
CAMARADE DE CLASSE 159

VI. SANTÉ

20. 饿着肚子
LE VENTRE VIDE 167

21. 请假治病
CONGÉ MALADIE 175

VII. ÉTUDES ET TRAVAIL

22. 有希望
IL Y A DE L'ESPOIR 183

23. 上班族
LA CHINE QUI SE LÈVE TÔT 191

24. 高科技的饺子
RAVIOLIS TECHNOLOGIQUES 199

VIII. LOISIRS ET VOYAGES

25. 注册参加
S'INSCRIRE POUR PARTICIPER 207

26. 休闲
DÉTENTE ET LOISIR 215

27. 旅行的快乐
PLAISIR DU VOYAGE 223

28. 拍摄
FILMER 231

29. 留在家乡
RESTER AU PAYS 239

30. 北京市花
FLEUR DE PÉKIN 247

I

PREMIERS

CONTACTS

1. COMPTER JUSQU'À TROIS

数到三

OBJECTIFS

- SALUER EN TUTOYANT
- POINTER UN OBJET SANS SAVOIR LE NOMMER
- NE RIEN COMPRENDRE, ESSAYER DE COMPRENDRE, FINIR PAR COMPRENDRE
- S'INITIER AUX CHIFFRES EN MARCHANDANT
- REFUSER, PUIS ACCEPTER
- REMERCIER ET RÉAGIR

NOTIONS

- ABORDER LA TRANSCRIPTION PINYIN
- PRONOMS : WŎ ; NĬ
- INTERROGATIFS : MA ? DUŌSHAO ?
- DÉMONSTRATIF : ZHÈ GE
- NÉGATION : BÙ

数到三
SHŬ DÀO SĀN
COMPTER JUSQU'À TROIS

🔊 02

Lila connaît à peine deux mots de chinois, pas un seul chiffre et elle marchande avec un brocanteur pékinois au marché aux puces de Panjiayuan… Leur astuce ? Chacun tape les prix sur la calculette de son smartphone !

莉拉：你好。这个……
Lìlā : Nǐ hǎo. Zhè ge…
Lila : Bonjour. Ce truc-là…

老王：你好，三百块。
Lǎo Wáng : Nǐ hǎo, sān bǎi kuài.
Lao Wang : Bonjour, ça fait trois cents kuai.

莉拉：我不懂。
Wǒ bù dǒng.
Je ne comprends pas.

老王：你看：300块。你买吗？
Nǐ kàn : sān bǎi kuài. Nǐ mǎi ma ?
Regarde : 300 kuai. Tu achètes ?

莉拉：不买。
Bù mǎi.
Non (je n'achète pas).

老王：你说多少？
Nǐ shuō duōshǎo ?
Tu dis combien ?

莉拉：100
100

老王：一百？！你看：200两百。
Yī bǎi ?! Nǐ kàn : 200 (liǎng bǎi).
Cent ?! Regarde : 200.

莉拉：好。
Hǎo.
D'accord.

老王：" 一、二、三"，你懂吗？
« Yī, èr, sān », nǐ dǒng ma ?
« Un, deux, trois », tu comprends ?

莉拉：一、二、三。
Yī, èr, sān.
Un, deux, trois.

老王："谢谢"，你懂吗？
« Xièxie », nǐ dǒng ma ?
« Merci », tu comprends ?

莉拉：我懂。谢谢你。
Wǒ dǒng. Xièxie nǐ.
Je comprends. Merci.

老王：不谢。
Bú xiè.
De rien.

COMPRENDRE LE DIALOGUE
LIRE LA TRANSCRIPTION PINYIN

Quand on débute l'apprentissage d'une langue, on est souvent contraint de communiquer par bribes de phrases. Lila se débrouille et le brocanteur est bon professeur, faites comme Lila… répétez lentement.

Pour l'heure, ne vous inquiétez pas des diverses accentuations que vous voyez sur les voyelles. Ce sont des tons que vous allez capter à l'oreille naturellement et que nous détaillerons plus tard.

→ **shǔ**, *compter* et **shuō**, *dire*. **SH** se prononce comme dans « un short » et **U** s'entend [OU]. Par contre, **sān** *trois* s'entend comme dans « persanne ».

→ **hǎo**, *bon, bien*. L'initiale **H** est un peu gutturale et soufflée. Alors expirez un coup sec ! Ensuite, on entend la voyelle grave du **ǎ**, suivi d'un **o** léger.

→ **zhè ge**, *ce, ceci*. Les deux consonnes **ZH** se lisent [DJ] comme dans « Django ». Et **G** se prononce aussi comme dans « Django ».

→ **bǎi**, *cent* ; **mǎi**, *acheter*. Avec la diphtongue **AI**, vous obtenez à peu près « baille » et « maille ».

→ **kàn**, *regarder* ; **kuài**, (unité de monnaie). Soufflez fort après **K**.

→ **xièxie**, *merci*. **X** se prononce entre [CH] et [S]. C'est une consonne chuintante qui n'existe pas en français. Alors écoutez-la bien. Si vous avez l'ouïe fine, il ne vous échappera pas que la première syllabe s'entend plus que la seconde : **xiè**_xie_.

NOTE CULTURELLE

À l'époque des rouleaux, on écrivait de haut en bas et de droite à gauche pour les lignes. Plus tard, le papier fut plié en éventail au format d'un livre. Sous l'influence des écritures occidentales, transmises à la Chine via le Japon, le chinois actuel s'écrit en général horizontalement, de gauche à droite.

▲ OBSERVER LES SIGNES

Repérez les caractères pour un, deux, trois. Que voyez-vous ? Des traits horizontaux qui symbolisent ces chiffres, n'est-ce pas ?

一 二 三

Règle : les traits horizontaux se tracent de gauche à droite. →

Trouvez le caractère du verbe *regarder* 看 **kàn** et cherchez où est son *œil* 目 **mù**. Vous trouvez que ce signe ne ressemble pas à un œil ? C'est vrai, mais dans la Haute Antiquité, on dessinait bel et bien un œil horizontal. Par la suite, l'œil est devenu un rectangle et il a subi une rotation à 90°. L'écriture chinoise a traversé les âges en évoluant graphiquement.

Le tracé global d'un signe part du haut pour descendre vers la base. L'ordre et l'orientation des traits obéissent à une logique gestuelle issue de la tradition.

Pour les chiffres deux et trois, remarquez que les traits hauts sont plus courts que la base. La taille relative des traits importe pour la clarté et l'esthétique de l'écriture.

◆ SENS ET GRAMMAIRE

- **wǒ dǒng**, *je comprends* ; **nǐ dǒng**, *tu comprends*. Les verbes ne se conjuguent pas, il suffit de changer de pronom personnel : **wǒ shǔ**, *je compte* ; **nǐ shǔ**, *tu comptes*.
- **… ma ?** *Est-ce que… ?* Dans ce dialogue, l'ordre des mots est quasiment identique au français, mais remarquez la position de la particule interrogative **ma**. Elle se place en fin de phrase, comme un point d'interrogation oral : **Nǐ dǒng ma ?** *Est-ce que tu comprends ?* ; **Nǐ mǎi ma ?** *Est-ce que tu achètes ?*
- **bù/bú**, *ne… pas*. Cette négation se place avant le verbe : **bù dǒng**, *ne pas comprendre* ; **bù mǎi**, *ne pas acheter*. Elle change de ton selon celui qui suit. Écoutez surtout le rythme musical !
- **duōshao ?** *combien ?* vient de **duō**, *beaucoup* associé à **shǎo**, *peu*. Il signifie donc littéralement (= beaucoup ou peu ?).
- Lorsque l'on compte par unités, on dit **èr** pour *deux* : **yī**, *un* ; **èr**, *deux* ; **sān**, *trois*. Mais pour *deux cents*, vous entendrez **liǎng bǎi** ou **èr bǎi**.
- **Bú xiè**, *de rien*. Cette expression signifie littéralement (= ne pas remercier). Le verbe **xiè** peut être répété pour dire merci avec un complément : **Xièxie nǐ**, *Je te remercie*, *Merci à toi*.

◆ EXERCICES

Certains exercices sont enregistrés. Ils sont signalés par le pictogramme 🔊 et le n° de piste sur laquelle ils se trouvent, et toujours à la suite du dialogue. Toutes les réponses sont données dans la partie « Corrigés » en fin d'ouvrage.

🔊 1. ÉCOUTEZ.

a. Quels verbes du dialogue entendez-vous ?

b. Réagissez négativement à ces trois énoncés.

c. Comprenez-vous ces quatre prix ?

d. Vous donnez votre accord pour le prix proposé.

2. DÉCHIFFREZ.

En cherchant bien, reconnaissez-vous ces quatre signes ?

好 百 看 谢

3. ORDONNEZ DES MOTS.

Ordonnez ces signes pour demander : *Est-ce que tu comprends ?*

₁懂 ₂你 ₃吗 ?

VOCABULAIRE

数 **shǔ** *compter*
到 **dào** *jusqu'à, arriver à*
三 **sān** *trois*
莉拉 **Lìlā** transcription du prénom *Lila*
老 **lǎo** *vieux, vieille* (adjectif)
王 **wáng** *roi* ; **Wáng** nom de famille
老王 **Lǎo Wáng** surnom du brocanteur
你 **nǐ** *tu, toi* (pronom)
你好 **nǐ hǎo** *bonjour* (= toi bien) (en s'adressant à une seule personne)
这个 **zhè ge** *ceci, ce truc-là* (démonstratif)
百 **bǎi** *cent*
块 **kuài** *morceau* (mot équivalent à **yuán**, la monnaie chinoise)
我 **wǒ** *je, moi* (pronom)
不 **bù/bú** *négation*
懂 **dǒng** *comprendre*
看 **kàn** *regarder*
买 **mǎi** *acheter*
吗? **ma?** *Est-ce que...?* (particule finale interrogative)
说 **shuō** *dire*
多 **duō** *beaucoup, nombreux* (adjectif)
少 **shǎo** *peu, pas nombreux* (adjectif)
多少? **duōshao?** *combien?* (interrogatif)
一 **yī** *un*
一百 **yī bǎi** *cent* (= un cent)
二 **èr** *deux*
两百 **liǎng bǎi** *deux cents*
好 **hǎo** *bon, bien, d'accord*
谢谢 **xièxie** *merci*
谢谢你。 **Xiéxie nǐ.** *Je te remercie.*
不谢 **bú xiè** *de rien*

TRACEZ DEUX SIGNES.

Repassez sur ces caractères grisés en suivant les indications en vert pour chaque trait :

èr, *deux* – trait n°1 en haut → ; trait n°2 → en bas et plus grand

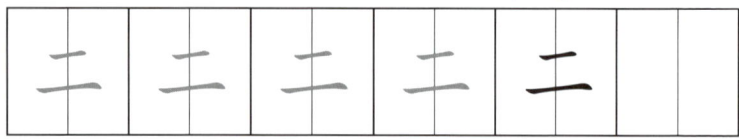

sān, *trois* – 1 → ; 2 → ; 3 → de haut en bas

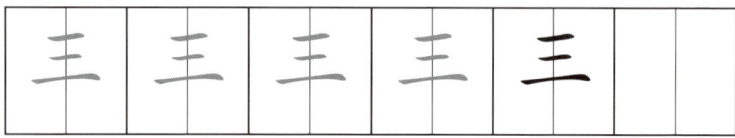

2. C'EST DIFFICILE OU PAS ?
难不难?

OBJECTIFS

- SALUER UN GROUPE
- SUPPOSER, S'ÉTONNER, CONFIRMER
- INTERROGER SUR UNE TIERCE PERSONNE
- FAIRE, NE PAS FAIRE, NE PAS DEVOIR FAIRE
- ADRESSER UNE QUESTION À UNE PERSONNE SPÉCIFIQUE
- VOLONTÉ ET ENCOURAGEMENT
- RÉPONSES BRÈVES

NOTIONS

- PINYIN (SUITE)
- QUESTION : ADJECTIF + BÙ + ADJECTIF ?
- QUESTION ELLIPTIQUE : NE ?
- PRONOMS : NǏMEN ; TĀ
- PROGRESSIF : ZÀI + VERBE
- VERBE MODAL : YÀO
- IMPÉRATIF NÉGATIF : BIÉ
- PARTICULE FINALE D'EMPATHIE : BA

难不难？
NÁN BU NÁN ?
C'EST DIFFICILE OU PAS ?

🔊 03

Marie emmène un ami dans un restaurant asiatique qu'elle connaît, mais c'est la première fois qu'elle s'adresse au jeune patron en chinois.

玛丽：你好。
Mǎlì : Nǐ hǎo.
Marie : Bonjour.

老板：你们好。哟……你在学中文吗？
Lǎobǎn : Nǐmen hǎo ! Yō… nǐ zài xué zhōngwén ma ?
Le patron : Bonjour ! Oh… tu apprends le chinois ?

玛丽：对。
Duì.
C'est exact.

老板：你朋友呢？
Nǐ péngyou ne ?
Et ton copain ?

玛丽：他不学中文，学天文学。
Tā bù xué zhōngwén, xué tiānwénxué.
Il ne fait pas de chinois, il étudie l'astronomie.

老板：学天文学？天啊！
Xué tiānwénxué ? Tiān a !
Il étudie l'astronomie ? Ciel !

玛丽：他要上天！
Tā yào shàng tiān !
Il veut monter au ciel !

老板：别笑他。我问你，中文难吗？
Bié xiào tā. Wǒ wèn nǐ, zhōngwén nán ma ?
Ne te moque pas de lui. Dis-moi, c'est difficile le chinois ?

玛丽：难。
Nán.
C'est dur.

老板：不难，慢慢学吧。
Bù nán, màn-màn xué ba.
Mais non, tu vas apprendre petit à petit.

■ COMPRENDRE LE DIALOGUE
LIRE LA TRANSCRIPTION PINYIN

→ **bù**, *ne pas*. En fait, le **B** du pinyin se prononce entre [B] et [P]. Écoutez et cherchez une syllabe intermédiaire entre les mots « bout » et « poux ». Pour **ba** (particule finale), cherchez entre « bas » et « pas ».

→ **zài**, *être en train de*. Prenons une image : **Z** est un moustique qui fait [DZZZ] ! Par conséquent, **zài** se lit [DZAÏ]. Quant à **ZH**, dans **zhōng**, *milieu* et **zhōngwén**, *le chinois*, vous entendez [DJONG].

→ **xué**, *étudier*. Il va falloir que vous zozotiez un peu pour dire « suer » !

→ **duì**, *exact*. La diphtongue **UI** s'entend [OUÉ], donc **duì** est proche du mot « doué » en français. Aussi doué(e) que vous soyez, fiez-vous à l'enregistrement… parce que la transcription pinyin est troublante au début (voir annexe 1).

→ **péngyou**, *ami(e)*. Soufflez fort après **P**. La diphtongue **OU** s'entend [O-OU].

→ **tā**, *lui* et **tiān**, *ciel*. Soufflez fort après **T**. La finale **IAN** se prononce [IENN]. Dites **tiān** en pensant à « tienne ». À la tienne !

NOTE CULTURELLE

L'étude est une valeur confucéenne restée très vivace en Chine. De même, encourager à étudier constitue une marque d'amitié. Ainsi, dans le dialogue, tout comme le patron qui encourage Marie à étudier le chinois, Marie devrait se montrer admirative de son copain futur astronome ! À propos d'astronomie, saviez-vous qu'un cratère sur la Lune porte le nom de 石申 **Shí Shén**, un astronome du IVe siècle avant notre ère, en hommage à son traité d'astronomie « 石申天文 » ?

▲ OBSERVER LES SIGNES

难不难? **Nán bu nán?** *C'est difficile ou pas?* (= difficile pas difficile) Un caractère chinois s'écrit dans un carré virtuel. Comptez ceux du titre du dialogue 2, sans le point d'interrogation. Puis les mots du titre en français. Trois signes d'un côté et cinq mots de l'autre.

Le pronom pluriel 你们 **nǐmen** se décompose en deux signes : 你 **nǐ**, *tu, toi* + 们 **men,** (le suffixe du pluriel) *vous*.

Règle : chaque syllabe correspond à un caractère et un sens (ou une fonction).
Voyez-vous le petit carré dans la partie gauche de l'exclamation de surprise 哟 **yō** ? Eh bien, c'est une bouche ouverte 口 qui fait : *Oh…*

◆ SENS ET GRAMMAIRE

- **nán**, *être difficile. L'adjectif attribut a un sens verbal en chinois.* **nán,** *c'est difficile* ; **bù nán,** *ce n'est pas difficile* ; **Nán bu nán ?** *C'est difficile ou pas ? Est-ce difficile ? La question est formée ici par juxtaposition du positif et du négatif.*
- **Nǐmen hǎo,** *Bonjour. Il y a plusieurs façons de dire bonjour selon la situation.* **Nǐ hǎo,** *Bonjour* (= toi bien) s'adresse à une seule personne. Mais en disant **nǐmen hǎo**, le patron salue Marie et son copain. Il s'agit ici du *vous* pluriel et non du *vous* de politesse.
- **Nǐ zài xué zhōngwén ma ?** Le patron demande à Marie (**nǐ**) *si elle est en train* (**zài**) *d'apprendre* (**xué**) *le chinois* (**zhōngwén**).
- **lǎobǎn,** *patron* (= vieux-planche) est un mot familier. Serait-ce parce que le patron passe sa vie derrière son comptoir ?
- **ma ?** En ajoutant cet interrogatif après un adjectif, on obtient une question : **Zhōngwén nán ma ?** *Est-ce que le chinois est difficile ?* **Zhōngwén nán.** *Oui, le chinois est difficile.*
- Règle : l'ordre des mots de la question et de la réponse est identique.
- **ne ?** (particule finale). Cet interrogatif remplace une question sous-entendue. **Nǐ péngyou ne ?** Le patron demande à Marie si *son copain apprend aussi le chinois.*
- **xué,** *apprendre, science, savoir. Ce mot est malléable, car il peut être verbal ou nominal, c'est pourquoi il apparaît deux fois dans :* **Tā xué tiānwénxué.** *Il étudie l'astronomie* (= ciel-signe-savoir). Ou encore : **Tā shàng dàxué xué zhōngwén.** *Il va* (= monte) *à l'université* (**dàxué**) *pour apprendre le chinois.*
- **Wǒ wèn nǐ.** *J'ai une question à te poser, Je te demande quelque chose.* Changeons les pronoms : **Tā wèn wǒ.** *Il me pose une question.*
- **màn-man,** *petit à petit, tout tranquillement, sans se presser.* Le redoublement de l'adverbe **màn,** *lentement* le met en valeur.
- **ba** est en fait intraduisible. Il s'agit d'une marque d'empathie ici. Le patron donne un conseil bienveillant à Marie : *Tu n'as qu'à apprendre petit à petit, et tout ira bien.*

EXERCICES

1. ÉCOUTEZ.

a. Quels verbes du dialogue entendez-vous ?

b. Quels pronoms personnels entendez-vous ?

c. Quels adjectifs entendez-vous ?

d. Répondez aux deux questions posées sans changer l'ordre des mots.

2. DÉCHIFFREZ.

Reconnaissez-vous ces quatre signes formant une phrase ?

中 文 不 难。

3. ORDONNEZ DES MOTS.

Ordonnez ces signes pour demander : *Est-ce que tu apprends le chinois ?*

₁学 ₂文 ₃吗 ₄中 ₅你 ₆在 ?

VOCABULAIRE

难 **nán** *difficile, être difficile* (adjectif de sens verbal)
不难 **bù** *pas difficile* (négation + adjectif)
老板 **lăobăn** *patron* (= vieux-planche)
你们 **nǐmen** *vous* (pluriel de **nǐ**, *tu*)
好 **hăo** *bon, être bien* (adjectif verbal)
你们好 **nǐmen hăo** *bonjour* (en s'adressant à plusieurs personnes)
哟 **yō** (exclamation de surprise)
在 **zài** *être en train de* (+ verbe)
学 **xué** *apprendre, étudier ; science, domaine de connaissance*
中文 **zhōngwén** *le chinois* (= milieu-langue)
对 **duì** *exact, être exact* (adjectif verbal)
朋友 **péngyou** *ami(e)*
呢? **ne?** (particule finale d'une question sous-entendue)
他 **tā** *il, lui*
天文学 **tiānwénwué** *astronomie* (= ciel-signe-étude)
啊! **a!** (particule finale exclamative)
要 **yào** *vouloir*
上天 **shàng tiān** *monter au ciel*
别 **bié** *arrête de, tu ne devrais pas* (négation impérative)
笑 **xiào** *rire, se moquer de*
问 **wèn** *interroger, poser une question à*
慢 **màn** *lent, lentement* (adjectif verbal et ici adverbe)
吧 **ba** *tu n'as qu'à, il suffit que tu* (particule finale à valeur de conseil)

TRACEZ DEUX SIGNES.

Repassez sur ces caractères grisés en descendant et en suivant les indications en vert pour chaque trait :

zhōng, *le milieu* – 1 ↓ petit trait à gauche ; 2 ↓ ; 3 → fermer le rectangle ; 4 ↓

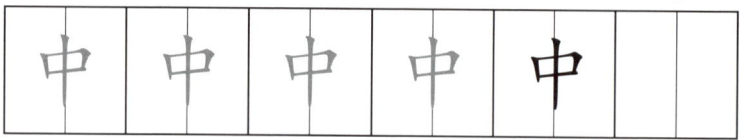

wén, *le signe* – 1 ` point au sommet ; 2 → ; 3 ↙ incurvé ; 4 ↘

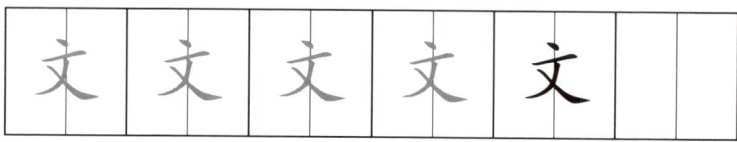

3. QUE CHERCHEZ-VOUS ?

找什么？

OBJECTIFS

- VOUVOYER UN CLIENT
- PROPOSER DE L'AIDE
- DEMANDER S'IL Y A ET LOCALISER
- S'IDENTIFIER PAR LA NATIONALITÉ ET L'ASCENDANCE
- DONNER UN NUMÉRO DE TÉLÉPHONE
- REMERCIER POLIMENT

NOTIONS

- PINYIN (SUITE)
- INTERROGATIF : SHÉNME ?
- PRONOM : NÍN
- VERBES DE BASE : SHÌ ; YǑU ; ZÀI
- LOCATIFS : ZHÈLI ; NÀBIĀN
- PARTICULE FINALE AFFIRMATIVE : A
- PLACE DE L'ADVERBE : YĚ
- GROUPE NOMINAL SIMPLE

找什么？
ZHǍO SHÉNME ?
QUE CHERCHEZ-VOUS ?

David est un peu perdu dans une librairie étrangère de Pékin…

大卫：找不到……
Dàwèi : Zhǎo-bu-dào…
David : Je ne trouve pas…

店员：您找什么书？
Diànyuán : Nín zhǎo shénme shū ?
Vendeuse : Quel livre cherchez-vous ?

大卫：找外国小说。这里有吗？
Zhǎo wàiguó xiǎoshuō. Zhèlǐ yǒu ma ?
Je cherche des romans étrangers. Il y en a ici ?

店员：有，在那边。
Yǒu, zài nàbian.
Oui, ils sont là-bas.

大卫：谢谢。
Xièxie.
Merci.

店员：不客气。您是……
Bú kèqi. Nín shì…
Je vous en prie. Vous êtes…

大卫：我是法国人。
Wǒ shì Fǎguórén.
Je suis français.

店员：是吗？
Shì ma ?
Ah bon ?

大卫：但我爸爸是中国人。您也是中国人吗？
Dàn wǒ bàba shì Zhōngguórén. Nín yě shì Zhōngguórén ma ?
Mais mon père est chinois. Vous êtes chinoise aussi ?

店员：是啊。以后你找什么中文书，我来帮你找。这是书店的电话。
Shì a. Yǐhòu nǐ zhǎo shénme zhōngwén shū, wǒ lái bāng nǐ zhǎo. Zhè shì shūdiàn de diànhuà.
Oui, oui. Par la suite si tu cherches un livre en chinois, je t'aiderai. Voilà le téléphone de la librairie.

大卫：谢谢您！
Xièxie nín !
Merci madame !

■ COMPRENDRE LE DIALOGUE
LIRE LA TRANSCRIPTION PINYIN

→ **Dàwèi**, *David*. Le V n'existe pas en pinyin, il est remplacé ici par un **W** qui se prononce comme dans « wifi ».

→ **xiǎoshuō**, *roman* ; **wàiguó**, *pays étranger*. Les deuxièmes syllabes se lisent [CHOU'O] et [GOU'O].

→ **guó**, *pays* et **yǒu**, *avoir*. Pour ne pas confondre les diphtongues **UO** et **OU**, observez la place du **O** : **guó** [GOU'O] et **yǒu** [YO'OU].

→ **kèqi**, *poli, faire des politesses*. Il faut souffler après **K**. Plus surprenant : **Q** se prononce [TCH'] et il faut souffler fort aussi. La syllabe **qi** se lit [TCH'I]… avec énergie.

→ **rén**, *humain*. Le **R** initial est proche du **J** français. En effet, **rén** s'entend entre les mots « jeune » et « gène »… et pas du tout comme le renne du Grand Nord !

→ **shì**, *être*. Jusqu'ici, vous avez prononcé le **I** du pinyin comme en français : **nǐ**, *tu*. Mais dans la syllabe **shì**, il est neutralisé, alors dites [CHEU].

Règle : en pinyin, la prononciation des voyelles **u-e-i** varie selon les consonnes initiales.

NOTE CULTURELLE

Le pronom de politesse 您 **nín**, *vous* s'emploie par déférence lorsque l'on s'adresse à quelqu'un de plus âgé que soi. Il sert aussi de marque d'affabilité envers la clientèle. **Xièxie nín** peut se traduire par *Merci à vous, Merci madame, Merci monsieur*, selon la situation. Si David remerciait quelqu'un de sa génération, il dirait plutôt : **Xièxie nǐ**. En Chine, on se tutoie plus qu'en France. Ne vous étonnez pas d'être gentiment tutoyé, surtout si vous êtes plus jeune que votre interlocuteur.

▲ OBSERVER LES SIGNES

L'espace entre chaque caractère reste toujours équidistant. Par conséquent un mot composé de deux ou trois signes n'est pas immédiatement perceptible :

1 mot de 2 syllabes   1 mot de 3 syllabes

Localisez dans le dialogue ce qui correspond à un Chinois et un Français. Autrement dit, cherchez 中国人 **Zhōngguórén** (= milieu-pays-personne) et **Fǎguórén** (= loi-pays-personne). Ces mots sont formés à partir de 中国 **Zhōngguó**, *Chine* et 法国 **Fǎguó**, *France*.

3. Que cherchez-vous ?

人 **rén** a été ajouté pour désigner un ressortissant du pays concerné. Ne vous inquiétez pas des majuscules et minuscules : le pinyin n'a rien d'une langue écrite, c'est juste une transcription.

Préhistoire : le signe 人 était à l'origine le dessin d'un bipède qui marche. C'est donc un pictogramme qui remonte aux sources de la représentation de l'homme par l'homme.

Dans ce dialogue se cachent un *soleil* 日 **rì** [jeu] et une *lune* 月 **yuè**. Regardez bien, le soleil se trouve dans le verbe *être* (en haut) et la lune dans le verbe *avoir* (en bas) : 是 **shì**, *être* 有 **yǒu**, *avoir*

◆ SENS ET GRAMMAIRE

- 什么? **shénme ?** Cet interrogatif se traduit par *qu'est-ce que* ou *que* dans le titre : *Que cherchez-vous ?* Mais il se traduit par *quel* dans la phrase **Nǐ zhǎo shénme shū ?**
- 您 **nín**, *vous*. La vendeuse, une dame d'âge moyen, vouvoie le client et David fait de même. Mais en fin de dialogue, elle le tutoie quand elle lui propose de l'aide.
- 有 **yǒu**, *avoir*. Ce verbe exprime une présence : **Yǒu rén ma ?** *Il y a quelqu'un ?* Il peut être précédé d'un lieu et suivi d'un complément : **Zhèli yǒu shū** (= ici avoir livre). *Il y a des livres ici.*
- 在 **zài**, *se trouver, être* (à un endroit). Ce verbe localise : **Zài zhèli.** *C'est ici, ça se trouve ici.* Il n'a donc pas ici le sens progressif de la leçon 1 (*être en train de*).
- 是 **shì**, *être* (quelqu'un ou quelque chose). Ce verbe identifie, il est donc suivi d'un nom ou pronom : **Tā shì diànyuán.** *Elle est vendeuse* ; **Bú shì xiǎoshuō.** *Ce ne sont pas des romans.*
- 这是 **zhè shì**, *c'est, ceci est*. **Zhè shì shénme ?** *Qu'est-ce que c'est ?* **Zhè shì wǒ de shū.** *C'est mon livre.* (voir Annexe 6)
- 我爸爸 **wǒ bàba**, *mon père*. Dès lors qu'il s'agit de la propriété d'un objet, on ajoute en général la particule 的 **de** pour lier le déterminant au nom qui suit : **wǒ de shū**, *mon livre, mes livres* ; **shūdiàn de diànhuà**, *le téléphone de la librairie*.
- 也 **yě**, *aussi*. Cet adverbe, comme tout adverbe, se place avant le verbe : **Nín yě shì zhōngguórén ma ?** *Vous aussi êtes chinoise ? Vous êtes chinoise aussi ?*
- 什么 **shénme**, *quelconque, quel que soit*. **Yǐhòu nǐ zhǎo <u>shénme</u> zhōngwén shū…**, *Par la suite si tu cherches un livre <u>quelconque</u> en chinois…* Dans cette réplique, **shénme** a perdu sa valeur interrogative.
- 我来 **wǒ lái**. Ici, **lái**, *venir* n'est pas concret, il marque l'intention, l'engagement.

● EXERCICES

1. ÉCOUTEZ.
a. Écoutez les lieux mentionnés.

b. Répondez « Oui, oui. » à ces quatre questions… si vous êtes d'accord.

c. On vous demande : Il y a… ici ? Vous répondez aux deux questions : Oui, il y en a, ça se trouve là-bas.

d. Traduisez ces phrases avant de les écouter en chinois :
S1 : Vous montrez une photo et dites : *C'est mon père. Ce sont ses livres en chinois.*
S2 : Vous tendez une carte de visite et dites : *Voici mon numéro de téléphone.*

2. DÉCHIFFREZ.
Cherchez à reconnaître ceci :

"您也是法国人吗？" "我也是。"

3. ORDONNEZ DES MOTS.

a. Ordonnez les signes pour dire : *Je suis en train de chercher des romans chinois.*

$_1$在 $_2$国 $_3$中 $_4$我 $_5$找 $_6$小说

b. *Bon, je viens t'aider à chercher.*

$_1$我 $_2$好 $_3$帮 $_4$来 $_5$找 $_6$你

VOCABULAIRE

什么? **shénme ?** *quoi ? qu'est-ce que ? quel ?* (interrogatif)
找 **zhǎo** *chercher*
找不到 **zhǎo-bu-dào** *chercher sans trouver, ne pas trouver ce que l'on cherche*
店员 **diànyuán** *vendeur(-se)* (= boutique-membre)
您 **nín** *vous* (de politesse en s'adressant à une seule personne)
书 **shū** *livre(s)*
外国 **wàiguó** *étranger* (= extérieur-pays)
小说 **xiǎoshuō** *un roman* (= petit-dire)
这里 **zhèlǐ** *ici* (= ceci-dans)
有 **yǒu** *avoir, il y a*
在 **zài** *se trouver à, être* (+ lieu)
那边 **nàbiān** *là-bas* (= cela-côté)
不客气 **bú kèqi** *je vous en prie* (= non poli)
是 **shì** *être*
法国 **Fǎguó** *la France*
法国人 **Fǎguórén** *personne française, Français(e)*
但 **dàn** *mais*
爸爸 **bàba** *père, papa*
中国 **Zhōngguó** *la Chine*
中国人 **Zhōngguórén** *personne chinoise, Chinois(e)*
也 **yě** *aussi, également* (adverbe à placer avant le verbe ou l'adjectif verbal)
啊 **a** (particule finale emphatique, Annexe 6)
以后 **yǐhòu** *ensuite, par la suite, après, à l'avenir*
什么 **shénme** *quelconque, quel que soit* (n'est pas interrogatif ici)
来 **lái** *venir, se charger de* (exprime une intention)
帮 **bāng** *aider, donner un coup de main à*
这是 **zhè shì** *ceci est, c'est, voici* (+ nom ou pronom)
书店 **shūdiàn** *librairie* (= livre-boutique)
的 **de** (particule reliant le déterminant au nom qui suit, Annexe 6)
电话 **diànhuà** *téléphone* (= électricité-parole)

TRACEZ DEUX SIGNES.

rì, *le soleil, le jour* – 1 ↓ à gauche ; 2 ↓ ; 3 → intérieur ; 4 → base

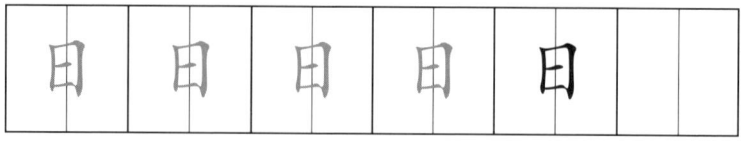

yuè, *la lune, le mois* – 1 ↓ incurvé ; 2 ↓ + crochet final ; 3, 4 → → intérieur

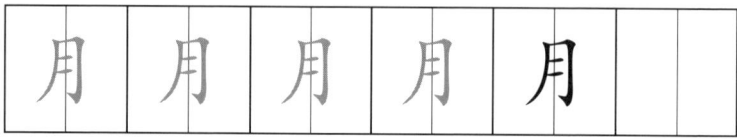

4. ELLE S'APPELLE COMMENT ?

她叫什么？

OBJECTIFS

- ABORDER POLIMENT UN INTRUS
- CHERCHER QUELQU'UN, DEMANDER UN NOM
- ÊTRE OU NON, AVOIR OU NON
- NE PAS SAVOIR, MAIS AVOIR L'IMPRESSION QUE…
- EMPRUNTER UN OBJET
- FAIRE SIGNER
- PRENDRE CONGÉ

NOTIONS

- PINYIN (SUITE)
- INTERROGATIFS : NĂ YĪ WÈI ? SHÉI ?
- LOCATIFS : ZHÈR ; ZÀI ZHÈR ; SHÀNG
- NÉGATION : MÉI
- CLASSIFICATEURS : WÈI ; HÙ ; FĒNG ; GE
- ATTRIBUTIF : GĚI
- VERBE FACTITIF : QǏNG
- GROUPE NOMINAL COMPLEXE

她叫什么？
TĀ JIÀO SHÉNME ?
ELLE S'APPELLE COMMENT ?

🔊 05

Dans une cour du vieux Pékin.

李芳：请问你是哪一位？
Lǐ Fāng : Qǐng wèn nǐ shì nǎ yī wèi ?
Li Fang : Puis-je te demander qui tu es ?

快递：我是快递。
Kuàidì : Wǒ shì kuàidì.
Coursier : Je suis coursier.

李芳：你找谁？
Nǐ zhǎo shéi ?
Qui cherches-tu ?

快递：找一位姓李的女士。
Zhǎo yī wèi xìng Lǐ de nǚshì.
Je cherche une dame qui s'appelle Li.

李芳：我们这儿有三户人家，一户姓潘，两户姓李。收件人叫什么名字？
Wǒmen zhèr yǒu sān hù rénjiā : yī hù xìng Pān, liǎng hù xìng Lǐ. Shōujiànrén jiào shénme míngzi ?
Nous avons trois foyers ici : une famille Pan et deux familles Li. Comment s'appelle le destinataire exactement ?

快递：单子上写的是：李芳女士收。
Dānzi shàng xiě de shì : Lǐ Fāng nǚshì shōu.
Le destinataire inscrit sur le bon est Mme Li Fang.

李芳：就是我，找对人了。不过，我没订什么货。
Jiù shì wǒ, zhǎo-duì rén le. Búguò, wǒ méi dìng shénme huò.
C'est moi, tu tombes bien. Mais, je n'ai rien commandé.

快递：不是货，是一封信。
Bú shì huò, shì yī fēng xìn.
Ce n'est pas une commande, c'est un courrier.

李芳：谁寄给我的？
Shéi jì gěi wǒ de?
Qui me l'envoie？

快递：不知道……好像是个外国银行。请签个字。
Bù zhīdào… Hǎoxiàng shì ge wàiguó yínháng. Qǐng qiān ge zì.
Je ne sais pas… On dirait que c'est une banque étrangère. Une petite signature s'il vous plaît.

李芳：用你的笔好吗？
Yòng nǐ de bǐ hǎo ma？
Je prends ton stylo, d'accord？

快递：在这儿签。
Zài zhèr qiān.
Signez ici.

李芳：谢谢，再见。
Xièxie, zàijiàn.
Merci, au revoir.

快递：再见。
Zàijiàn.
Au revoir.

COMPRENDRE LE DIALOGUE
LIRE LA TRANSCRIPTION PINYIN

→ **P - T - K**. Pensez à souffler après ces trois consonnes, par exemple dans le nom de famille **Pān** ; **tā**, *elle* ; **kuàidì**, *le coursier*.
Règle : il faut souffler après les consonnes **P - T - K**.

→ **jiā**, *famille* ; **jiàn**, *voir*. Ces syllabes sont inexistantes en français, mais on s'en approche en lisant [TJA] ou [TYA] et [TYENN]. Ce **J** est récurrent dans ce dialogue **jiào**, *s'appeler* ; **rénjiā**, *les gens, la famille* ; **jì**, *envoyer* ; **zàijiàn**, *au revoir*.

→ **qiān zì**, *signer* (en caractère). Ce verbe et son complément ne sont pas très faciles à prononcer non plus. Lisez-les [TCH'IENN DZEU], mais écoutez plusieurs fois pour bien les mettre en place… entre vos deux oreilles.
Règle : Le **I** a sa valeur pleine après les consonnes **J - Q - X** et **Y**.

→ **zhīdào**, *savoir*. Lisez [DJEU-DAO]. Après **ZH**, le **I** est neutralisé comme dans le verbe **shì**, *être*, ou dans **nǔshì**, *une dame*.

NOTE CULTURELLE

Dans un bureau, on demande à Li Fang son patronyme : 您姓什么? **Nín xìng shénme ?** Elle répond : 名字叫李芳。 **Míngzi jiào Lǐ Fāng.** *Je m'appelle Li Fang.*
À un monsieur Durand à qui on demande : **Nín jiào shénme míngzi ?** *Comment vous appelez-vous ?* Il peut épeler D-U-R… ou dire : **Wǒ jiào Dù Láng.** Mais au final, il sera de toute façon appelé 杜郎 **Dù Láng** parce que les noms étrangers sont en général sinisés et transcrits en caractères. C'est plus clair !

▲ OBSERVER LES SIGNES

Cherchez dans le dialogue les signes pour **jiào**, *s'appeler* ; **wèn**, *demander* ; **nǎ ?** *lequel ?* ; **ma ?** *est-ce que ?* Vous constaterez qu'ils ont une « clé » graphique commune : 口 **kǒu**, *la bouche, l'orifice*.
Pareillement, cherchez **tā**, *elle* ; **xìng**, *le nom de famille* ; **hǎo**, *bon*. La clé graphique commune est : 女 **nǔ**, *féminin, la femme*.
Un signe incluant un *toit* 宀 et un *enfant* dessous 子 **zǐ** apparaît deux fois : **míngzi**, *le nom* et **qiān zì**, *signer*. Il s'agit de : 字 **zì**, *le caractère chinois*.
Le dialogue comprend deux homophones de sens différents : 件 **jiàn**, *le document* dans le mot **shōujiànrén**, *le destinataire* (= recevoir-document-personne). Mais dans le mot 再见 **zàijiàn**, *au revoir*, le verbe *voir* 见 se prononce également **jiàn**.

Les deux caractères sont bien sûr distincts.
Règle : un caractère chinois correspond à une syllabe, un ton et un sens. Les homophones se distinguent par leurs signes à l'écrit et par leur contexte à l'oral.
Une exception à cette règle : 这儿 **zhèr**, ici a une syllabe et deux caractères !

◆ SENS ET GRAMMAIRE
LES PRONOMS INTERROGATIFS

- 你是哪一位？**Nǐ shì nǎ yí wèi ?** *Qui es-tu ?* Li Fang voit un jeune inconnu dans sa cour. Elle pourrait demander de façon abrupte : 你是谁？**Nǐ shì shéi ?** *Tu es qui ?* Elle préfère la courtoisie : 请问 **Qǐng wèn** (= s'il vous plaît demander) introduit la question posée. L'interrogatif 哪 **nǎ ?** *lequel ?* est suivi de 一 **yī**, *un* et du classificateur de politesse 位 **wèi**.
- 一位女士 **yī wèi nǚshì**, *une dame*. Le classificateur de politesse 位 **wèi** est repris pour dire *une dame qui...* Un déterminant est inséré entre le classificateur et le nom 姓李的 **xìng Lǐ**, *de qui a pour nom de famille Li*. (voir Annexe 6)
- 户 **hù** ; 封 **fēng** ; 个 **ge**. Ce sont trois classificateurs choisis en fonction du nom qui suit. 户 **hù** *(idée de porte)* : 三户人家 **sān hù rénjiā**, *trois foyers* et dans 两户姓李 **liǎng hù xìng Lǐ**, *deux familles qui s'appellent Li* ; 封 **fēng**, (pour un objet scellé). 一封信 **yì fēng xìn**, *une lettre* ; 个 **ge** est le classificateur le plus général et le plus fréquent : 是个银行 **shì ge yínháng**, *c'est une banque*. Il permet de compter les gens : **yī ge rén**, *une personne* ; **liǎng ge rén**, *deux personnes* ; **sān ge rén**, *trois personnes*.
- 这儿 **zhèr** ; 这里 **zhèlǐ**, *ici*. **Zhèr** s'emploie davantage au nord et **zhèlǐ** au sud.
- 单子上 **dānzi shàng**, *sur le bon*. Un locatif comme 上 **shàng**, *sur* se place après le nom : **wǎng shàng**, *sur Internet*.
- 这里写的是… **Zhèlǐ xiě de shì…**, *Ce qui est écrit ici, c'est…* La particule 的 **de** est ici précédée d'un verbe et suivie de 是 **shì**, *être*. Par exemple, Li Fang pourrait demander au coursier : **Nǐ kuàidì de shì shénme ?** (= Ce que tu livres, c'est quoi ?) *Qu'est-ce que tu livres ?* En réalité, un nom est sous-entendu après 的 **de** comme dans la question de Li Fang sur l'expéditeur : 谁寄给我的信？ **Shéi jì gěi wǒ de xìn ?** *Une lettre qui m'est envoyée par qui ?* Dans le dialogue, sa question omet le dernier mot 信 **xìn**, *la lettre*.
- 在这儿签。**Zài zhèr qiān.** *Signez ici.* La structure {在 **zài** + lieu + verbe d'action} permet de localiser une action : **Kuàidì zài yuànzi lǐ zhǎo yī wèi nǚshì.** *Le coursier cherche une dame dans la cour.* Attention à l'ordre des mots chinois.

EXERCICES

1. ÉCOUTEZ.

a. Comment demandez-vous à Li Fang son nom de famille ? Que répond-elle ?

....

b. Quelle question posez-vous pour savoir le nom entier d'une personne ?

....

c. Que dire pour emprunter le stylo de quelqu'un ?

....

d. Écrivez en pinyin ce que vous reconnaissez à l'oreille :

....

2. DÉCHIFFREZ.

Reportez-vous au dialogue pour déchiffrer questions et réponses :

"你找谁?" "我找一位姓李的女士。"
"这里写的是什么?" "我不知道。"

3. ORDONNEZ DES MOTS.

a. *Veuillez signer ici.*

₁在 ₂签字 ₃这儿 ₄请 。

b. *S'il vous plaît madame, qui êtes-vous ?*

₁您 ₂请 ₃是 ₄哪 ₅问 ₆一位 ?

4. Elle s'appelle comment ?

VOCABULAIRE

她 **tā** *elle* (pronom)
叫 **jiào** *appeler, s'appeler*
快递 **kuàidì** (nom et verbe) *coursier ; livrer en express* (= vite-acheminer)
请 **qǐng** *s'il vous plaît, veuillez* ; 请问 **qǐng wèn** *Je voudrais vous demander*
一位女士 **yī wèi nǚshì** *une dame* (= un + classificateur de politesse + dame)
哪一位? **nǎ yí wèi?** *Quelle personne?* (= lequel + un + classificateur)
谁? **shéi?** *qui?*
姓 **xìng** *patronyme ; avoir pour nom de famille* (nom et verbe)
我们这儿 **wǒmen zhèr** *chez nous ici* (= nous ici)
两户人家 **liǎng hù rénjiā** *deux familles* (= deux + classificateur + gens-foyer)
收 **shōu** *recevoir* ; 收件人 **shōujiànrén** *un destinataire*
名字 **míngzi** *nom*
单子 **dānzi** *bon, note, liste*
上 **shàng** *sur* (locatif)
写 **xiě** *écrire*
就是 **jiù shì** *c'est bien (moi)*
找对人 **zhǎo-duì rén** *trouver la bonne personne* (=chercher-exact personne)
了 **le** (particule de l'action accomplie)
不过 **búguò** *mais, cependant*
没 **méi** *ne pas* (avoir fait qqch.) (action inaccomplie)
订货 **dìng huò** *commander un article* (verbe + complément)
一封信 **yī fēng xìn** *lettre, courrier* (= un + classificateur + lettre)
寄给 **jì gěi** *envoyer à quelqu'un*
知道 **zhīdào** *savoir, être au courant*
好像 **hǎoxiàng** *on dirait que, il semble que*
个 **ge** *classificateur général*
外国 **wàiguó** *étranger, pays étranger(s)* (= extérieur-pays)
银行 **yínháng** *banque*
签字 **qiān zì** *signer* (= signer caractère)
用 **yòng** *utiliser, prendre, se servir de*
笔 **bǐ** *stylo, crayon*, etc. (tout ustensile pour écrire)
再见 **zàijiàn** *au revoir* (= re-voir)

TRACEZ DEUX SIGNES.

shì, *être* – 1-2-3-4 日 (soleil) ; 5 → au milieu ; 6 ↓ ; 7 → ; 8 ↙ ; 9 ↘

yǒu, *avoir* – 1 → ; 2 ↙ ; 3, 4, 5, 6 月 (lune)

5. TU HABITES OÙ ?

你住哪儿？

OBJECTIFS

- **LIEU DE RÉSIDENCE, PROVINCE, VILLE, ORIGINE FAMILIALE**
- **ÊTRE DÉJÀ ALLÉ QUELQUE PART OU NON**
- **RAPPORTER CE QU'ON A ENTENDU DIRE**
- **COMPLIMENTER ET RÉAGIR**
- **DEMANDER CONFIRMATION D'UNE INFORMATION INATTENDUE**
- **VOLONTÉ ET ENVIE**

NOTIONS

- **PINYIN (SUITE)**
- **INTERROGATIFS : NǍR ? NǍLI ?**
- **PRONOM : TĀMEN**
- **LOCATIF POSTVERBAL : ZÀI**
- **SUFFIXE VERBAL : GUO ; MÉI... GUO**
- **VERBE MODAL : XIǍNG**
- **CLASSIFICATEUR : GE**
- **TOURNURE PRÉVERBALE : HÉ... YÌQǏ**

你住哪儿？
NǏ ZHÙ NǍR ?
TU HABITES OÙ ?

Dans un train.

女：你是哪里人？
Nǚ : Nǐ shì nǎli rén ?
Femme : Tu es d'où ?

男：山东人，我是山东人。
Nán : Shāndōngrén, wǒ shì Shāndōngrén.
Homme : Du Shandong, je suis du Shandong.*

女：你住在山东吗？
Nǐ zhù zài Shāndōng ma ?
Tu habites au Shandong ?

男：我住在烟台。你去过吗？
Wǒ zhù zài Yāntái. Nǐ qù-guo ma ?
J'habite à Yantai. Tu y es déjà allée ?

女：我去过泰山，没去过烟台。
Wǒ qù-guo Tàishān, méi qù-guo Yāntái.
Je suis allée au mont Taishan, mais pas à Yantai.*

男：烟台很美丽……
Yāntái hěn měilì…
C'est très joli Yantai…

女：听说是度假的好地方。
Tīng-shuō shì dù jià de hǎo dìfang.
On dit que c'est un bon endroit pour passer des vacances.

男：哪里，就是个海边城市。
Nǎli, jiù shi ge hǎibiān chéngshì.
Euh, c'est juste une ville au bord de la mer.

女：你老家也在烟台吗？
Nǐ lǎojiā yě zài Yāntái ma ?
Ta famille est de Yantai aussi ?

男：不，我爸妈住青岛……我爱人不想和他们一起住。
Bù, wǒ bàmā zhù Qīngdǎo… wǒ àirén bù xiǎng hé tāmen yiqǐ zhù.
Non, mes parents habitent à Qingdao… et ma femme n'a pas envie d'habiter avec eux.

女：哦，是吗？
Ó, shì ma ?
Ah bon ?

男：是这样的。
Shì zhèyàng de.
C'est comme ça.

* Le Shandong est une des provinces côtières de la *République populaire de Chine* (RPC) 中华人民共和国 **Zhōnghuá rénmín gònghéguó** (= Chine peuple république). Le mont Taishan, le plus vénéré des cinq monts sacrés de Chine, culmine à 1545 m. L'ascension nocturne des pèlerins les mène à l'aube au pic de l'Empereur de Jade. Revenons à la géographie : la péninsule du Shandong donne sur la *mer Jaune* 黄海 **Huánghǎi** et ressemble, de loin, à la Bretagne à l'envers. La ville de Yantai est d'ailleurs jumelée avec Quimper bien que leur taille ne soit guère comparable : 6,5 millions d'habitants à Yantai, 63 000 à Quimper. Il existe un projet de tunnel qui serait creusé sous le golfe de Bohai au nord du Shandong afin de relier Yantai à la province du Liaoning. Ce tunnel ferait quelque 160 km de long : un beau chantier pour les tunneliers et du tintamarre chez les poissons !

COMPRENDRE LE DIALOGUE
LIRE LA TRANSCRIPTION PINYIN

→ **năr?** *où?* **AR** se prononce comme en anglais dans *you are*. Ce **R** final, intégré à la syllabe, est courant dans le nord et encore plus à Pékin. Au sud, on dit plus volontiers **năli?** *où?* comme dans la première réplique.

→ **Shāndōng** (nom de province). Contrairement à « Ding, dingue, dong » en français, le **G** final du pinyin nasalise la fin de la voyelle, mais il ne s'entend pas. Distinguez bien les syllabes **shan** et **shang**, par exemple dans : **shān shàng**, *sur la montagne*.

→ **qù**, *aller*. Ici, le **U** se prononce comme en français, on dit [TCH'Ü]. En revanche, dans **zhù**, *habiter* et **dù jià**, *passer les vacances*, le **U** a sa valeur habituelle, à savoir [OU].

Règle : le U se prononce [Ü] seulement après les consonnes J - Q - X et Y.

→ **nŭ**, *féminin, une femme*. Les syllabes **lu** et **nu** s'entendent comme dans « loup » et « nous ». Par contre, **lü** et **nü** s'entendent comme les mots « j'ai lu » et « nuée ».

→ **guo** (suffixe verbal d'expérience). Le **O** n'est jamais fermé en chinois. Il ne se forme pas avec les lèvres, mais près des cordes vocales comme « or » (français).

→ **yìqǐ**, *ensemble*. Prononcez [YI-TCH'I]. Connaissez-vous la bière de **Qīngdăo** [TCH'ING-DAO], la ville où habitent les parents du passager ?

NOTE CULTURELLE

L'usage est de réagir à tout compliment avec modestie. On vous encourage : **Nĭ zhōngwén shuō-de hĕn hăo!** *Tu parles très bien chinois!* Réjouissez-vous… avec mesure : **Năli**. *N'exagérons rien*. En Asie orientale, modérer son propos relève de la politesse élémentaire, surtout si on connaît peu les gens. Remarquez aussi que la passagère du train réagit avec tact à la confidence du passager : **Ó, shì ma?** *Ah bon?* Cet inconnu vient de lui confier qu'il aurait préféré rester avec ses parents si son épouse l'avait bien voulu… Les coutumes familiales chinoises ont changé.

▲ OBSERVER LES SIGNES

Combien de signes voyez-vous dans le titre chinois ? Et combien de syllabes entendez-vous ? Quatre caractères, mais trois syllabes, ce qui déroge à la règle. Pourquoi ? Le quatrième signe 儿 correspond au **R** final intégré à la syllabe, il n'a ici pas de sens en soi et fonctionne comme une lettre : 儿 = **R**.

Combien de fois 人 **rén**, *un homme, un humain* se répète-t-il dans le dialogue ? Repérez-le dans : *Tu es (quelqu'un) d'où ?* ; *Je suis (quelqu'un) du Shandong ; ma femme*.

Vous avez appris à écrire 文 **wén,** *un motif, un signe* (Leçon 2). Le voyez-vous inclus dans un caractère du dialogue ? Il est un peu rétréci pour laisser place à un autre élément graphique. Il s'agit de 这 **zhè,** *ceci, ce,* dans 这样 **zhèyàng,** *de cette façon, comme ça.*

文 **wén,** *motif, signe* → 这 **zhè,** *ceci, ce*
土 **tǔ,** *sol, terre* → 在 **zài,** *se trouver* (quelque part)

Règle : un caractère simple peut servir de composant graphique dans un caractère composite.

◆ SENS ET GRAMMAIRE

- 哪里 **nǎli** a deux fonctions dans ce dialogue. Il est interrogatif dans la première question : *où ?* **Nǐ** *(tu)* **shì** *(être)* **nǎli** *(où ?)* **rén** *(personne)* ? C'est-à-dire : *D'où es-tu ?* En revanche, 哪里 **nǎli** est une réaction de modestie dans la réplique *Euh, c'est juste une ville au bord de la mer.* Le passager a dit que Yantai était très joli, quant à vanter cette ville comme site idéal de vacances, il hésite !
- 去过 **qù-guo,** *être déjà allé.* Le suffixe verbal 过 **-guo** indique une expérience vécue, ce que l'on a déjà fait et que l'on connaît : **Wǒ qù-guo Tàishān.** *Je suis déjà allé au mont Taishan.* Si vous n'avez jamais mis les pieds en ce haut lieu (avec beaucoup de marches à gravir), regardez les photos en ligne et dites : **Wǒ méi qù-guo Tàishān.** *Je ne suis jamais allé au mont Tai.* Notez la négation 没 **méi** qui indique ici l'inexpérience.
- 度假的好地方 **dù jià de hǎo dìfang,** *un bon endroit où passer des vacances.* L'adjectif précède le nom auquel il se rapporte : **hǎo rén,** *quelqu'un de bien.* En ajoutant 的 **de,** on peut en amont placer un déterminant : **dù** (passer), **jià** (vacances), 的 **de hǎo** (bon), **dìfang** (endroit). Quand les déterminants s'allongent, la particule 的 **de** sert de lien. Elle se traduit de façon très variée.

Règle : en chinois, comme dans la plupart des langues du monde, le déterminant précède le nom déterminé.

- 个 **ge.** Ce classificateur général ne se traduit pas. On le place entre un nombre et un nom : **yī ge chéngshì,** *une ville.* La réplique **jiù** *(seulement)* **shì** *(être)* **ge hǎibiān** (= mer-bord) **chéngshì** (= une ville) *c'est juste une ville côtière,* est une phrase elliptique. En effet, le numératif **yī,** *un* et la particule 的 **de** restent sous-entendus. On aurait pu dire : 就是一个海边的城市 **jiù shì yī ge hǎibiān de chéngshì.**
- 想 **xiǎng,** *avoir envie de, souhaiter,* a un sens moins fort que 要 **yào,** *vouloir.*
- 和⋯⋯一起 **hé... yìqǐ,** *avec* (quelqu'un). Cette tournure permet de préciser avec qui on habite, on vit, etc. Elle vient avant le verbe : **Wǒ hé bàmā yìqǐ zhù.** *J'habite avec mes parents* (= moi et parents ensemble habiter).

EXERCICES

1. ÉCOUTEZ.

a. Comprenez-vous ces trois questions pour faire connaissance ?

b. Écoutez trois autres questions et répondez en reprenant le groupe verbal selon ce modèle : **Nǐ qù-guo Shāndōng ma ?** *Es-tu déjà allé au Shandong ?* – **Qù-guo.** *Oui* (j'y suis déjà allé).

c. Que répondrait une personne qui n'est jamais allée à Paris ?

d. Qui est mentionné ?

e. Écoutez les différences tonales **jiā/jià** dans **wǒ jiā**, *ma famille* et **dù jià**, *passer les vacances* ; entre **dōng/dǒng** dans **Shāndōng** et **wǒ dǒng**, *je comprends*.

2. DÉCHIFFREZ.

Cherchez à déchiffrer ces deux questions :

你去过山东吗？

你想去泰山吗？

3. ORDONNEZ LES MOTS.

a. *Je n'ai pas envie d'habiter avec mes parents.*

₁想 ₂不 ₃爸妈 ₄一起 ₅我 ₆住 ₇和 。

b. *On dit que c'est un bon endroit.*

₁是 ₂好 ₃地方 ₄听说 ₅一个 。

VOCABULAIRE

住 **zhù** (+ lieu) = 住在 **zhù zài** (+ lieu) *habiter à*
哪儿？ **nǎr ?** *où ?*
女 **nǚ** *femme, féminin*
男 **nán** *homme, masculin*
哪里？ **nǎli ?** *où ?*
山东 **Shāndōng** *province et péninsule du Shandong* (= montagne-est)
泰山 **Tàishān** *le mont Taishan* (= Tai-montagne)
烟台 **Yāntái** ; 青岛 **Qīngdǎo** *deux villes du Shandong*
去 **qù** (+ lieu) *aller à*
过 **guo** (suffixe verbal d'expérience) *avoir déjà fait qqch.*
没···过 **méi... guo** (inexpérience) *n'avoir jamais fait qqch.*
很 **hěn** *très*
美丽 **měilì** *joli*
听说 **tīng shuō** *on dit que, entendre dire que* (= écouter dire)
度假 **dù jià** *passer les vacances* (verbe + objet)
地方 **dìfāng** *lieu, endroit*
哪里 **nǎli** *réaction de modestie*
就是 **jiù shì** *ce n'est que, c'est juste*
个 **ge** *classificateur général*
海边 **hǎibiān** *bord de mer, côte* (= mer-côté)
城市 **chéngshì** *ville* (= rempart-marché)
老家 **lǎojiā** *lieu ancestral d'une famille* (= vieux-à la maison)
爸妈 **bàmā** *parents* (abréviation de **bàba māma**, *père mère*)
爱人 **àirén** *conjoint, mari, femme* (= aimer-personne)
想 **xiǎng** *avoir envie de, souhaiter*
和···一起 **hé... yìqǐ** *avec qqn.* (= et... ensemble)
他们 **tāmen** *ils, eux* (pluriel du pronom **tā**)
哦 **ó** *exprime un peu d'étonnement*
这样 **zhèyàng** *ainsi, de cette façon, comme ça* (= ce-façon)
是...的 **shì... de** *être*

TRACEZ DEUX SIGNES.

tǔ, *terre, sol* – 1 → milieu ; 2 ↓ ; 3 → base

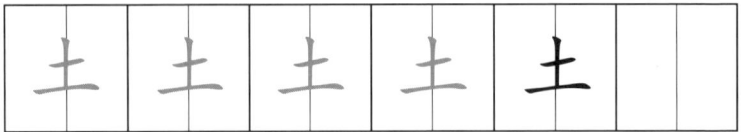

shān, *montagne* – 1 ↓ vertical médian ; 2 ↦ ; 3 ↓

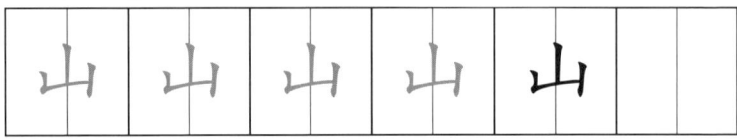

6. ARRIVER À L'AÉROPORT

到达机场

OBJECTIFS

- SUPPOSER ET CONFIRMER
- POLITESSES D'ACCUEIL ET DE PREMIER CONTACT
- RÉAGIR À UN MOT INCONNU
- DÉSIGNER UN GROUPE D'OBJETS
- GUIDER QUELQU'UN QUI NE CONNAÎT PAS UN LIEU
- VENIR, ALLER, ET PAR QUEL MOYEN
- NON NÉCESSITÉ

NOTIONS

- PINYIN (SUITE ET FIN)
- INTERROGATIFS : BA ? ZĚNME ? JǏ ?
- PRONOMS : ZÁMEN ; WŎMEN
- LOCATIFS : ZHÈBIĀN ; XIÀ
- ADVERBES : HĚN ; TÀI ; XIĀN
- IMPÉRATIF AMICAL : BA
- VERBES MODAUX : BÚ YÀO, BÚ YÒNG, NÉNG
- CLASSIFICATEUR PLURIEL : XIĒ

到达机场
DÀODÁ JĪCHǍNG
ARRIVER À L'AÉROPORT

07

小王和白玉：您好。
Xiǎo Wáng hé Bái Yù : Nín hǎo.
Xiao Wang et Bai Yu : Bonjour.

白玉 ：您是马丁先生吧？
Bái Yù : Nín shì Mǎ Dīng xiānsheng ba ?
Vous êtes bien M. Martin ?

马丁：是我。你们好。
Mǎ Dīng : Shì wǒ. Nǐmen hǎo.
Martin : Oui, c'est moi. Bonjour.

白：认识您很高兴。一路顺利吗？
Rènshi nín hěn gāoxing. Yī lù shùnli ma ?
Ravie de vous connaître. Vous avez fait bon voyage ?

马：很顺利。你们两个人来接我太好了，要不然我一个人怎么拿这些行李？
Hěn shùnlì. Nǐmen liǎng ge rén lái jiē wǒ tài hǎo le, yàobùrán wǒ yī ge rén zěnme ná zhè xiē xínglǐ ?
Très bon voyage. Vous êtes gentils de venir me chercher à deux, sinon comment j'aurais fait pour porter seul ces bagages ?

白：不客气。小王，这边有行李车。
Bù kèqi. Xiǎo Wáng, zhèbiān yǒu xínglǐchē.
Mais je vous en prie. Xiao Wang, il y a un chariot là.

马：哦，放行李的，能推车出机场吗？
Ò, fàng xíngli de, néng tuī chē chū jīchǎng ma ?
Ah oui, pour mettre les bagages. On peut sortir de l'aéroport avec ?

白：先不要出门，咱们乘电梯下去吧。
Xiān bú yào chū mén, zánmen chéng diàntī xià-qù ba.
Pour l'instant on ne sort pas, prenons l'ascenseur pour descendre.

马：楼下有出租车吗？
Lóu xià yǒu chūzūchē ma ?
Il y a des taxis en bas ?

白：不用打的，我们是开车来的。现在去楼下的停车场。
Bú yòng dǎ dī, wǒmen shì kāi chē lái de. Xiànzài qù lóu xià de tíngchēchǎng.
Pas besoin de prendre le taxi, nous sommes venus en voiture. Donc on descend maintenant au parking (d'en bas).

马：几层？
Jǐ céng ?
À quel étage ?

白：地下三层。
Dì xià sān céng.
Troisième sous-sol.

■ COMPRENDRE LE DIALOGUE
LIRE LA TRANSCRIPTION PINYIN

Les médias prononcent mal le pinyin. Restez vigilant. En cas d'hésitation, reportez-vous à l'Annexe 1 qui résume les difficultés de cette transcription en 14 règles.

→ **hěn**, *très* ; **rén**, *personne*. Ne confondez surtout pas **H** et **R** en pinyin. Rappel : pour **H** il faut souffler, alors que **R** s'entend [J].

→ **ji - qi - xi**. Les consonnes initiales **J - Q - X** sont traitres, méfiez-vous ! Rappel : dans ce dialogue, **lái jiē**, *venir chercher qqn*. s'entend [LAÏ TJIÉ] ; **kèqi** [K'E-TCH'I], *poli* ; **xià-qù** [SSIA-TCH'Ü], *descendre*.

→ **chū**, *sortir* ; **shū**, *livre*. Différenciez bien les syllabes **chu** comme dans « Man<u>dchou</u> » et **shu** comme dans « <u>chou</u>ette ».

→ **zánmen** [ZANN-MENN], *nous tous* ; **sān céng** [SANN TSENG], *troisième niveau*
Ces consonnes initiales relèvent de la série **Z** [dz] – **C** [ts] – **S** [s].
Retenez la double série : **ZHI** [DJEU]   **CHI** [TCHEU]   **SHI** [CHEU]
                          ZI [DZEU]   **CI** [TSEU]   **SI** [SEU]

▲ OBSERVER LES SIGNES

Localisez dans le dialogue les trois signes correspondant à **liǎng ge rén**, *deux (unités de) personnes* : 两个人

Ces trois caractères ont un élément commun : chacun d'eux comporte le pictogramme de l'*être humain* 人 **rén**. Il représente un bipède en train de marcher. 两 **liǎng** figure deux petits bonhommes 人人 dont les pieds ne touchent pas terre. 个 **ge**, le classificateur permettant de compter les gens, est chapeauté par 人.

En Leçon 2, vous avez vu le signe 上 **shàng**, *monter* et voici 下 **xià**, *descendre*. Tous deux ont un axe médian vertical, un horizontal et un petit trait latéral. Mais que penser de leur différence ? 上 下

上 semble contenu dans un triangle pointant vers le haut (qui monte) : ↑
下 semble contenu dans un triangle pointant vers le bas (qui descend) : ↓

◆ SENS ET GRAMMAIRE

- 小王 **Xiǎo Wáng** ; 白玉 **Bái Yù** ; 马丁 **Mǎ Dīng**. Xiao Wang (= Jeune Wang) est un surnom. La dame a pour nom de famille **Bai** (= blanc) et pour prénom **Yu**, (= jade). **Mǎ Dīng**, Martin est facile à retenir, car **Mǎ** est un patronyme chinois courant : 马先生 **Mǎ xiānshēng**, *M. Ma*.

- 吧? **ba**? Cet interrogatif s'emploie en cas de supposition à confirmer.
- 认识您很高兴? **Rènshi nín hěn gāoxìng.** *Enchanté(e).* (= connaître vous très content). Le sujet est sous-entendu : 我高兴 **wǒ gāoxìng**, *je suis content(e)*.
- 很 **hěn**, *très* ; 太 **tài**, *trop*. Deux adverbes d'intensité : **hěn gāoxìng**, *très content* ; **hěn shùnlì**, *très bien se passer* ; 太好了 **tài hǎo le** (= trop bien) *c'est gentil*. Autre marque d'affabilité : 不客气 **bú kèqi** (= ne soyez pas poli) *je vous en prie, c'est bien normal*.
- 这边有 **zhèbiān yǒu**, *il y a ici*. Le locatif 这边 **zhèbiān** (= ce-côté) précède le verbe 有 **yǒu**, *avoir* : {locatif + 有 **yǒu** + objet direct}. Cet ordre des mots est fixe en chinois.
- 哦 **ò**, *ah oui*. Cette interjection signale la compréhension. Martin connaissait les mots **xínglǐ**, *bagages* et **chē**, *véhicule*, mais il ne les avait jamais entendus ensemble : 行李车 **xínglǐchē**, *chariot à bagages*.
- 放行李的 **fàng xínglǐ de**, *pour mettre les bagages*. 的 **de** annonce un nom déterminé qui est sous-entendu. Martin aurait pu dire **fàng xínglǐ de chē**, *un chariot où poser les bagages*. L'ordre {déterminant + nom déterminé} est absolu en chinois.

Règle : l'ordre des mots chinois est fixe parce qu'il est lié aux fonctions grammaticales.

- 咱们 **zánmen**, *nous* (ici présents) ; 我们 **wǒmen**, *nous*. Bai Yu emploie 咱们 **zánmen** pour inclure toute personne présente. Ce pronom, par son impact inclusif, produit un effet rassembleur. Par la suite, Bai Yu veut parler de Xiao Wang et d'elle-même, c'est pourquoi elle dit : **Wǒmen shì kāi chē lái de.** *Nous sommes venus en voiture.*
- 楼下 **lóu xià**, (= bâtiment en bas) et 地下 **dì xià**, (= sol sous). Le locatif – ici 下 **xià**, *dessous* – se place toujours après le nom. Si vous disiez 下楼 **xià lóu**, on comprendrait *descendre les étages*.
- 开车来 **kāi chē lái**, *venir en voiture*. Le moyen 开车 **kāi chē** (= conduire voiture) précède le verbe principal 来 **lái**, *venir*.
- 楼下的停车场 **lóu xià de tíngchēchǎng**, *le parking qui est en bas*. Ici encore, 的 **de** relie le déterminant (en français la proposition relative avec qui…) au nom déterminé.

⬢ EXERCICES

1. ÉCOUTEZ.

a. Quels adjectifs du dialogue entendez-vous ?

b. Quels verbes suivis de quels noms entendez-vous dans ces phrases ?

c. Répondez « oui » en reprenant le verbe 有 **yǒu**, *il y a* (+ complément).

d. Répondez à la place de Bai Yu…

2. DÉCHIFFREZ.

Reconnaissez-vous ces huit signes ?

这 是 马 先 生 的 行 李。

3. ORDONNEZ LES MOTS.

Ordonnez pour dire : *Je ne peux pas porter ces bagages seul(e).*

₁不能 ₂我 ₃拿 ₄行李 ₅这些 ₆一个人

TRACEZ TROIS SIGNES.

人 **rén**, *humain* – 1 ↙ ; 2 ↘
个 **ge** (classificateur) – 1 ↙ ; 2 ↘ ; 3 ↓
一个人 **yī ge rén**, *une personne, quelqu'un*

liǎng, *deux* – 1 → sommet ; 2 ↓ à gauche ; 3 ↓ ; 4 ↙ ; 5 ↘ ; 6 ↙ ; 7 ↘
两个人 **liǎng ge rén**, *deux personnes*

VOCABULAIRE

到 dào *arriver* ; 到达 dàodá *arriver à* (+ lieu)
机场 jīchǎng *un aéroport* (= appareil-espace)
先生 xiānsheng *monsieur* (= d'abord né)
认识 rènshi *connaître, rencontrer qqn*
高兴 gāoxìng *être content(e)*
一路顺利 yī lù shùnlì *le voyage s'est bien passé* (= un chemin favorable)
来接 lái jiē *venir chercher* (quelqu'un quelque part)
太…了 tài… le *trop* (了 le *en fin de phrase marque le degré*)
要不然 yàobùrán *sinon, sans cela*
我一个人 wǒ yī ge rén *moi tout seul*
怎么…? zěnme…? *comment ? par quel moyen ?*
拿行李 ná xíngli *prendre, porter les bagages*
这些 zhè xiē *ces* (démonstratif + classificateur du pluriel)
这边 zhèbiān *ici, par ici, de ce côté-ci* (= ce-côté)
行李车 xínglǐchē *un chariot à bagages* (= bagages-véhicule)
放 fàng *poser, lâcher*
能 néng *pouvoir*
推 tuī *pousser* ; 推车 tuī chē *pousser un chariot*
出 chū *sortir de* (+ lieu) ; 出门 chū mén *sortir* (= sortir porte)
先不要 xiān bú yào *pour l'instant il ne faut pas* (= d'abord non falloir)
乘电梯 chéng diàntī *prendre l'ascenseur* (= prendre électrique-échelle)
下去 xià-qù *descendre* (= descendre-aller)
楼下 lóu xià *en bas* (= bâtiment dessous)
出租车 chūzūchē *taxi* (= sortir-louer-voiture)
打的 dǎ dī *prendre un taxi*
不用 bú yòng *il est inutile de, pas la peine de*
开车 kāi chē *conduire* (une voiture)
现在 xiànzài *maintenant, à présent*
停车场 tíngchēchǎng *parking* (= arrêter-voiture-espace)
几层? jǐ céng? *à quel étage?* (= combien? étage)
地下 dì xià *sous-sol* (= sol dessous)

II

VIE

PRATIQUE

7. PETITES COURSES

买点东西

OBJECTIFS

- SE RENSEIGNER SUR UN LIEU
- DEMANDER DE L'AIDE
- NÉCESSITÉ ET VOLONTÉ
- ACCOMPAGNER QUELQU'UN
- INTERROGER SUR UN CHOIX
- ACHAT : PRIX, QUANTITÉ, PROVENANCE
- DEMANDER ET DIRE L'HEURE

NOTIONS

- INTERROGATIFS : HÁISHI ? NǍR ? NǍ ?
- CLASSIFICATEURS ET MESURES : TIÁO ; ZHǑNG ; BĀO ; JĪN
- ADVERBES : HÁI ; ZÀI
- ACHÈVEMENT-INACHÈVEMENT : WÁN LE ; HÁI MÉI YǑU
- NOM SOUS-ENTENDU : DE (+ NOM)

买点东西
MǍI DIǍN DŌNGXI
PETITES COURSES

08

顾客：阿姨，这条街上哪儿有公厕？
Gùkè : Āyí, zhè tiáo jiē shàng nǎr yǒu gōngcè ?
Client : S'il vous plaît madame, où sont les WC publics dans cette rue ?

店主：免费公厕坏了，还没有修好。
Diànzhǔ : Miǎnfèi gōngcè huài-le hái méi yǒu xiū-hǎo.
Marchande : Les WC gratuits sont hors service et toujours pas réparés.

顾客：麻烦您，孩子要上厕所……
Máfan nín, háizi yào shàng cèsuǒ…
Excusez-moi, mon enfant veut aller aux toilettes…

店主：小朋友，快过来，我孙子带你去。
Xiǎo péngyou, kuài guò-lái, wǒ sūnzi dài nǐ qù.
Viens vite, mon garçon, mon petit-fils va te montrer le chemin.

顾客：谢谢阿姨。卖雨衣雨伞吗？
Xièxie āyí. Mài yǔyī yǔsǎn ma ?
Merci bien. Vous vendez des imperméables et des parapluies ?

店主：雨衣卖完了。雨伞嘛，你要一个好的还是一个便宜的？
Yǔyī mài-wán le. Yǔsǎn ma, nǐ yào yī ge hǎo de háishi yī ge piányi de ?
J'ai vendu tous les imperméables. Le parapluie, eh bien, tu en veux un bon ou un pas cher ?

顾客：买这个大的和那个小的，再买几包方便面。
Mǎi zhè ge dà de hé nà ge xiǎo de, zài mǎi jǐ bāo fāngbiàn miàn.
Je prends ce grand-là et le petit là-bas, avec quelques paquets de nouilles minute.

店主：你要哪一种？蘑菇还是红烧牛肉的？
Nǐ yào nǎ yī zhǒng ? Mógu háishi hóngshāo niúròu de ?
De quelle sorte ? Aux champignons ou au bœuf mijoté ?

顾客：三包火腿的。苹果和橙子多少钱一斤？
Sān bāo huǒtuǐ de. Píngguǒ hé chéngzi duōshao qián yī jīn？
Trois nouilles au jambon. Les pommes et les oranges font combien la livre？

店主：小超市的水果比大超市便宜，价格写在这儿，你随便挑。还要别的吗？枣子今年特甜，你尝吧。
Xiǎo chāoshì de shuǐguǒ bǐ dà chāoshì piányi, jiàgé xiě zài zhèr, nǐ suíbiàn tiāo. Hái yào biéde ma？ Zǎozi jīnnián tè tián, nǐ cháng ba.
Les fruits des petits magasins sont meilleur marché que dans les grandes surfaces, les prix sont écrits là, choisis toi-même. Tu veux encore autre chose？ Les jujubes sont tellement sucrés cette année, goûte-les donc.

顾客：嗯，哪里来的枣子？
Nn, nǎli lái de zǎozi？
Mmh, ils viennent d'où ces jujubes？

店主：山西。葡萄和西瓜都是西部的。
Shānxī. Pútao hé xīguā dōu shì xībù de.
Du Shanxi. Les raisins et les pastèques viennent de l'ouest.

顾客：几点了？还要送孩子去爷爷奶奶家。
Jǐ diǎn le？ Hái yào sòng háizi qù yéye nǎinai jiā.
Quelle heure est-il？ Je dois accompagner l'enfant chez ses grands-parents.

店主：差一刻十点。
Chà yī kè shí diǎn.
Dix heures moins le quart.

顾客：九点三刻，来得及。再买一斤枣子送给奶奶。
Jiǔ diǎn sān kè, lái-de-jí. Zài mǎi yī jīn zǎozi sòng gěi nǎinai.
9 h 45, j'ai le temps. Je prends aussi 500 g de jujubes pour offrir à la grand-mère.

■ COMPRENDRE LE DIALOGUE
OBSERVER LES SIGNES

Certains signes du dialogue paraissent symétriques de part et d'autre d'un axe vertical médian. Observez finement et vous découvrirez de subtiles différences entre les parties gauche et droite, en particulier les petits crochets qui achèvent certains traits. Ils sont la trace d'un geste de la main qui remonte pour tracer le trait suivant.

小	大	十	市	来	朋	果	里	雨
xiǎo	**dà**	**shí**	**shì**	**lái**	**péng**	**guǒ**	**lǐ**	**yǔ**
petit	grand	dix	marché	venir	ami	fruit	dans	pluie

NOTE CULTURELLE

Le mot 肉 **ròu**, désigne par défaut *la viande de porc* **zhūròu**. Sinon, on précise : **jīròu**, *du poulet* ; **yángròu**, *du mouton*. Le 红烧牛肉 **hóngshāo niúròu** (= rouge-chauffer bœuf) se prépare en mijotant à l'étouffée des petits cubes de bœuf mariné dans la sauce de soja, un peu de vin et différentes épices. Le secret est d'ajouter un peu d'eau au fur et à mesure de la cuisson pour attendrir la viande à feu doux. Si vous cherchez en ligne « hong shao rou », vous trouverez aisément des recettes de porc braisé.

Le jujubier est un arbuste épineux d'origine chinoise et ses fruits, *les jujubes,* 枣子 **zǎozi**, ressemblent à des dattes fraîches, non confites. Comme leur nom l'indique, *les pastèques,* 西瓜 **xīguā**, proviennent des *régions ouest de la Chine* : 西部 **xībù**.

◆ SENS ET GRAMMAIRE

- 买点东西 **mǎi diǎn dōngxi**. 买 **mǎi**, *acheter* suivi de 东西 **dōngxi**, *chose* signifie *acheter quelque chose, faire les courses*. En insérant (一)点 **(yì) diǎn**, 点 *un peu*, on ne ressort pas du magasin avec un chariot plein. Vous noterez que 点 **diǎn** indique aussi *l'heure*.
- 阿姨 **āyí**, *tante* ; 爷爷 **yéye**, *grand-père* ; 奶奶 **nǎinai**, *grand-mère*. Ces termes de parenté, affectueux et respectueux, peuvent être employés au-delà de la famille. 小朋友 **xiǎo péngyou** (= jeune ami) se dit à un enfant dont on ne connaît pas le nom.
- 这条街上 **zhè tiáo jiē shàng**, *dans cette rue*. Dans ce syntagme (= ce + classificateur + rue + sur), 上 **shàng** *sur* est locatif et post-nominal. Par contre, il est verbal dans 上厕所 **shàng cèsuǒ**, *aller aux toilettes*.

- 坏了还没修好 **huài-le hái méi xiū-hǎo**, *c'est cassé (et) pas encore réparé*. 还没有 **hái méi yǒu**, *ne pas avoir encore* utilise la négation de l'accompli 还没 **hái méi**, *pas encore*. Le français a tendance à coordonner là où le chinois juxtapose, d'où l'ajout de *et* dans la traduction. Après un verbe, l'adjectif 好 **hǎo**, *bien* ne se traduit pas toujours.
  Règle : la négation du verbe 有 **yǒu,** *avoir* est 没有 **méi yǒu**, *ne pas avoir* ou 还没 (有) **hái méi (yǒu)**, *ne pas encore avoir*. La négation du verbe 是 **shì** *être* est 不是 **bú shì**, *ne pas être* ou 还不是 **hái bú shì,** *ne pas encore être*.
- 麻烦您 **Máfan nín**, *Je vous dérange, Excusez-moi*. Cette amorce polie est très importante, car elle permet de demander un service ou de l'aide à quelqu'un.
- 卖完了 **mài-wán le**, *avoir tout vendu*. 卖 **mài**, *vendre* – à ne pas confondre avec 买 **mǎi**, *acheter* – est suivi du verbe 完 **wán**, *finir* et de la marque de l'accompli 了 **le**.
- 雨伞嘛 **Yǔsǎn ma**, *Le parapluie, eh bien*. La particule 嘛 **ma** indique ici une courte pause réflexive. (Annexe 6)
- 这个大的和那个小的 **zhè ge dà de hé nà ge xiǎo de**, *ce grand là et le petit là-bas*. Les démonstratifs (avec classificateur) 这个 **zhè ge**, et 那个 **nà ge**, correspondent à *ceci* et *cela*, *celui-ci* et *celui-là*. En principe, **zhè ge** désigne quelque chose de plus proche que **nà ge**. Le nom sous-entendu après 的 **de** est 雨伞 **yǔsǎn**, *parapluie*.
  Règle : la particule 的 **de** permet de sous-entendre un nom déterminé.
- 再买几包方便面 **Zài mǎi jǐ bāo…**, *Je vais prendre aussi quelques paquets de…* L'adverbe 再 **zài**, *et encore*, indique l'extension d'une action, à savoir l'achat suivant. 几 **jǐ**, *quelques, plusieurs*, n'est pas interrogatif ici. Il faut ajouter un classificateur avant le nom qui suit, par exemple 个 **ge** : 现在我会写几个字。**Xiànzài wǒ huì xiě jǐ ge zì**. *Maintenant je sais écrire quelques caractères*.
- 小超市比…便宜 **Xiǎo chāoshì bǐ… piányi**, *Les petits magasins sont meilleur marché que…* **bǐ**, *comparé à, par rapport à*, introduit un comparant. Mais l'ordre des mots de la comparaison diffère du français : **X bǐ Y piányi**, *X est meilleur marché que Y* (= X comparé à Y bon marché). Exemple : **Píngguǒ bǐ chéngzi piányi.** *Les pommes sont meilleur marché que les oranges.* **Xiǎo chāoshì** (= petit-supermarché) est un peu ambitieux pour désigner une épicerie-bazar de quartier.
- 几点了？**Jǐ diǎn le?** *Quelle heure est-il?* (= combien heure à présent) C'est l'interrogatif 几 **jǐ**, *combien ?* qui sert à demander l'heure. La particule finale 了 **le**, peut se traduire *à présent*, car elle actualise l'énoncé au moment de son énonciation. Notez que, sans 了 **le**, 几点？**jǐ diǎn** *?* signifie *à quelle heure ?* : 你几点去买东西？**Nǐ jǐ diǎn qù mǎi dōngxi?** *À quelle heure vas-tu faire les courses ?*

● EXERCICES

🔊 1. ÉCOUTEZ.

a. Que voulez-vous acheter et en quelle quantité ?

b. Que demandez-vous à l'épicière et à son petit-fils ?

c. Répondez « non » aux questions en choisissant entre 不 **bù** et 没 **méi**.

d. En ajoutant la particule finale 吧 **ba**, vous encouragez quelqu'un : *Vas-y ! Achètes-en ! Achetons de la pastèque ! Goûte ! Choisis toi-même !*

2. DÉCHIFFREZ.

Cherchez à reconnaître ces signes :

水果　　一点　　买卖　　一斤多少钱？

3. ORDONNEZ LES MOTS.

Ordonnez pour dire : *Tu veux encore autre chose ? Sers-toi.*

₁吗　　₂别的　　₃还要　　₄随便　　₅你　　₆挑

TRACEZ TROIS SIGNES.

dà, *grand* – 1 → ; 2 ↙ incurvé ; 3 ↘
xiǎo, *petit* – 1 ↓ + crochet ; 2 ↙ point ; 3 ↘ ; 大小 **dàxiǎo** *taille, grandeur*

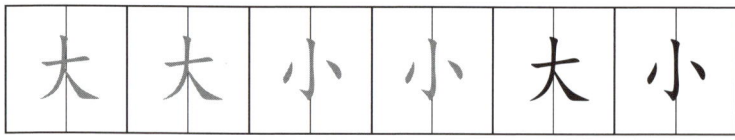

yǔ, *pluie* – 1 → ; 2 ↓ à gauche ; 3 ↓ + crochet ; 4 ↓ milieu ; 5,6 ↘ ↘ ; 7,8 ↘ ↘
大雨 **dà yǔ**, *grande pluie* ; 小雨 **xiǎo yǔ**, *petite pluie*

7. Petites courses

VOCABULAIRE

买(点)东西 **mǎi (diǎn) dōngxi** *faire des (petites) courses*
街 **jiē** *rue*; 一条街 **yī tiáo jiē** *une rue*; 这条街 **zhè tiáo jiē** *cette rue*
公厕 **gōngcè** *toilettes publiques*; 上厕所 **shàng cèsuǒ** *aller aux WC*
免费 **miǎnfèi** *gratuit*
坏了 **huài le** *cassé, hors service*; 修好 **xiū-hǎo** *réparer* (= réparer-bon)
麻烦 **máfan** *déranger*; 麻烦您 **máfan nín** *Puis-je vous demander un service?*
孩子 **háizi** *enfant*; 孙子 **sūnz** *petit-fils*
快过来 **kuài guò-lái** *viens vite* (= vite traverser-venir)
带⋯去 **dài... qù** *guider, emmener qqn. à*
雨衣 **yǔyī** *un imperméable* (= pluie-vêtement); 雨伞 **yǔsǎn** *parapluie*
卖 **mài** *vendre*; 卖完了 **mài-wán le** *avoir tout vendu* (= vendre-avoir fini)
还是? **háishi?** *ou bien?* (interrogatif : ceci ou bien cela?)
便宜 **piányi** *bon marché, pas cher*
再 **zài** (+ verbe) *et encore, et aussi*
几 **jǐ** *quelques, plusieurs*; 几包 **jǐ bāo**... *quelques paquets de...*
方便面 **fāngbiàn miàn** *nouilles instantanées* (pratique-nouille)
种 **zhǒng** *sorte, type*; 哪一种? **nǎ yī zhǒng?** *de quelle sorte?*
蘑菇 **mógu** *champignon*
红烧牛肉 **hóngshāo niúròu** *bœuf mijoté*
火腿 **huǒtuǐ** *jambon*
苹果 **píngguǒ** *pomme*; 橙子 **chéngzi** *orange*; 葡萄 **pútao** *raisin*
钱 **qián** *argent*; 多少钱? **duōshao qián?** *combien ça coûte?*; 斤 **jīn** *500 g*
大 **dà** *grand*; 小 **xiǎo** *petit*; 超市 **chāoshì** *supermarché*
水果 **shuǐguǒ** *fruits*; 枣子 **zǎozi** *jujube*
比 **bǐ** *comparer, comparé à, par rapport à*
价格 **jiàgé** *prix*
随便 **suíbiàn** *comme on veut, à sa guise, librement*; 挑 **tiāo** *choisir à la main*
别的 **biéde** *autre(s), quelque chose d'autre*
今年 **jīnnián** *cette année* (Annexe 5)
特甜 **tè tián** *très sucré* (= particulièrement sucré); 尝 **cháng** *goûter* (à qqch.)
送⋯去 **sòng... qù** *accompagner...*
爷爷奶奶家 **yéye nǎinai jiā** *chez les grands-parents*
送给 **sòng gěi** *offrir à qqn*
点 **diǎn** *heure*; 刻 **kè** *quart d'heure*; 差 **chà** *moins, manquer* (Annexe 5)
来得及 **lái-de-jí** *avoir le temps, pouvoir faire en temps voulu*

8. DEUX TASSES DE THÉ VERT

两杯绿茶

OBJECTIFS

- AVOIR FAIT ET FAIRE À PRÉSENT
- RAPPELER UN SOUVENIR
- PRÉFÉRENCE GUSTATIVE
- POSSIBILITÉ ET NÉCESSITÉ
- INTERROGER SUR LA QUALITÉ
- CRITIQUER LA QUALITÉ ET METTRE EN GARDE
- PERPLEXITÉ ET SOLUTION
- PLAISANTER AVEC UN JEU DE MOTS

NOTIONS

- INTERROGATIFS : ZĚNMEYÀNG ? SHÉNME NE ?
- DÉMONSTRATIF : NÀ
- LOCATIF PRÉVERBAL : ZÀI
- VERBES MODAUX : KĚYǏ ; GĀI ; YĪNGGĀI
- PRÉPOSITION : GĒN
- SUPERLATIF : ZUÌ
- CONNECTEURS : BÚGUO ; DÀNSHI
- SUFFIXE VERBAL ET PARTICULE FINALE : LE
- DUPLICATION DU VERBE

两杯绿茶
LIĂNG BĒI LÙCHA
DEUX TASSES DE THÉ VERT

哥哥：你在厨房干什么呢？
Gēge : Nǐ zài chúfáng gàn shénme ne ?
Frère : Mais qu'est-ce que tu fais à la cuisine ?

妹妹：我昨晚买了一盒龙井茶，准备沏茶。
Mèimei : Wǒ zuówǎn mǎi le yī hé Lóngjǐng chá, zhǔnbèi qī chá.
Sœur : Hier soir j'ai acheté une boîte de Longjing et je vais préparer le thé.

哥：好主意，西湖龙井是绿茶中的王者。
Hǎo zhǔyi, Xīhú Lóngjǐng shì lǜ chá zhōng de wángzhě.
Bonne idée, le Longjing du lac de l'Ouest est le roi des thés verts.

妹：我记得你最喜欢喝这种茶。
Wǒ jìde nǐ zuì xǐhuān hē zhè zhǒng chá.
Je me souvenais que tu adores cette variété.

哥：是啊。我跟你学学茶道吧。
Shì a. Wǒ gēn nǐ xué-xue chádào ba.
Ah ça oui. Je vais étudier la voie du thé avec toi, si tu veux bien.

妹：哪里，我喝茶不怎么讲究。
Nǎli, wǒ hē chá bù zěnme jiǎngjiu.
Oh tu sais, je ne suis pas trop raffinée dans ma façon de boire le thé.

哥：这里的自来水怎么样？可不可以饮用？
Zhèlǐ de zìláishuǐ zěnmeyàng ? Kě-bu-kěyi yǐn yòng ?
Comment est l'eau du robinet ici ? Elle est potable ?

妹：烧开了可以喝，不过我们平常用这个饮水机里的纯水。
Shāo-kāi le kěyi hē, búguò wǒmen píngcháng yòng zhè ge yǐnshuǐjī lǐ de chún shuǐ.
En la faisant bouillir, on peut la boire, mais d'ordinaire nous utilisons l'eau pure de cette fontaine à eau.

哥：别喝了。这些大瓶的纯水都是最糟糕的水，细菌是没有了，但是……
Bié hē le. Zhè xiē dà píng de chúnshuǐ dōu shì zuì zāogāo de shuǐ, xìjūn shì méi yǒu le, dànshi…
Arrête d'en boire. L'eau pure de ces bonbonnes est la pire de toutes, les bactéries, c'est sûr qu'il n'y en a plus, mais…

妹：那该喝什么水？
Nà gāi hē shénme shuǐ ?
Alors qu'est-ce qu'il faut boire comme eau ?

哥：天然水，天然矿泉水。你要选择的水应该保留天然有益的元素。
Tiānrán shuǐ, tiānrán kuàngquánshuǐ. Nǐ yào xuǎnzé de shuǐ yīnggāi bǎoliú tiānrán yǒu yì de yuánsù.
De l'eau naturelle, de l'eau minérale naturelle provenant d'une source. Il faut en choisir une qui conserve ses éléments naturels bénéfiques.

妹：生态学家不是说矿业是最破坏水源的吗？
Shēngtàixuéjiā bú shì shuō kuàngyè shì zuì pòhuài shuǐyuán de ma ?
Les écologistes ne disent-ils pas que ce sont les mines qui détériorent le plus la ressource en eau ?

哥：不是这个意思，矿物质和矿业是两回事。
Bú shì zhè ge yìsi, kuàngwùzhí hé kuàngyè shì liǎng huí shì.
Rien à voir, les sels minéraux et l'industrie minière sont deux choses différentes.

妹：那我们马上就去买你的绿色的什么水，再来喝点绿茶。
Nà wǒmen mǎshàng jiù qù mǎi nǐ de lǜse de shénme shuǐ, zài lái hē diǎn lǜ chá.
Bon, allons tout de suite acheter de ton eau verte, et ensuite on prendra un petit thé vert.

COMPRENDRE LE DIALOGUE
OBSERVER LES SIGNES

→ Certains signes semblant proches au premier coup d'œil sont très différents. Observez le croisement des traits : 开 **kāi**, *ouvrir, bouillir* 井 **jǐng**, *puits* Dans 开 **kāi**, on trace les horizontaux puis les verticaux sans les croiser en haut. Pour 井 **jǐng**, même ordre des traits, mais en croisant horizontaux et verticaux en haut et en bas.

→ Observez la formation de *source* : 泉 **quǎn**.
水 **shuǐ**, *eau* est inclus dans 泉 **quǎn**, *source*. La source est formée de 白 **bái**, *blanc* et de 水 **shuǐ**, *eau*. Espérons que cette « eau blanche » soit bonne à boire.

NOTE CULTURELLE

Le superbe *lac de l'Ouest* 西湖 **Xīhú** s'étend au centre même de 杭州 **Hángzhōu**. Non loin de la ville, les collines de théiers produisent un célèbre thé, appelé *Puits du dragon* 龙井 **Lóngjǐng** d'après le nom d'un village. Sa préparation locale accentue sa verte fragrance. Mais seule la mention XIHU LONGJING sur l'emballage garantit qu'il s'agit du véritable cru d'appellation. Après infusion, goûtez une longue feuille dépliée et, si vous aimez, versez toutes les feuilles dans votre salade. Mais là, on s'éloigne un peu du séculaire et vénérable rituel de la *voie du thé* 茶道 **chádào**…

◆ SENS ET GRAMMAIRE

- 哥哥 **gēge**, *grand frère* ; 妹妹 **mèimei**, *petite sœur*. Les termes de parenté – souvent une syllabe doublée – spécifient les âges. Vous trouverez par la suite une autre fratrie : 姐姐 **jiějie**, *grande sœur* ; 弟弟 **dìdi**, *petit frère*.
- 你在厨房干什么呢? **Nǐ zài chúfáng gàn shénme ne ?** L'interrogatif 呢? **ne ?** traduit ici la curiosité du locuteur et le déroulement de l'action. Le frère – qui n'est pas dans la cuisine – se demande ce que sa sœur est en train d'y faire. Rappel : Le lieu de l'action introduit par 在 **zài** se place avant le verbe.
- 昨晚买了茶 **zuówǎn mǎi le chá**, *avoir acheté du thé hier soir*. Le repère temporel 昨晚 **zuówǎn** est placé ici après le sujet. C'est une contraction de 昨天晚上 **zuótiān**, *hier* ; **wǎnshang**, *soir*. Pour les repères temporels, voir l'Annexe 5.
  Règle : le repère temporel se place avant ou après le sujet de la phrase.
- 是绿茶中的王者 **shì lǜ chá zhōng de wángzhě**, *c'est le roi des thés verts*. Le chinois ne marque pas le pluriel comme le français. L'ajout du locatif 中 **zhōng**, *au milieu de, parmi*, après le nom 绿茶 **lǜ chá**, *thés verts* implique l'existence de plusieurs variétés.

- 我记得你最喜欢这种茶。 **Wǒ jìde nǐ zuì xǐhuān zhè zhǒng chá.** *Je me souviens que tu adores ce genre de thé.* La conjonction *que* n'existe pas en chinois après les verbes introducteurs tels que **xiǎng**, *penser que*, **zhīdào**, *savoir que*, etc. On enchaîne directement avec le sujet suivant.
- Le classificateur 种 **zhǒng**, *sorte, espèce, type*, est applicable à tout nom : 这种水 **zhè zhǒng shuǐ**, *ce genre d'eau* ; 这种人 *ce type de personne*.
- 最 **zuì** est superlatif : **zuì hǎo**, *le mieux, le meilleur* ; 最喜欢 **zuì xǐhuān**, *aimer le plus, favori*.
- 跟你学学茶道 **gēn nǐ xué-xue chádào**, *étudier la voie du thé avec toi*.
- 跟 **gēn**, *avec, en compagnie de*, introduit un complément d'accompagnement avant le verbe.
- Le redoublement de **xué**, *apprendre*, ainsi que la particule finale d'empathie 吧 **ba** ont pour effet d'adoucir le propos, se traduisant par *si tu veux bien*.
- 不怎么 **bù zěnme**, *pas tellement, pas tant que ça* : 中文语法不怎么难。 **Zhōngwén yǔfǎ bù zěnme nán.** *La grammaire chinoise n'est pas si difficile.*
- 自来水怎么样？ **Zìláishuǐ zěnmeyàng ?** *Comment est l'eau du robinet ?* 怎么样？ **zěnmeyàng ?** *comment ?* ne se met pas en tête de phrase comme en français, mais là où sera l'adjectif verbal de la réponse : **Zìláishuǐ bú tài hǎo.** *Elle n'est pas très bonne.*

  Règle : nous l'avons déjà vu, mais il est important de le rappeler, l'ordre des mots de la question et de la réponse est strictement identique.
- 可不可以用？ **Kě-bu-kěyi yòng ?** *Peut-on l'utiliser ? Est-il possible de… ?* se traduit 可以⋯ 吗？ **kěyi… ma ?** ou bien 可不可以⋯？ **kě-bu-kěyi… ?**
- 别喝了。 **Bié hē le.** *N'en bois plus.* La négation de l'impératif est 别 **bié**, *arrêter de*. La particule finale 了 **le** indique un changement survenu ou la volonté de changement. Comparez 没有 **méi yǒu**, *il n'y en a pas*, et 没有了 **méi yǒu le**, *il n'y en a plus*. L'ajout du verbe 是 **shì**, *être* renforce l'affirmation : 是没有了 *c'est vrai qu'il n'y en a plus*.

  Règle : le verbe 是 **shì**, *être* est souvent utilisé pour affirmer fortement.
- 这些大瓶都是⋯ **zhè xiē dà píng dōu shì**, *toutes ces grandes bouteilles sont…* 这些 **zhè xiē**, *ces* est un démonstratif pluriel (voir Annexe 3). La pluralité est renforcée par l'adverbe 都 **dōu** placé juste avant le verbe (= ces grandes bouteilles en totalité sont…).
- 那该喝什么水？ **Nà gài hē shénme shuǐ ?** *Alors que faut-il boire comme eau ?* 那 **nà** est ici un connecteur logique suivi d'une conséquence : *alors, dans ce cas*.

● EXERCICES

1. ÉCOUTEZ.

a. Que vous propose-t-on ? Que vous déconseille-t-on ?

b. Que répondrait le grand frère à ces questions ? Et vous-même ?

c. Reconnaissez-vous ces petits éléments réactifs du dialogue ?

d. Vous demandez à quelqu'un de familier de vous aider à apprendre le chinois. Cherchez une formulation possible d'après le dialogue avant d'écouter.

2. DÉCHIFFREZ.

Cherchez à reconnaître ces signes :

这里   什么?   可以   一瓶水

3. ORDONNEZ LES MOTS.

Ordonnez pour dire : *J'ai acheté une boîte de thé vert hier soir.*

₁茶   ₂绿   ₃昨晚   ₄我   ₅一盒   ₆买了

TRACEZ TROIS SIGNES.

shàng, *en haut* – 1 ↓ ; 2 → milieu ; 3 → base ; **xià**, *en bas* – 1 → ; 2 ↓ ; 3 ↘

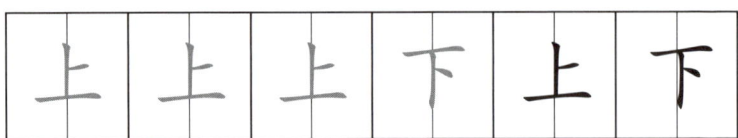

qù, *aller* – 1 → ; 2 ↓ ; 3 → milieu ; 4 ↪ trait brisé ; 5 ↘
上去 **shàng-qù**, *monter* ; 下去 **xià-qù**, *descendre*

VOCABULAIRE

一杯绿茶 yī bēi lǜchá *une tasse de thé vert* ; 绿色 lǜsè *de couleur verte*
厨房 chúfáng *cuisine* (= cuisiner-pièce)
干 gàn *faire*
一盒茶 yī hé chá *une boîte de thé* (= une boîte thé)
准备 zhǔnbèi *préparer, s'apprêter à*
沏茶 qī chá *faire, infuser du thé* ; 喝茶 hē chá *boire du thé, prendre le thé*
主意 zhǔyi *idée, intention*
王者 wángzhě *roi, souverain*
记得 jìde *se souvenir de/que, avoir mémorisé*
最 zuì *le plus* ; 最喜欢 zuì xǐhuān *aimer le plus, préférer, favori*
跟··· 学 gēn... xué *apprendre, étudier avec qqn*
讲究 jiǎngjiu *raffiné, sophistiqué, avec recherche*
水 shuǐ *eau* ; 自来水 zìláishuǐ *eau courante* (= de soi-venir-eau)
怎么样? zěnmeyàng? *Comment est-ce ?*
可以 kěyi/kěyǐ *pouvoir* ; 饮用 yǐn yòng *boire* (= boire utiliser)
烧开 shāo-kāi *faire bouillir* (= chauffer-ouvrir)
平常 píngcháng *d'ordinaire, habituellement*
饮水机里 yǐnshuǐjī lǐ *dans la fontaine* (= boire-eau-appareil dans)
纯水 chún shuǐ *eau pure*
瓶(子) píng(zi) *bouteille* ; 大瓶 dà píng *grande bouteille, bonbonne*
糟糕 zāogāo *catastrophique, pire que tout* (= pourri-gâteau)
细菌 xìjūn *bactérie* (= fin-microbe)
但是 dànshi *mais*
那 nà *alors*
该 gāi (abréviation de 应该) ; 应该 yīnggāi *devoir, falloir*
天然 tiānrán *naturel* ; 矿泉水 kuàngquánshuǐ *eau minérale de source*
选择 xuǎnzé *choisir*
保留 bǎoliú *conserver* ; 有益 yǒu yì *bénéfique* ; 元素 yuánsù *éléments*
生态学 shēngtàixué *écologie* ; 生态学家 shēngtàixuéjiā *écologiste(s)*
矿业 kuàngyè *industrie minière* ; 矿物质 kuàngwùzhì *minéraux*
破坏 pòhuài *détruire, détériorer* ; 水源 shuǐyuán *ressource en eau*
意思 yìsi *sens, signification*
一回事 yī huí shì *affaire* ; 两回事 liǎng huí shì *deux choses* (différentes)
马上就 mǎshàng jiù *tout de suite* (= immédiatement alors) ; 再 zài *ensuite*

9. SANS COUTEAU NI FOURCHETTE

没有刀叉

OBJECTIFS

- ENVIES, GOÛTS ET HABITUDES
- TÉLÉPHONE : SE LOCALISER ET INVITER À MANGER ENSEMBLE
- RAPPELER UN ÉVÉNEMENT RÉCENT
- TAQUINER ET DÉJOUER UNE REMARQUE
- DEMANDER L'AVIS
- INSTRUMENT DE L'ACTION
- APPELER UN SERVEUR, PASSER COMMANDE

NOTIONS

- LOCATIFS : HÒUMIAN ; DUÌMIAN
- ADVERBES : XIĀN ; HÁI ; YĚ BÙ ; YÍKUÀIR ; MǍSHANG ; SHÉNME DŌU
- INACHÈVEMENT : HÁI… NE
- STRUCTURE PARALLÈLE : … SHÉNME… SHÉNME
- TOURNURE : LIÁN… YĚ
- QUANTIFICATION VERBALE : YÍXIÀ
- INSTRUMENTAL : YÒNG

没有刀叉
MÉI YǑU DĀO CHĀ
SANS COUTEAU NI FOURCHETTE

🔊 10

陈小星：你想吃什么？喝啤酒吗？
Chén Xiǎoxīng : Nǐ xiǎng chī shénme ? Hē píjiǔ ma ?
Chen Xiaoxing : Que voudrais-tu manger ? Tu bois de la bière ?

马克：中午喝果汁。我先去洗手。
Mǎ Kè : Zhōngwǔ hē guǒzhī. Wǒ xiān qù xǐ shǒu.
Mark : À midi je prends un jus de fruits. Je vais d'abord me laver les mains.

陈：洗手间在后面那边，我来看看你手上的菜单。
Xǐshǒujiān zài hòumian nàbiān, wǒ lái kàn-kan nǐ shǒu shàng de càidān.
Les toilettes sont là-bas derrière, passe-moi le menu que je regarde.

马：给你。你点什么我就吃什么。这里做的鱼新鲜吗？
Gěi nǐ. Nǐ diǎn shénme wǒ jiù chī shénme. Zhèlǐ zuò de yú xīnxiān ma ?
Tiens. Je mangerai ce que tu auras commandé. Le poisson est frais ici ?

陈：还好。等一下，我忘了，猪肉你吃吗？。
Hái hǎo. Děng yíxià, wǒ wàng le, zhūròu nǐ chī ma ?
Oui, ça va. Attends une seconde, j'ai oublié si tu manges du porc ou pas ?

马：不吃，也不吃辣的。我马上回来。
Bù chī, yě bù chī lā de. Wǒ mǎshàng huí-lái.
Non, et pas de piment non plus. Je reviens tout de suite.

陈：喂？⋯⋯在对面的饭馆。我请你，一块儿吃午饭吧⋯⋯ 跟一位美国同事⋯⋯上星期开会的时候你见过他⋯⋯一会儿见。
Wéi ? ... Zài duìmian de fànguǎn... Wǒ qǐng nǐ, yíkuàir chī wǔfàn ba... Gēn yī wèi Měiguó tóngshì. Shàng xīngqī kāi huì de shíhou nǐ jiàn-guo tā... Yíhuìr jiàn.
Allo ?... Au restaurant d'en face... Je t'invite, déjeunons ensemble... Avec un collègue américain. Tu l'as vu à la réunion la semaine dernière... À tout de suite.

马：点好了吗？
Diǎn-hǎo le ma ?
Tu as commandé ?

陈：还没呢。马克，你坐下慢慢看菜单。
Hái méi ne. Mǎ Kè, nǐ zuò-xià màn-man kàn càidān.
Pas encore. Mark, assieds-toi et regarde tranquillement la carte.

马：除了豆腐我什么都看不懂。回想起刚到上海的时候，连筷子也不会用。
Chúle dòufu wǒ shénme dōu kàn-bu-dǒng. Huíxiǎng-qǐ gāng dào Shànghǎi de shíhou, lián kuàizi yě bú huì yòng.
À part le tofu je n'y comprends rien, c'est illisible. Ça me rappelle mes débuts à Shanghai, je ne savais même pas me servir de baguettes.

陈：瞧你可怜的！你看谁来了，不认得吗？是我们公司的会计，湖南人，爱吃辣椒。
Qiáo nǐ kělián de ! Nǐ kàn shéi lái le, bú rènde ma ? Shì wǒmen gōngsī de kuàijì, Hunanrén, ài chī lājiāo.
Oh, mon pauvre garçon ! Regarde qui est là, tu ne le reconnais pas ? C'est le comptable de notre société, il est du Hunan et il aime le piment.

马：也爱买单吗？
Yě ài mǎi dān ma ?
Il aime aussi payer les notes ?

陈：嘘，我请你们吃饭。给你筷子。
Xū, wǒ qǐng nǐmen chī fàn. Gěi nǐ kuàizi.
Chut, c'est moi qui vous invite. Tiens, voilà tes baguettes.

马：有人说，中国人用筷子打天下，你说呢？
Yǒu rén shuō, Zhōngguórén yòng kuàizi dǎ tiānxià, nǐ-shuō ne ?
Il y a des gens qui disent que les Chinois conquièrent le monde à coup de baguettes, qu'en dis-tu ?

陈：我说：中国菜好吃…… 服务员，点菜！
Wǒ shuō : Zhōngguó cài hǎochī… Fúwùyuán, diǎn cài !
Je dis que la cuisine chinoise est bonne… S'il vous plaît monsieur, on voudrait commander !

COMPRENDRE LE DIALOGUE
OBSERVER LES SIGNES

→ Ces 4 signes étaient à l'origine des pictogrammes :

刀	手	回	鱼
dāo	**shǒu**	**huí**	**yú**
couteau	main	retourner	poisson

→ Du couteau, on peut voir la lame rectangulaire, comme celle des couteaux de cuisine d'aujourd'hui. La main a cinq doigts. 回 représentait un mouvement circulaire. Quant au poisson, il a un peu muté, mais heureusement qu'il lui reste quelques écailles !

NOTE CULTURELLE

Suite et fin du repas : Mark ne savait lire sur la carte que 家常豆腐 **jiācháng dòufǔ**, *tofu comme à la maison*. Mais grâce à la commande collective – à la chinoise donc – il a aussi pu apprécier *les entrées froides* 冷盘 **lěng pán**, *le poisson aigre-doux* 糖醋鱼 **tángcù yú**, et *les crevettes piquantes au sel* 椒盐虾 **jiāoyán xiā**. Le comptable du Hunan a ajouté une copieuse dose de sauce rouge à chaque plat… En fin de repas, Chen Xiaoxing (小星 *petite étoile*) a cherché sur Internet un vieil adage lié aux anciens métiers des émigrés chinois aux États-Unis : 三把刀打天下 **sān bǎ dāo dǎ tiān xià**, *trois couteaux conquièrent le monde*. Quels couteaux ? Ceux du cuisinier, celui du tailleur et du barbier… Pendant ce temps-là, Mark est allé en douce régler *la note* 买单 **mǎi dān**, pour se faire pardonner sa mauvaise blague au sujet du comptable.

◆ SENS ET GRAMMAIRE

- 想 **xiǎng**, *avoir envie de, souhaiter, désirer*. Ce verbe est moins fort que 要 **vouloir**, on peut le traduire par un conditionnel : **wǒ xiǎng**, *je voudrais*. On trouve aussi ces deux verbes associés : 想要 **xiǎngyào**, *avoir envie de*.
- 中午 **zhōngwǔ**, *midi, milieu de journée*. 午 **wǔ** est un terme traditionnel pour le laps de temps entre 11 h et 13 h. 午饭 **wǔfàn**, désigne *le déjeuner de midi*.
- 先 **xiān**, *d'abord* ; 就 **jiù**, *alors* ; 还 **hái**, *encore, assez* ; 也 **yě**, *aussi* et 也不 **yě bù**, *non plus* ; 马上 **mǎshàng**, *tout de suite* ; 一块儿 **yíkuàir**, *ensemble* ; 慢慢 **màn-man**, *lentement* ; 都 **dōu**, *totalement, tout*, et 都不 **dōu bù**, *rien*.
Règle : tous ces adverbes se placent juste avant l'élément verbal qu'il déterminent.

- 后面那边 **hòumian nàbiān**, *là-bas derrière* ; 面 **miàn**, *face* ; 边 **biān**, *côté, bord*. Ces mots permettent de former la plupart des locatifs comme ici 后面 **hòumian**, *derrière* ; 对面 **duìmiàn**, *en face* ; 那边 **nàbiān**, *là-bas*. La liste des locatifs se trouve en Annexe 4.
- 我来看看你手上的菜单。**Wǒ lái kàn-kan nǐ shǒu shàng de càidān.** *Je vais regarder un peu la carte que tu as en main*. Le verbe **lái**, *venir* a ici un sens intentionnel.
- 给你。**Gěi nǐ.** *Tiens, voilà.* C'est ce que l'on dit en tendant un objet à quelqu'un : **Gěi nǐ kuàizi.** *Voilà des baguettes pour toi.* (= donner toi baguettes)
- …什么 …什么 **…shénme… shénme**, *ce que*. **Nǐ diǎn shénme** (= tu commandes qqch.) ; **wǒ jiù chī shénme**, *je mangerai ce que tu commandes* (= je alors manger cela). Cette construction parallèle emploie l'adverbe de conséquence 就 **jiù**, *alors*.
- 这里做的鱼 **zhèli zuò de yú**, *le poisson qui est cuisiné ici*. Le verbe 做 **zuò**, *fabriquer* se comprend ici comme dans 做饭 **zuò fàn**, *faire la cuisine, cuisiner*.
- 还好。**Hái hǎo.** *Ça va, Ça peut aller* ; 还没呢。**Hái méi ne.** *Non, pas encore*. L'adverbe **hái** a deux sens (S1) et (S2) dans ce dialogue. (S1) **Hái hǎo** (= plutôt bien). (S2) **hái méi** (= encore pas) *pas encore.* La particule finale **ne** renforce l'idée d'action inachevée : Chen n'a pas encore commandé parce qu'elle était au téléphone et qu'elle ne sait que choisir pour Mark.
- 上星期 **shàng xīngqī**, *la semaine dernière.* 上 **shàng**, *dernier, précédent,* a un sens temporel ici. La liste des repères temporels se trouve en Annexe 5.
- … 的时候 **de shíhou**, *quand, au moment où…* 开会的时候你见过他 **kāi huì de shíhou nǐ jiàn-guo tā** (= avoir réunion de moment tu voir-déjà lui), c'est-à-dire : *quand on a eu la réunion tu l'as déjà vu*. La proposition temporelle {… **de shíhou**} vient d'abord, mais **de shíhou** ne se place pas comme *quand* **xià shǒu** en français.

Rappel : le suffixe verbal 过 guo marque l'expérience : jiàn-guo, avoir déjà vu.
- 什么都不 **shénme dōu bù**, *rien du tout, absolument rien*. Pour manifester votre totale incompréhension, vous direz : 我什么都不懂！**Wǒ shénme dōu bu dǒng!** *Je n'y comprends strictement rien !* 看不懂 **kàn-bu-dǒng** veut dire que vous ne comprenez pas ce que vous regardez ou lisez (= lire-pas-comprendre).
- 连…也… **lián… yě…**, *même…* 我连筷子都不会用 **wǒ lián kuàizi yě bú huì yòng**, *je ne sais/savais même pas utiliser des baguettes* (= même baguettes aussi pas savoir utiliser). On traduit *savoir* par l'imparfait à cause du contexte : 刚到上海的时候 **gāng dào Shanghǎi de shíhou**, *quand je venais d'arriver à Shanghai*.

● EXERCICES

🔊 1. ÉCOUTEZ.

10

a. Comprenez-vous ce qui est dit au téléphone ?

b. Cherchez les questions correspondant à ces quatre réponses.

c. Répondez d'après les informations du dialogue et de la note culturelle.

d. On vous demande (D1) de vous asseoir ; (D2) de… ; (D3) et de… ; (D4) si… Vous demandez (D5) si… ; (D6) de…

2. DÉCHIFFREZ.

Cherchez à reconnaître ces signes :

中午   洗手   菜单   啤酒

3. ORDONNEZ LES MOTS.

Ordonnez pour dire : *Quels plats as-tu commandés ?*

₁点   ₂什   ₃了   ₄么   ₅菜   ₆你

TRACEZ DEUX SIGNES.

shǒu, *main* – 1 ↙ sommet ; 2 → ; 3 → ; 4 ↓ + crochet vers la gauche
下手 **xià shǒu**, *mettre la main à la pâte, agir concrètement, se lancer dans une action*

zuò, *être assis, s'asseoir* – (人人 *deux hommes* sur de *la terre* 土)
1 ↙ ; 2 ↘ ; 3 ↙ ; 4 ↘ ; 5 → milieu ; 6 ↓ ; 7 → base ; 坐下 **zuò-xià**, *s'asseoir*

VOCABULAIRE

刀叉 **dāo chā** *couteau et fourchette* ; 筷子 **kuàizi** *baguettes*
吃 **chī** *manger (qqch.)* ; 吃饭 **chī fàn** *prendre un repas*
啤酒 **píjiǔ** *bière* ; 果汁 **guǒzhī** *jus de fruit* (= fruit-jus)
洗手 **xǐ shǒu** *se laver les mains* ; 洗手间 **xǐshǒujiān** *toilettes*
菜单 **càidān** *carte de restaurant* (= plat-liste) ; 买单 **mǎi dān** *payer l'addition*
点 **diǎn** *cocher, pointer sur* ; 点菜 **diǎn cài** *commander des plats*
做 **zuò** *faire, fabriquer*
鱼 **yú** *poisson* ; 新鲜 **xīnxiān** *frais*
等 **děng** *attendre* ; 等一等 **děng-yi-děng** *attendre un peu*
一下 **yíxià** *un peu*
猪肉 **zhūròu** *viande de porc* (cochon-viande)
忘 **wàng** *oublier*
辣 **là** *pimenté, piquant*
会 **huì** *savoir (faire)* ; 会用筷子 **huì yòng kuàizi** *savoir utiliser des baguettes*
回来 **huí-lái** *revenir* ; 回想起 **huíxiǎng-qǐ** *repenser à, faire penser à, se rappeler*
对面的饭馆 **duìmian de fànguǎn** *le resto d'en face* (= en face **de** restaurant)
请 **qǐng** *inviter (qqn.)*
一块儿 **yíkuàir** *ensemble*
美国同事 **Měiguó tóngshì** *collègue américain* (= États-Unis même-travail)
开会 **kāi huì** *avoir une réunion* ; 开会的时候 **kāi huì de shíhou** *pendant la réunion*
见 **jiàn** *voir* ; 一会儿见 **yíhuìr jiàn** *à tout de suite, à tout à l'heure*
坐下 **zuò-xià** *s'asseoir*
除了 **chúle** *à part, hormis, à l'exception de*
刚到 **gāng dào** *venir d'arriver, être juste arrivé*
会 **huì** *savoir (faire qqch.)*
豆腐 **dòufu** *tofu, caillé de soja*
瞧 **qiáo** *regarder* ; 瞧你 **Qiáo nǐ...** *Vois comme tu es/ Oh comme tu es...*
可怜 **kělián** *pitoyable, qui fait pitié*
认得 **rènde** *reconnaître*
公司 **gōngsī** *société, entreprise* ; 会计 **kuàiji** *comptable*
爱 **ài** *aimer, amour*
打天下 **dǎ tiānxià** *conquérir le monde* (= battre ciel-dessous)
好吃 **hǎochī** *bon* (= bon-manger)
服务员 **fúwùyuán** *serveur(-se), monsieur, madame*

10. DÉPENSER DE L'ARGENT
花钱

OBJECTIFS

- TOTALITÉ ET FRÉQUENCE
- ACTION PASSÉE, FUTURE ET HABITUELLE
- ÉNUMÉRER DES INCONVÉNIENTS
- POSSIBILITÉ INCERTAINE
- DISCUTER DES MODES DE PAIEMENT
- SIMILITUDE
- PRÉVENIR ET CONSEILLER
- COMPRENDRE ET ACQUIESCER

NOTIONS

- LOCATIF : PÁNGBIĀN
- ADVERBES : SUǑYǑU DE… DŌU ; MĚI CÌ… DŌU
- REPÈRES TEMPORELS : SHÀNG CÌ, DĀNG… DE SHÍHOU
- INTERRO-NÉGATIF : MÉI YǑU… MA ?
- VERBE MODAL : HUÌ
- CLASSIFICATEUR : KUÀI
- QUANTIFICATION : YÌDIǍN ; YĪ CÌ
- TOURNURE COMPARATIVE : XIÀNG… YÍYÀNG

花钱
HUĀ QIÁN
DÉPENSER DE L'ARGENT

周北燕：没钱了，我所有的欧元都换了人民币，周二买衣服都花光了。
Zhōu Běiyàn : Méi qián le, wǒ suǒyǒu de ōuyuán dōu huàn-le rénmínbì, zhōu èr mǎi yīfu dōu huā-guāng le.
Zhou Beiyan : Je n'ai plus d'argent, j'avais changé tous mes euros en RMB, et mardi j'ai tout dépensé pour acheter des vêtements.

叔叔：你可以去旁边的银行取一点儿钱。
Shūshu : Nǐ kěyǐ qù pángbiān de yínháng qǔ yìdiǎnr qián.
L'oncle : Tu peux aller à la banque d'à côté pour retirer un peu d'argent.

周：我上次去银行要排队、扫描护照等等，我觉得太浪费时间。
Wǒ shàng cì qù yínháng yào pái duì, sǎomiáo hùzhào děng-děng, wǒ juéde tài làngfèi shíjiān.
La dernière fois que je suis allée à la banque, il a fallu faire la queue, scanner le passeport, etc. Je trouve que ça prend trop de temps.

叔叔：你没有银行卡吗？
Nǐ méi yǒu yínháng kǎ ma ?
Tu n'as pas de carte bancaire ?

周：英国银行的卡，取款机会不会不认？
Yīngguó yínháng de kǎ, qǔkuǎnjī huì-bu-huì bú rèn ?
Une carte de banque anglaise, le distributeur l'acceptera ?

叔叔：要看什么卡。
Yào kàn shénme kǎ.
Ça dépend de quelle carte il s'agit.

周：一般的visa卡。
Yībān de visa kǎ.
Une carte Visa ordinaire.

叔叔：没问题，不过我建议你购物刷卡或者用手机付钱，像我一样。
Méi wèntí, búguò wǒ jiànyì nǐ gòu wù shuā kǎ huòzhě yòng shǒujī fù qián, xiàng wǒ yíyàng.
Pas de problème, mais je propose que tu payes tes achats par carte ou avec ton téléphone, comme moi.

周：每天的生活费都不要现金了？叔叔，你买一块香皂也是扫码付钱吗？
Měi tiān de shēnghuófèi dōu bú yào xiànjīn le ? Shūshu, nǐ mǎi yī kuài xiāngzào yě shì sǎo mǎ fù qián ma ?
On n'a plus jamais besoin d'argent liquide pour les dépenses courantes ? Tonton, même pour t'acheter une savonnette tu payes sans contact ?

叔叔：当然需要现金。你想取多少钱？告诉你，用卡最好一次多取点儿，因为很多外国银行每次都会收费。
Dāngrán xūyào xiànjīn. Nǐ xiǎng qǔ duōshao qián ? Gàosu nǐ, yòng kǎ zuì hǎo yī cì duō qǔ diǎnr, yīnwèi hěn duō wàiguó yínháng měi cì dōu huì shōu fèi.
Bien sûr qu'il faut un peu de liquide. Combien voudrais-tu retirer ? Je te préviens, avec une carte, le mieux est de retirer plus d'argent en une seule fois parce que beaucoup de banques étrangères prennent des frais à chaque retrait.

周：嗯，明白了。
Ēn, míngbai le.
Ah, je vois.

叔叔：北燕，当你输入密码的时候注意安全，取的钱也保管好。
Běiyàn, dāng nǐ shūrù mìmǎ de shíhou zhùyì ānquán, qǔ de qián yě bǎoguǎn hǎo.
Beiyan, quand tu entreras ton code, fais bien attention, et l'argent que tu retires mets-le en lieu sûr.

周：我会的。
Wǒ huì de.
C'est ce que je vais faire.

■ COMPRENDRE LE DIALOGUE
OBSERVER LES SIGNES

→ Repérez dans le dialogue :

周	明	白	天
zhōu	**míng**	**bái**	**tiān**
semaine	clair	blanc	ciel, jour

→ 周 **Zhōu** peut être un nom de famille. Le nom commun 周 **zhōu**, signifie *cycle, semaine*. On ajoute un numéro pour dire les jours de la semaine : **zhōu yī**, *lundi* ; **zhōu èr**, *mardi* (Annexe 5).

→ 明 **míng**, *clair* + 天 **tiān**, *ciel* devient 明天 **míngtiān**, *demain*.

→ 明 **míng** + 白 **bái**, *blanc* signifie que tout est clair : 我明白了。 **Wǒ míngbai le.** *J'ai compris.*

→ Et 白 **bái**, *blanc* + 天 **tiān**, *ciel* donne 白天 **bái tiān**, *le jour* par opposition à la nuit.

→ Le chinois est un immense réseau de caractères monosyllabiques se combinant sans fin depuis des millénaires. Les mots actuels de plusieurs syllabes sont créés à partir de mots anciens. Par exemple : 手 **shǒu**, *main* + 机 **jī**, *appareil* donne 手机 **shǒujī**, *téléphone portable*.

NOTE CULTURELLE

Le mot 欧元 **ōuyuán**, *euro* provient de 欧洲 **Ōuzhōu**, *Europe*. Le RMB 人民币 **rénmínbì** (= peuple-monnaie) est le nom officiel de la monnaie chinoise. Au quotidien, on dit 元 **yuán** ou 块 **kuài** (Leçon 1). En 2010, une belle et robuste édition plastifiée du 新华字典 **Xīnhuá zìdiǎn**, un indispensable dictionnaire de poche à l'époque, coûtait 19,90 元 **shí jiǔ yuán jiǔ máo** (= 19 yuan 9 mao, Annexe 3). En dépit de l'inflation, son prix a baissé depuis grâce à la concurrence des applications gratuites de téléphone…

北燕 **Běiyàn** (= nord-hirondelle) est un joli prénom : il sonne bien, évoque un oiseau migrateur et complaît à la vue, car le signe 北 **běi**, *nord* est inclus dans 燕 **yàn**, *hirondelle*…

◆ SENS ET GRAMMAIREE

- 没钱 **méi qián**, *ne pas avoir d'argent* ; 没钱了 **méi qián le**, *ne plus avoir d'argent*. Rappel : La particule finale 了 **le** atteste ici d'un changement de situation : j'avais de l'argent, mais n'en ai plus à présent. Après la négation 没 **méi**, le verbe 有 **yǒu**, *avoir* est souvent élidé. Plus loin, l'oncle Gao dit : 没问题 **méi wèntí**, *pas de problème*. Il aurait pu dire : **Méi yǒu wèntí**. *Il n'y a pas de problème.*

- 我所有的…都 **wǒ suǒyǒu de… dōu**, *tous mes*. Le complément d'objet vient en tête de phrase : 我所有的欧元 **wǒ suǒyǒu de ōuyuán**, *tous mes euros*. L'idée de totalité est reprise par l'adverbe 都 **dōu** avant le verbe 换 **huàn** : *j'ai changé tous mes euros*.
  Règle : l'adverbe 都 **dōu**, *tout*, en totalité, se met devant un verbe, jamais devant un nom. Par contre, 所有的 **suǒyǒu de**, *tous les* se met devant un nom.
- 旁边的银行 **pángbian de yínháng**, *la banque d'à côté* ; 银行旁边 **yínháng pángbian**, *à côté de la banque* (Annexe 4). Veillez à l'ordre des mots !
- 取一点儿钱 **qǔ yìdiǎnr qián**, *retirer un peu d'argent*. **diǎn, diǎnr, yìdiǎn, yìdiǎnr** sont des variantes pour dire *un peu (de)*. Vous verrez plus loin 多取点儿钱 **duō qǐ diǎnr qián**, *retirer un peu plus d'argent*.
- 会不会不认 ? **huì-bu-huì bú rèn ?** Ici, 会 **huì** exprime le futur et non le savoir-faire. De même, en fin de dialogue : 我会的。 **Wǒ huì de.** *C'est ce que je ferai*. La question alternative est posée comme **Nán-bu-nán ?** *C'est difficile ou pas ?* (Leçon 2). Quant à **bú rèn** (= ne pas connaître), il peut se traduire *ne pas accepter* ou *refuser*.
- 要看什么卡。 **Yào kàn shénme kǎ.** *Ça dépend de la carte*. (= falloir voir quelle carte).
- 刷卡或者用手机 **shuā kǎ huòzhě yòng shǒujī**, *par carte ou avec le téléphone*. Le verbe 刷 **shuā** s'emploie par exemple dans 刷牙 **shuā yá**, *se brosser les dents*. 刷卡 **shuā kǎ** décrit l'action d'insérer une carte dans un terminal qui la décrypte. La conjonction 或者 **huòzhě**, *ou* s'emploie à l'affirmatif, contrairement à l'interrogatif 还是 ? **háishi ?** (Leçon 7).
- 像…一样 **xiàng… yíyàng**, *comme, pareillement à*. Nous avons vu le verbe 像 **xiàng**, *ressembler* (Leçon 4) dans 好像 **hǎoxiàng**, *il semble que, on dirait que*. 一样 **yíyàng** signifie *pareil, semblable, le même*.
- 每天…都 **měi tiān… dōu**, *chaque jour* ; 每次…都 **měi cì… dōu**, *chaque fois*. 每 **měi**, *chaque* est renforcé par l'adverbe de pluralité 都 **dōu**, de même qu'on utilise le pluriel dans *tous les jours* et *toutes les fois*. Dans la traduction, la négation *ne plus jamais* provient de la combinaison {每天 **měi tiān**… 都不 **dōu bù**… 了 **le**}.
- 当…的时候 **dāng… de shíhou**, *quand…* Ou encore *pendant que, au moment de*.

● EXERCICES

🔊 1. ÉCOUTEZ.
11
a. Répétez les jours de la semaine en partant de dimanche, lundi…

b. Traduisez cet échange avant de l'écouter : ● Il y a des problèmes ? ◆ Oui. Il y en a encore. ● Et maintenant ? ◆ Non, il n'y a plus de problème. ● Tant mieux !

c. Vous regrettez (R1) d'avoir dépensé…; (R2) que la vie…; (R3) que vos amis…

d. Écoutez une à une ces questions en prévoyant une réponse possible.

2. DÉCHIFFREZ.

Cherchez à reconnaître ces signes :

周二　手机　扫码　欧元　人民币

3. ORDONNEZ LES MOTS.

Chaque fois que mon oncle achète quelque chose, il paye avec son téléphone.

₁叔叔　₂买东西　₃都是　₄每次
₅付钱　₆扫码

TRACEZ TROIS SIGNES.

sì, *quatre* – 1 ↓ à gauche ; 2 ↓ ; 3 ↙ ; 4 ↳ ; 5 → base ; 四元 **sì yuán**, *quatre yuans*
yuán (la monnaie) – 1 → ; 2 → ; 3 ↙ courbe ; 4 ↳ + crochet remontant

diǎn, *point* – 1 ↓ ; 2 → milieu : 3 ↓ ; 4 ↓ ; 5 → en bas : 6 ´ ; 7 、 ; 8 、 ; 9 、
一点 **yī diǎn**, *un point, une heure* ; 一点 **yìdiǎn**, *un peu*

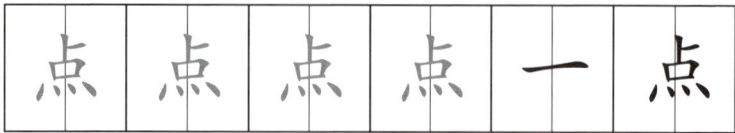

VOCABULAIRE

花钱 **huā qián** *dépenser de l'argent* ; 花光 **huā-guāng** *tout dépenser*
取钱 **qǔ qiá** *retirer de l'argent* ; 付钱 **fù qián** *payer, régler, verser de l'argent*
换 **huàn** *changer en* ; 换了人民币 **huàn-le rénmínbì** *avoir changé en RMB*
衣服 **yīfu** *vêtement(s)*
叔叔 **shūshu** *oncle (petit frère du père)*
银行 **yínháng** *banque* ; 银行卡 **yínháng kǎ** *carte bancaire*
次 **cì** *fois* ; 上次 **shàng cì** *la dernière fois* ; 一次 **yī cì** *une fois, en une fois*
排队 **pái duì** *faire la queue* (= aligner troupe)
扫 **sǎo** *balayer* ; 扫描 **sǎomiáo** *scanner* ; 扫码 **sǎo mǎ** *flasher un code*
护照 **hùzhào** *passeport*
等等 **děng-děng** *etc., et ainsi de suite*
觉得 **juéde** *trouver que*
时间 **shíjiān** *temps*
浪费时间 **làngfèi shíjiān** *perdre son temps* (= gaspiller temps)
英国 **Yīngguó** *Angleterre*
取款机 **qǔkuǎnjī** *distributeur de billets* (= tirer-somme-appareil)
会 **huì** *(verbe auxiliaire du futur)*
一般 **yìbān** *ordinaire, en général, habituel*
问题 **wèntí** *question, problème*
建议 **jiànyì** *proposer, proposer que, proposition*
购物 **gòu wù** *faire des achats*
生活 **shēnghuó** *vie, vivre* ; 生活费 **shēnghuó-fèi** *dépenses courantes*
现金 **xiànjīn** *argent liquide*
香皂 **xiāngzào** *savon de toilette* ; 一块香皂 **yī kuài xiāngzào** *savonnette*
当然 **dāngrán** *évidemment, bien sûr que*
需要 **xūyào** *avoir besoin de*
告诉 **gàosu** *prévenir, informer (qqn), dire à (qqn) que*
最好 **zuì hǎo** *le mieux, c'est mieux de*
因为 **yīnwèi** *parce que*
多 **duō** *beaucoup, nombreux* ; 多一点 **duō yìdiǎn** *un peu plus*
收费 **shōu fèi** *taxer, prendre des frais*
输入密码 **shūrù mìmǎ** *saisir un code* (= entrer secret-numéro)
注意安全 **zhùyì ānquán** *faire attention à la sécurité, rester vigilant*
保管 **bǎoguǎn** *mettre en lieu sûr, prendre soin de* (= protéger-s'occuper)

11. CHANGER DE CARTE SIM

换卡

OBJECTIFS

- PANNE DE TÉLÉPHONE
- HORAIRES DE RESTAURANT ET DE MAGASIN
- PROXIMITÉ ET DISTANCE DEPUIS UN HÔTEL, FAIRE PATIENTER, CE QUI PRESSE OU NON
- NÉCESSITÉ ET CAPACITÉ
- CERTITUDE
- SOUHAITS D'ANNIVERSAIRE, DE FÊTE

NOTIONS

- LOCATIF : WÀI
- ADVERBES : YǏJĪNG ; YÍDÌNG ; ZHÈNG HǍO
- VERBES MODAUX : XŪYÀO ; NÉNG
- HEURE, DURÉE ET DISTANCE : FĒNZHŌNG ; DIǍN ; XIǍOSHÍ ; BÀN ; FÙJÌN ; LÍ… YUǍN ; MǏ
- CLASSIFICATEUR : JIĀ
- DESTINATAIRE PRÉVERBAL : GĚI

换卡
HUÀN KǍ
CHANGER DE CARTE SIM

🔊 12

宾馆的客人：早上好。早餐开始了吗？
Bīnguǎn de kèrén : Zǎoshang hǎo. Zǎocān kāishǐ le ma ?
Client de l'hôtel : Bonjour. Le petit déjeuner est servi ?

服务员：请稍等一下，五分钟后开始。
Fúwùyuán: Qǐng shāo děng yíxià, wǔ fēnzhōng hòu kāishǐ.
Employée : Veuillez patienter un petit peu, il sera servi dans cinq minutes.

客人：电话打不通……麻烦。
Diànhuà dǎ-bu-tōng… Máfan.
Impossible de téléphoner… Zut.

服务员：这儿有个插头，可以充电。
Zhèr yǒu ge chātóu, kěyi chōng diàn.
Il y a une prise où vous pouvez recharger ici.

客人：在房间已经充好了，问题是没有信号，应该换卡。
Zài fángjiān yǐjīng chōng-hǎo le, wèntí shì méi yǒu xìnhào, yīnggāi huàn kǎ.
J'ai déjà rechargé dans la chambre. Le problème est que je n'ai pas de réseau, je dois changer de carte.

服务员：附近有一家移动电话商店，离宾馆不远，一百米左右。
Fùjìn yǒu yī jiā yídòng diànhuà shāngdiàn, lí bīnguǎn bù yuǎn, yī bǎi mǐ zuǒyòu.
Il y a un magasin de téléphonie mobile pas loin de l'hôtel, à 100 m environ.

客人：是不是八点开门？
Shì-bu-shì bā diǎn kāi mén ?
Est-ce qu'il ouvre à huit heures ?

服务员：上网看看这个商店的营业时间……您需要打电话吗？
Shàng wǎng kàn-kan zhè ge shāngdiàn de yíngyè shíjiān… Nín xūyào dǎ diànhuà ma ?
Je vais regarder sur Internet les heures d'ouverture de ce magasin… Vous avez besoin de téléphoner ?

客人：没有急事，只是想给我女朋友祝生日快乐。有了新卡，能通就行。
Méi yǒu jíshì, zhǐ shì xiǎng gěi wǒ nǚ péngyou zhù shēngrì kuàilè. Yǒu le xīn kǎ, néng tōng jiù xíng.
Rien d'urgent, c'est juste que je voulais souhaiter un joyeux anniversaire à ma copine. Quand j'aurai ma nouvelle carte, je pourrai communiquer et ça ira.

服务员：您可以用服务台的电话，请。
Nín kěyi yòng fúwùtái de diànhuà, qǐng.
Vous pouvez utiliser le téléphone de la réception, je vous en prie.

客人：我女友住在国外，国际电话收费很贵。
Wǒ nǚyǒu zhù zài guówài, guójì diànhuà shōu fèi hěn guì.
Ma copine vit à l'étranger, c'est très cher un appel international.

服务员：那个商店是八点半开门，还有一个半小时。餐厅现在正好开饭了。
Nà ge shāngdiàn shì bā diǎn bàn kāi mén, hái yǒu yī ge bàn xiǎoshí. Cāntīng xiànzài zhèng hǎo kāi fàn le.
Le magasin ouvre à huit heures et demie, il reste une heure et demie. La salle de restaurant a commencé le service justement.

客人：那我先吃早饭，喝点咖啡，吃碗米粥。
Nà wǒ xiān chī zǎofàn, hē diǎn kāfēi, chī wǎn mǐzhōu.
Bon, je vais d'abord prendre un petit déjeuner, boire un café et manger une bouillie de riz.

服务员：今天一定有八宝粥。祝您腊八节快乐！
Jīntiān yídìng yǒu bābǎozhōu. Zhù nín Làbājié kuàilè !
Je suis sûre qu'il y aura de la bouillie aux huit trésors aujourd'hui. Bonne fête du Laba !

COMPRENDRE LE DIALOGUE
OBSERVER LES SIGNES

→ Repérez dans le dialogue :

五	八	电	半	米
wǔ	**bā**	**diàn**	**bàn**	**mǐ**
cinq	huit	électricité	moitié, demi(e)	riz, mètre

→ Les prix, nombres, numéros de téléphone, codes postaux, années, dates, heures, etc. sont écrits en chiffres arabes. Pour comprendre les spécificités du chinois concernant les nombres, reportez-vous à l'Annexe 2.

→ Toutefois, un chiffre intégré à un terme usuel s'écrit en caractère : 五星红旗 **wǔ xīng hóng qí**, *drapeau rouge à cinq étoiles*. Si vous écriviez « 8宝粥 » pour 八宝粥 **bābǎozhōu** (= huit-trésors-bouillie), ce serait perçu comme un jeu graphique.

→ 电 **diàn** figurait à l'origine un éclair transperçant les nuages et la foudre tombant au sol.

→ Constatez la symétrie gauche-droite de 半 **bàn**, comme tranché par le centre.

→ Quant à 米 **mǐ**, il représente un épi de riz encore sur pied alors que 米饭 **mǐfàn** désigne le *riz cuit*. On se sert le caractère 米 **mǐ** pour copier la première syllabe du mot anglais **meter**.

NOTE CULTURELLE

La fête dite 腊八节 **Làbājié** a lieu le 8ᵉ jour (八 **bā**) du 12ᵉ mois lunaire, date à laquelle un *rituel d'offrande* (腊 **là**) était réalisé par les Anciens. Ce *jour de fête* 节日 **jiérì** est aussi l'anniversaire de l'illumination du Bouddha. On prépare alors *un gâteau de riz aux huit trésors* 八宝饭 **bābǎofàn** ou *un gruau de riz* 八宝粥 **bābǎozhōu** : raisins secs, goji, jujubes, graines de lotus, longanes, noix, cacahuètes, pâte de haricot rouge sucrée, riz glutineux... Tant de trésors aident à tenir le coup, dans les frimas du nord, jusqu'aux copieux raviolis de la fameuse *fête du Printemps* 春节 **chūnjié** !

Le 8 est auspicieux en Chine comme au Tibet, pas vraiment pour les mêmes raisons. Connaissez-vous les huit signes auspicieux du bouddhisme ? Parasol, couple de poissons, conque, urne aux trésors, lotus, nœud éternel, bannière et roue.

◆ SENS ET GRAMMAIRE

- 请稍等一下。 **Qīng shāo děng yíxià**. *Veuillez patienter un peu*. Vous connaissez tous les mots de cette formule de politesse, sauf 稍 **shāo**, *légèrement* (= S.V.P. légèrement attendre un peu).
- 五分钟后 **wǔ fēnzhōng hòu**, *dans cinq minutes*. 分 **fēn**, *diviser* et **zhōng**, *horloge* s'associent pour désigner la durée en minutes. Ponctuellement, par exemple pour 8 h 05, on dira 八点五分 **bā diǎn wǔ fēn** (= huit heures cinq minutes : Annexe 5). 后 **hòu**, *après, plus tard*, vient après le nom ou la durée : **zǎocān hòu**, *après le petit-déjeuner*; 两天后 **liǎng tiān hòu**, *dans deux jours, deux jours plus tard*.
- 打电话 **dǎ diànhuà**, *passer un coup de fil, téléphoner*. Voici une construction typique {verbe + objet}. 打 **dǎ** se traduit de mille manières, mais à l'origine il décrit un geste de la main : *battre, taper, tapoter, faire signe*, etc. Comme beaucoup de vocabulaire du xxe siècle, 电话 **diànhuà**, *téléphone* (= électricité-parole) est un mot conçu au Japon, puis transmis à la Chine. Quant à la construction verbale 打不通 **dǎ-bu-tōng**, elle signifie qu'*on n'arrive pas à joindre quelqu'un* (= tapoter-pas-communiquer).

Règle : dans les constructions verbe + objet, il importe de bien identifier ce qui est verbal et ce qui est nominal.

- 已经 **yǐjīng**, *déjà* ; 一定 **yídìng**, *c'est sûr que*. Si ces deux adverbes vous semblent proches phonétiquement, écoutez-les mieux !
- 一家移动电话商店 **yī jiā yídòng diànhuà shāngdiàn**, *un magasin de téléphonie mobile*. Analysons ce groupe nominal complexe : 家 **jiā**, *famille* sert ici de classificateur : 一家商店 **yī jiā shāngdiàn**, *un magasin*. Entre ce classificateur et le nom sont insérés deux déterminants : **yídòng**, *mobile* **diànhuà**, *téléphone*.

Règle : dans un groupe nominal complexe, l'ordre des mots chinois et français est toujours différent puisqu'en chinois tous les déterminants doivent précéder le nom.

- 一百米左右 **yī bǎi mǐ zuǒyòu**, *100 m environ*. **yī bǎi** (= un cent) *une centaine, cent* ; **zuǒyòu**, *à peu près* (= gauche-droite) provient de 左 (边) **zuǒ (bian)**, *à gauche* et 右 (边) **yòu (bian)**, *à droite* mis ensemble (Annexe 4).
- 有了新卡 **yǒu le xīn kǎ**, *quand j'aurai la nouvelle carte*. L'action n'est certes pas encore accomplie, mais elle est projetée comme accomplie grâce à 了 **le**.
- 住在国外 **zhù zài guówài**, *habiter à l'étranger*. Avec les verbes indiquant une position finale, le syntagme {在 **zài** + lieu} se place souvent à droite du verbe : 放在这儿 **fàng zài zhèr**, *poser ici* ; 坐在这儿 **zuò zài zhèr**, *s'asseoir ici*, etc.

EXERCICES

1. ÉCOUTEZ.

a. Comprenez-vous ces quatre situations ?

b. Quelle heure est-il ? Notez les heures entendues.

c. Combien de temps ? Notez les durées entendues.

d. Le client se renseigne. Prévoyez les brèves réactions du réceptionniste.

2. DÉCHIFFREZ.

Cherchez à reconnaître ces signes :

开门　上网　生日　小时　快乐

3. ORDONNEZ LES MOTS.

Je te souhaite un joyeux anniversaire !

₁生　₂日　₃祝你　₄乐　₅快

TRACEZ DEUX SIGNES.

shēng, *naître* – 1 ↙ ; 2, 3 → → ; 4 ↓ ; 5 → base
生日 **shēngrì**, *anniversaire, jour de naissance*

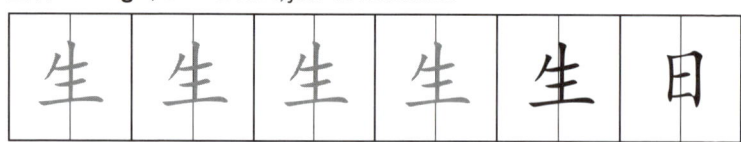

zǎo, *tôt* – 1 ↓ ; 2 ↓ ; 3 → intérieur ; 4 → base 日 (soleil) ; 5 → milieu ; 6 ↓
早上 **zǎoshang**, *tôt le matin*

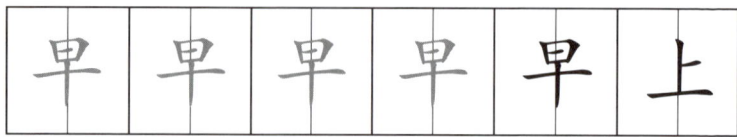

11. Changer de carte sim

VOCABULAIRE

宾馆 **bīnguǎn** *hôtel, grand hôtel* ; 客人 **kèrén** *client, invité*
早上 **zǎoshang** *tôt le matin* ; 早上好 **zǎoshang hǎo** (salutation matinale)
早餐 **zǎocān** = 早饭 **zǎofàn** *petit déjeuner* ;
开始 **kāishǐ** *commencer* ; 开饭 **kāi fàn** *servir un repas* (= ouvrir riz)
分钟 **fēnzhōng** *minute* ; 五分钟后 **wǔ fēnzhōng hòu** *dans cinq minutes*
通 **tōng** *communiquer* ; 打不通 **dǎ-bu-tōng** *ne pas arriver à joindre par téléphone*
插头 **chātóu** *prise électrique*
已经 **yǐjīng** *déjà*
充电 **chōng diàn** *recharger* (= remplir électricité)
房间 **fángjiān** *chambre, pièce*
信号 **xìnhào** *signal*
附近 **fùjìn** *à proximité, dans le quartier*
一家商店 **yī jiā shāngdiàn** *un magasin*
远 **yuǎn** *loin* ; 离···不远 **lí... bù yuǎn** *pas loin de...*
八点 **bā diǎn** 8 h 00 et 20 h 00 ; 八点半 **bā diǎn bàn** 8 h 30 et 20 h 30
开门 **kāi mén** *ouvrir* (= ouvrir porte)
上网 **shàng wǎng** *aller sur Internet*
营业时间 **yíngyè shíjiān** *heures d'ouverture* (= affaires temps)
急事 **jíshì** *urgence, qqch. d'urgent* (= urgent-chose)
只 **zhǐ** *seulement, juste*
给···祝 **gěi... zhù** *souhaiter à qqn* ; 祝你 **zhù nǐ** *je te souhaite*
女朋友 **nǚ péngyou** = 女友 **nǚyǒu** *copine, petite amie*
新 **xīn** *nouveau, neuf*
就行 **jiù xíng** *et ça ira* ; 行 **xíng** *ça marche*
服务台 **fúwùtái** *réception* (d'un hôtel) ; 服务 **fúwù** *service, servir*
国际 **guójì** *international*
贵 **guì** *cher*
小时 **xiǎoshí** *heure* (durée) ; 一个半小时 **yī ge bàn xiǎoshí** *une heure et demie*
餐厅 **cāntīng** *salle de restaurant, restaurant* (= repas-salle)
正好 **zhèng hǎo** *justement, ça tombe bien* (= juste bien)
咖啡 **kāfēi** *du café*
碗 **wǎn** *bol* ; 一碗米粥 **yī wǎn mǐzhōu** *un bol de bouillie de riz* (= riz-gruau)
今天 **jīntiān** *aujourd'hui* (Annexe 5)

12. TROP COMPLIQUÉ
太复杂了

OBJECTIFS

- ACTION VOLONTAIRE ET PERCEPTION
- FIXER UN RENDEZ-VOUS
- HEURE PONCTUELLE ET DURÉE
- MANQUER DE TEMPS, RETARD PRÉVU
- LANCER UNE PIQUE SUR UN TON BADIN
- THÉÂTRALISER LA TENSION PSYCHOLOGIQUE
- CONCLURE AVEC UNE PIROUETTE

NOTIONS

- ADVERBES : HĂO ; LÌNG ; YŎUDIĂN ; JIÙ ; ZHŬNSHÍ
- VERBE D'ABOUTISSEMENT : DÀO
- VERBE FACTITIF : RÀNG
- SUFFIXE VERBAL DURATIF : ZHE
- SUFFIXE NOMINAL : ZI
- CLASSIFICATEUR : MÍNG
- STRUCTURE : BÚ SHÌ... ÉR SHÌ...

太复杂了
TÀI FÙZÁ LE
TROP COMPLIQUÉ

🔊 13

叶小芳：我昨天走过万星商场见到了一家时尚商店，是卖男裤的。
Yè Xiǎofāng : Wǒ zuótiān zǒu-guò Wànxīng shāngchǎng jiàn-dào-le yī jiā shíshàng shāngdiàn, shì mài nánkù de.
Ye Xiaofang : Hier en passant par le centre commercial Dix-mille Étoiles, j'ai vu un magasin de mode qui vend des pantalons pour homme.

冯千艺：是不是品牌裤子？都有什么颜色的？
Féng Qiānyì : Shì-bu-shì pǐnpái kùzi ? Dōu yǒu shénme yánsè de ?
Feng Qianyi : Des pantalons de marque ? Dans quels coloris ?

叶：男人喜欢穿的颜色，样式也不错。
Nánrén xǐhuān chuān de yánsè, yàngshì yě bú cuò.
Ceux que les hommes aiment porter, et les modèles sont pas mal non plus.

冯：那你能不能陪我去选择最适合我的裤子呢？
Nà nǐ néng-bu-néng péi wǒ qù xuǎnzé zuì shìhé wǒ de kùzi ne ?
Et tu pourrais m'accompagner pour choisir les pantalons qui me vont le mieux ?

叶：我这几天好忙。你一个人去，照照镜子就知道要买哪条裤子了。
Wǒ zhè jǐ tiān hǎo máng. Nǐ yí ge rén qù, zhào-zhao jìngzi jiù zhīdào yào mǎi nǎ tiáo kùzi le.
Je suis trop occupée ces jours-ci. Vas-y seul, regarde-toi dans le miroir et tu sauras quel pantalon t'acheter.

冯：这个周末你没空吗？下周呢？
Zhè ge zhōumò nǐ méi kòng ma ? Xià zhōu ne ?
Tu n'es pas libre ce week-end ? Ou la semaine prochaine ?

叶：下星期五下午四点可以上街一个钟头。
Xià xīngqī wǔ xiàwǔ sì diǎn kěyǐ shàng jiē yī ge zhōngtou.
Vendredi prochain à 16 h, on peut prévoir une heure de shopping.

冯：我怕迟到，你能不能另约个时间？
Wǒ pà chí-dào, nǐ néng-bu-néng lìng yuē ge shíjiān ?
J'ai peur d'arriver en retard, pourrais-tu à un autre moment ?

叶：让我想一想……周日上午十点怎么样？好，这个周日上午十点一刻准时就在商场东门等你，好不好？
Ràng wǒ xiǎng-yi-xiǎng… Zhōurì shàngwǔ shí diǎn zěnmeyàng ?
Hǎo, zhè ge zhōurì shàngwǔ shídiǎn yī kè zhǔnshí jiù zài shāngchǎng dōngmén děng nǐ, hǎo-bu-hǎo ?
Laisse-moi réfléchir… Dimanche matin, 10 h, ça te va ? Eh bien, ce dimanche je t'attendrai à 10 h 15 exactement à la porte est du centre commercial, d'accord ?

冯：陛下，您会等到几点？
Bìxià, nín huì děng-dào jǐ diǎn ?
Et jusqu'à quelle heure Son Altesse m'attendra-t-elle ?

叶：废话！看来国王约会女王有点太复杂了。
Fèihuà ! Kàn-lái guówáng yuēhuì nǚwáng yǒudiǎn tài fùzá le.
N'importe quoi ! Le roi a l'air un peu empêtré dans son rendez-vous avec la reine.

冯：我穿着皇袍去东门，女王会等到几…
Wǒ chuān-zhe huángpáo qù dōngmén, nǚwáng huì děng-dào jǐ…
Et si je revêts la robe impériale pour me rendre à la porte de l'est, la reine m'attendra jusqu'à…

叶：你疯了吗？
Nǐ fēng-le ma ?
Tu es devenu fou ou quoi ?

冯：冯千艺和叶小芳不是疯子而是两名中国当代艺术家，买衣服也是要面子的事，对吧？
Féng Qiānyì hé Yè Xiǎofāng bú shì fēngzi ér shì liǎng míng Zhōngguó dāngdài yìshùjiā, mǎi yīfú yě shì yào miànzi de shì, duì ba ?
Feng Qianyi et Ye Xiaofang ne sont pas fous, ce sont deux artistes contemporains de Chine, et il leur faut du panache même pour s'acheter des vêtements, n'est-ce pas ?

COMPRENDRE LE DIALOGUE
OBSERVER LES SIGNES

→ Repérez les ressemblances et les différences graphiques dans ces paires :

大/太	不/还	买/卖	了/子	小/少
dà/tài	**bù/hái**	**mǎi/mài**	**le/zi**	**xiǎo/shǎo**
grand/trop	*ne pas/encore*	*acheter/vendre*	*(suffixes)*	*petit/peu*

东/车	王/玉	几/九	千/干	风/疯
dōng/chē	**wáng/yù**	**jǐ/jiǔ**	**qiān/gàn**	**fēng/fēng**
est/voiture	*roi/jade*	*combien/9*	*mille/faire*	*vent/fou*

NOTE CULTURELLE

冯 **Féng** et 叶 **Yè**, *(feuille)* sont les patronymes de ces deux artistes. Ils ont pour prénom 千艺 **Qiānyì** (= mille-arts) et 小芳 **Xiǎofāng** (= petit-parfum). Le prénom s'invente à la naissance ou vient de sites spécialisés. Le tout doit être plaisant à l'oreille comme à la vue. Certains prénoms suggèrent un lieu, une saison, l'air du temps, une filiation, voire un petit secret des parents. Bref, si vous tombez sur un prénom mystérieux, autant rester discret. D'autant qu'il faut bien connaître une personne avant de pouvoir l'appeler par son prénom.

◆ SENS ET GRAMMAIRE

- 见到 **jiàn-dào**, *voir* ; 等到 **děng-dào**, *attendre jusqu'à*. Le verbe 到 **dào**, signifie *aller à, arriver à, jusqu'à*. Ajouté à un verbe d'action volontaire, il exprime l'aboutissement, par exemple, dans des verbes de perception : **kàn-dào**, *voir* (= regarder-arriver) ; **tīng-dào**, *entendre* (= écouter-arriver). 到 **dào** indique aussi une destination : **dào Shànghǎi qù**, *aller à Shanghai*. Enfin, on le traduit de diverses manières dans 走到 **zǒu-dào**, *aller à pied à, marcher jusqu'à* ; 谈到 **tán-dào**, *discuter de*, etc.
- 男裤 **nánkù** = 男式裤子 **nánshì kùzi**, *pantalon pour homme*. 男裤 **nánkù** contracte deux mots en un, mais seul le caractère le plus signifiant de chaque mot est retenu, à savoir 男 **nán**, *masculin* + 裤 **kù**, *pantalon*. Dans 裤子 **kùzi**, la syllabe-caractère 子 **zi** est un suffixe nominal fréquent pour les objets : 镜子 **jìngzi**, *miroir* ; 椅子 **yǐzi**, *chaise*. En fait 裤 **kù**, suffit à signifier *pantalon*.
  Règle : le chinois, autrefois principalement monosyllabique, aime densifier le sens en contractant les mots.

- 好忙 **hǎo máng**, *être très occupé.* 好 **hǎo** équivaut ici à 很 **hěn**, *très, tellement.* **máng** est ici un adjectif verbal : *être affairé, avoir des choses à faire*. Il serait un verbe dans une question que Feng Qianyi aurait pu poser : 你在忙什么呢？**Nǐ zài máng shénme ne ?** *Et tu es occupée à quoi faire ?*
- 钟头 **zhōngtou**, *heure* (durée). Il est synonyme de 小时 **xiǎoshí** (Leçon 11). On dit soit 一个钟头 **yī ge zhōngtou**, *une heure* (de temps), soit 一个小时 **yī ge xiǎoshí**. De même dit-on soit 半个钟头 **bàn ge zhōngtou**, *une demi-heure*, soit 半个小时 **bàn ge xiǎoshī**.
- 另约个时间 **lìng yuē ge shíjiān**, *fixer un autre rendez-vous.* 另一个时间 **lìng yī ge shíjiān**, signifie *un autre moment*. Dans le dialogue, 另 **lìng**, *autre(ment)* se trouve en position adverbiale avant 约 **yuē**, *convenir de, fixer, se mettre d'accord*. Plus loin, vous verrez : 国王约会女王 **guówáng yuēhuì nǚwáng**, *le roi donne rendez-vous à la reine*. Verbal dans cet exemple, 约会 **yuēhuì** est aussi un nom : 我跟我男朋友有个约会。**Wǒ gēn wǒ nán péngyou yǒu ge yuēhuì.** *J'ai (un) rendez-vous avec mon copain.*
- 让我想一想 **Ràng wǒ xiǎng-yi-xiǎng.** *Laisse-moi réfléchir un peu.* Le verbe 让 **ràng** a deux sens factitifs : *laisser* (faire) ou *faire* (faire). Et ici 想 **xiǎng**, signifie *penser* et non *avoir envie de* (Leçon 5) : 想一想 **xiǎng-yi-xiǎng**, *réfléchir une seconde.*
- 看来 **kàn-lái**, *on dirait que, avoir l'air*. Il équivaut à 好像 **hǎoxiàng** (Leçon 4) : 这男人，看来疯了。 **Zhè nánrén, kàn-lái fēng le.** *Il a l'air fou, ce type.*
- 有点太复杂了 **yǒudiǎn tài fùzá le**, *être un peu trop compliqué*. 有点 **yǒudiǎn**, *un peu* se place devant un adjectif verbal pour en minimiser le sens : 有点大 **yǒudiǎn dà**, *c'est un peu grand* ; 有点太贵了 **yǒudiǎn tài guì le**, *c'est un peu trop cher.*
- 穿着皇袍 **chuān-zhe huángpáo**, *vêtu de la tenue impériale.* 着 **zhe** est un suffixe verbal de durée. Il donne un sens statique à 穿 **chuān**, *porter* (un vêtement), *être vêtu de*. 皇 **huáng**, est mis pour 皇帝 **huángdì**, *empereur*, et 袍 **páo**, désigne la longue tunique chinoise. Imaginez six bons kilos de dragons et de phénix brodés au fil d'or…
- 不是…而是… **bú shì… ér shì…**, *Ce n'est pas… mais c'est…* 而 **ér**, est un connecteur permettant d'articuler une opposition : 不是我不想去，而是公司不让我去。 **Bú shì wǒ bù xiǎng qù, ér shì gōngsī bù ràng wǒ qù.** *Ce n'est pas moi qui n'ai pas envie d'y aller, mais c'est ma boîte qui ne me laisse pas y aller.*
- 要面子的事 **yào miànzi de shì**, *quelque chose qui demande du panache ;* 面子 **miànzi**, *la face* désigne l'image de soi, les apparences, l'allure. Donc, 要面子 **yào miànzi**, signifie qu'on soigne son apparence, que l'on veut avoir fière allure et garder la face.

◆ EXERCICES

🔊 1. ÉCOUTEZ.

a. Écoutez la suite de la conversation entre la reine et l'empereur…

b. Notez les heures de vos rendez-vous avant de les vérifier dans le corrigé.

c. Comprenez-vous toutes ces actions ?

d. D'après les réponses de nos deux amis, imaginez les questions posées.

2. DÉCHIFFREZ.

Cherchez à reconnaître ces signes :

昨天   男女   周末   有点复杂

3. ORDONNEZ LES MOTS.

Quelle couleur de vêtement aimes-tu porter ?

₁穿 ₂颜色 ₃的 ₄衣服
₅你 ₆喜欢 ₇什么

TRACEZ TROIS SIGNES.

tiān, *ciel, jour* – 1 → ; 2 → ; 3 ↙ ; 4 ↘

zǐ, *fils* – 1 ⌐ ; 2 ↓ incurvé + crochet ; 3 →

天子 **tiānzǐ**, *le fils du ciel* (une des appellations des empereurs de Chine)

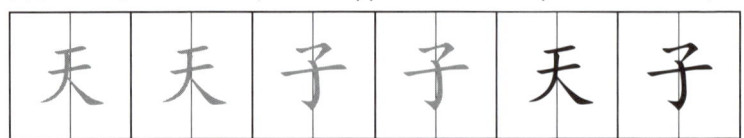

zhōu, *semaine* – 1 ↓ incurvé ; 2 ↓ + crochet ; 3, 4, 5 土 *(terre)* ; 6, 7, 8 口 *(bouche)*

周日 **zhōurì**, *dimanche*

VOCABULAIRE

复杂 **fùzá** *compliqué, embrouillé*
昨天 **zuótiān** *hier* (Annexe 5)
走过 **zǒu-guò** *traverser à pied, passer par* (= marcher-passer)
商场 **shāngchǎng** *centre commercial*；万星 **Wànxīng** (= dix-mille-étoiles)
时尚 **shíshàng** *à la mode*
品牌 **pǐnpái** *de bonne qualité, de marque*；一条裤子 **yī tiáo kùzi** *pantalon*
颜色 **yánsè** *couleur*
男人 **nánrén** *homme* (vs. 女人 **nǚrén** *femme*)
穿衣服 **chuān yīfú** *s'habiller, porter des vêtements*；穿着 **chuān-zhe** *vêtu de*
样式 **yàngshì** *modèle, style*
不错 **bú cuò** *pas mal* (= pas faux)
陪…去 **péi… qù** *accompagner* (quelqu'un quelque part)
适合 **shìhé** *adapté à, qui va bien à, convenant à*
这几天 **zhè jǐ tiān** *ces jours-ci* (= ces quelques jours)
忙 **máng** *être pris, affairé, occupé*；没(有)空 **méi (yǒu) kòng** *ne pas avoir le temps*
照镜子 **zhào jìngzi** *se regarder dans le miroir*
周末 **zhōumò** *week-end*；周日 **zhōurì** *dimanche*
下周/下星期 **xià zhōu/xià xīngqī** *la semaine prochaine* (Annexe 5)
下午 **xiàwǔ** *après-midi*；星期五下午 **xīngqī wǔ xiàwǔ** *vendredi après-midi*
上街 **shàng jiē** *faire du shopping, se balader en ville* (= monter rue)
怕 **pà** *avoir peur de/que*
迟到 **chí-dào** *arriver en retard* (= tarder-arriver)
让 **ràng** *laisser (faire) ; faire (faire)*
想 **xiǎng** *réfléchir, penser*
上午 **shàngwǔ** *dans la matinée*；周日上午 **zhōurì shàngwǔ** *dimanche matin*
准时 **zhǔnshí** *à l'heure exacte*
东门 **dōngmén** *porte (du côté) est, entrée est*
陛下 **Bìxià** *Son Altesse Impériale* (= adresse réservée aux empereurs)
废话！**Fèihuà!** *N'importe quoi!, dire des bêtises* (= à jeter paroles)
疯了 **fēng-le** *être devenu fou*；疯子 **fēngzi** *fou*
名 **míng** (classificateur)
当代 **dāngdài** *contemporain, actuel*
艺术 **yìshù** *art*；艺术家 **yìshùjiā** *artiste*
事 **shì** *chose, quelque chose, affaire*；一件事 **yī jiàn shì** *une chose*

III

TRANSPORTS

13. BUS OU MÉTRO ?
坐车还是乘地铁？

OBJECTIFS

- TRANSPORT ADÉQUAT EN VILLE, DEMANDER À UN PASSANT
- DÉTAILLER LES ITINÉRAIRES POSSIBLES
- ÉVALUER AVANTAGES ET INCONVÉNIENTS
- CHALEUR, LOURDEUR, ÉLOIGNEMENT
- DOUTER ET DÉCIDER AU MIEUX
- COMPRENDRE LE SENS DES TOPONYMES

NOTIONS

- INTERROGATIF : ZĚNME ?
- TRADUIRE « OU BIEN » : HÁISHI ? HUÒZHĚ
- CONDITION : … DE HUÀ
- PROPOSITION CIRCONSTANCIELLE ET PRINCIPALE
- ACCOMPLISSEMENT PROJETÉ : LE
- COMPARATIF : ADJECTIF + DIĂN
- PROVENANCE ET DESTINATION : CÓNG… DÀO…
- VERBES MODAUX : DĚI ; POTENTIEL

坐车还是乘地铁?

ZUÒ CHĒ HÁISHI CHÉNG DÌTIĚ?
BUS OU MÉTRO?

女行人：请问，去前门怎么坐车？
Nǚ xíngrén : Qǐng wèn, qù Qiánmén zěnme zuò chē ?
Passante : S'il vous plaît, pour aller à Qianmen je dois prendre quel bus ?

男行人：坐547路公交，坐三四站到终点，然后要换车或乘地铁。
Nán xíngrén : Zuò wǔ sì qī lù gōngjiāo, zuò sān sì zhàn dào zhōngdiǎn, ránhòu yào huàn chē huò chéng dìtiě.
Piéton : Le 547, il y a trois ou quatre arrêts jusqu'au terminus, ensuite il faut changer de bus ou prendre le métro.

女：地铁要乘几号线？
Dìtiě yào chéng jǐ hào xiàn ?
Il faudra prendre quelle ligne de métro ?

男：乘5号线到崇文门，再换2号线。
Chéng wǔ hào xiàn dào Chóngwénmén, zài huàn èr hào xiàn.
La 5 jusqu'à Chongwenmen, ensuite la 2.

女：这附近没有地铁站吗？
Zhè fùjìn méi yǒu dìtiězhàn ma ?
Il n'y a pas de station de métro par ici ?

男：有，你乘13号线的话，到了终点可以直接换2号线。
Yǒu, nǐ chéng shí sān hào xiàn de huà, dào-le zhōngdiǎn kěyǐ zhíjiē huàn èr hào xiàn.
Si, alors si tu prends la 13, une fois au terminus tu peux prendre directement la 2.

女：那就这样走吧，可以快点儿到前门。
Nà jiù zhèyàng zǒu ba, kěyǐ kuài diǎnr dào Qiánmén.
Alors je vais suivre cet itinéraire, j'arriverai plus vite à Qianmen.

男：不一定。从这儿到地铁站得走十五分钟，你还是先坐公交车吧。
Bù yídìng. Cóng zhèr dào dìtiězhàn děi zǒu shí wǔ fēnzhōng, nǐ háishi xiān zuò gōngjiāochē ba.
Pas forcément. D'ici à la station de métro, il faut dix minutes à pied, je crois que tu as plutôt intérêt à prendre d'abord le bus.

女：天气好热呀，而且箱子有点重……坐车的话，路上会不会堵车？
Tiānqì hǎo rè ya, érqiě xiāngzi yǒudiǎn zhòng… Zuò chē de huà, lù shàng huì-bu-huì dǔ chē?
Surtout avec cette chaleur, en plus ma valise est un peu lourde… Si je prends le bus, est-ce qu'on aura des embouteillages ?

男：这个地区平日还行。
Zhè ge dìqū píngrì hái xíng.
Dans cette zone en temps normal ça va encore.

女：那么，车站在哪儿呢？
Nàme, chēzhàn zǎi nǎr ne?
Et où est l'arrêt du bus ?

男：沿着这条路直走，到了十字路口，就在那个蓝色广告的下面，看得见吗？
Yán-zhe zhè tiáo lù zhí zǒu, dào-le shízi lùkǒu, jiù zài nà ge lánsè guǎnggào de xiàmian, kàn-de jiàn ma?
En suivant cette rue tout droit, tu arrives au croisement, l'arrêt est sous cette publicité bleue. Tu la vois ?

女：看得见，很近。
Kàn-de-jiàn, hěn jìn.
Oui, c'est tout près.

男：547路的车站叫太阳宫什么什么站。
Wǔ sì qī lù de chēzhàn jiào Tàiyánggōng shénme shénme zhàn.
L'arrêt du 547 s'appelle Palais du Soleil ou quelque chose comme ça.

女：好，谢谢你了。哦，太阳宫？车上有空调吗？
Hǎo, xièxie nǐ le. Ó, Táiyánggōng? Chē shàng yǒu kōngtiáo ma?
Bon, merci à toi. Euh, Palais du Soleil ? Le bus est climatisé ?

男：有，容易着凉！
Yǒu, róngyì zháo liáng!
Oui, et on attrape facilement froid !

COMPRENDRE LE DIALOGUE
OBSERVER LES SIGNES

→ Cherchez dans le dialogue les signes répétés :

门	号	车	路
mén	**hào**	**chē**	**lù**
porte	*numéro*	*véhicule, bus*	*rue, route, ligne, trajet*

→ 门 **mén** apparaît dans les noms propres **Qiánmén** et **Chóngwénmén**. Le signe a gardé la forme d'une arche. Voyez la note sur les toponymes à ce sujet.

→ 号? **hào** sert à indiquer une ligne de métro : 几号线? **Jǐ hào xiàn ?** (= combien numéro fil) *Quelle ligne de métro ?* ; 2号线 **èr hào xiàn**, *la ligne 2*.

→ 车 **chē** a ici le sens de *voiture* dans 堵车 **dǔ chē**, *bouchons*, et le sens d'*autobus*, comme abréviation de 公交车 **gōngjiāochē** (= public échange véhicule).

→ 路 **lù** désigne une *ligne* de bus, le 547 五四七路公交 **wǔ sì qī lù gōngjiāo** (= cinq quatre sept chemin bus) ainsi qu'un trajet : 路上 **lù shàng**, *en chemin* ; 沿着这条路 **yán-zhe zhè tiáo lù**, *en suivant cette rue*.

NOTE CULTURELLE

Les noms de lieux se mémorisent grâce à leur sens : 崇文门 **Chóngwénmén**, *Porte de la Vénération des Lettres*. L'arrêt du bus 547 à proximité s'appelle précisément 太阳宫桥北站 **Tàiyánggōng qiáo běi zhàn**, *arrêt nord du Pont du Palais du Soleil…* Sur Internet, le pinyin permet en général de localiser un toponyme et d'en trouver les caractères. Vous pouvez donc suivre les itinéraires pékinois proposés ici. La passante part de 北京服装学院 **Běijīng fúzhuāng xuéyuàn**, *L'Institut de l'habillement de Pékin* situé dans l'angle nord-est du 3e périphérique et elle se rend à 前门 **Qiánmén** (= devant-porte). C'est une des rares portes ayant échappé à la démolition de l'ancienne muraille. Elle se trouve un peu au sud de la place 天安门 **Tiān'ānmén**, *Porte de la Paix céleste* et du mausolée de Mao. Bonne recherche !

◆ SENS ET GRAMMAIRE

- 还是? **háishi ?** ; 或者 **huò(zhě)**. Rappel : ces deux conjonctions se traduisent par *ou*, mais le chinois différencie l'interrogatif et l'affirmatif. Le titre du dialogue pose une question. Par contre, la réponse du passant est affirmative : 要换车或乘地铁 **yào huàn chē huò chéng dìtiě**, *il faut changer de bus ou prendre le métro*. 或 **huò** est une abréviation de 或者 **huòzhě**. Mais attention : 还是 **háishi**, dans le sens de *plutôt, c'est mieux de*, n'a pas valeur interrogative, il valorise un choix. Le passant donne ainsi conseil à la passante : 你还是先坐公

交车吧。**Nǐ háishi xiān zuò gōngjiāochē ba.** *Tu ferais mieux de prendre d'abord le bus, je crois.*

- ⋯的话 **... de huà**, *si* (+ condition). En chinois, la condition (ou hypothèse) reste souvent implicite, car elle se comprend en contexte. Pour la rendre explicite, on peut utiliser le schéma {hypothèse + 的话 **de huà**} : 你乘十三号线的话⋯ **Nǐ chéng shí sān hào xiàn de hua…**, *Si tu prends la ligne 13 du métro…* La proposition conditionnelle précède toujours la proposition principale : 坐车的话，路上会堵车吗？**Zuò chē de huà, lù shàng huì dǔ chē ma？** *Si je prends le bus, il y aura des bouchons en chemin ?* Le mot 话 **huà**, signifiant *parole*, nous pourrions traduire : *Disons que je prends le bus,…*

    Règle : les propositions conditionnelles {⋯的话 … **de huà**, *si*…} et temporelles {⋯的时候 … **de shíhou**, *quand*…} se placent toujours en tête de phrase.

- 到了终点 **dào-le zhōngdiǎn**, *une fois arrivée au terminus*. Rappel : le suffixe verbal 了 **le** marque ici l'accomplissement projeté, et non encore effectué, de l'action : *quand tu seras arrivée au terminus.*

- 可以快点儿到 **kěyǐ kuài diǎnr dào**, *je pourrai arriver plus vite*. **diǎn(r), yìdiǎn(r)**, *un peu* placé après l'adjectif lui confère un sens comparatif : 请你慢点儿说。 **Qǐng nǐ màn diǎnr shuō.** *Peux-tu parler un peu plus lentement s'il te plaît ?*

- 从⋯ 到⋯ **cóng… dào…**, *de… à…* La préposition 从 **cóng** introduit la provenance et 到 **dào** la destination : 从这儿到火车站 **cóng zhèr dào huǒchēzhàn**, *d'ici à la gare* (ferroviaire). Ou encore le début et la fin : 从八点到九点 **cóng bá diǎn dào jiǔ diǎn**, *de huit à neuf heures.*

- 得走十五分钟 **děi zǒu shí wǔ fēnzhōng**, *il faut marcher quinze minutes*. Le verbe 得 **děi**, *devoir, il faut,* pourrait être remplacé ici par 要 **yào**, ou 应该 **yīnggāi**, *devoir.*

- 堵车 **dǔ chē**, *bouchonner, y avoir des embouteillages*. Cette suite verbe + objet (= boucher voitures) est très idiomatique.

- 看得见 **kàn-de jiàn**, *arriver à voir*. Cette construction verbale, de sens potentiel, exprime la capacité grâce à 得 **de** inséré entre deux verbes. Elle équivaut à 能看见 **néng kàn-jiàn**, *pouvoir voir*. Vous connaissez déjà sa forme négative, par exemple 看不懂 **kàn-bu-dǒng**, *ne pas arriver à comprendre ce qu'on lit ou regarde* (Leçon 9).

    Règle : la construction verbale potentielle suit le schéma {verbe- 得 **de** -verbe} au positif et au négatif {verbe- 不 **bù** -verbe}.

EXERCICES

1. ÉCOUTEZ.

a. On vous demande vos préférences en matière de transport ?

b. Destination Tian'anmen : vous vous renseignez à l'hôtel avant de partir.

c. Écoutez bien ces réponses pour imaginer des questions possibles.

2. DÉCHIFFREZ.

Cherchez à reconnaître ces signes :

很近   空调   容易   直接   快点儿

3. ORDONNEZ LES MOTS.

Si le bus est climatisé, on prend facilement froid.

₁空调   ₂着凉   ₃容易   ₄的话
₅有   ₆车上

VOCABULAIRE

坐车 **zuò chē** *prendre le bus* ; 公交(车) **gōngjiāo(chē)** *bus*
乘地铁 **chéng dìtiě** *prendre le métro* ; 地铁站 **dìtiězhàn** *station de métro*
行人 **xíngrén** *passant(e), piéton(ne)*
路 **lù** *route, rue, ligne (de bus)* ; 3 路车 **sān lù chē** *le bus n° 3*
站 **zhàn** *gare, station, arrêt* ; 车站 **chēzhàn** *arrêt de bus*
终点 **zhōngdiǎn** *terminus* (= final-point)
然后 **ránhòu** *ensuite, et après* ; 再 **zài** *ensuite, et après*
号 **hào** *numéro* ; 线 **xiàn** *ligne (de métro)* ; 3号线 **sān hào xiàn** *la ligne 3*
直接 **zhíjiē** *direct, directement* ; 直走 **zhí zǒu** *tout droit* (= droit marcher)
走 **zǒu** *aller, suivre un itinéraire* ; 走路 **zǒu lù** (v + o) *marcher, aller à pied*
不一定 **bù yídìng** *pas sûr, pas forcément, pas certain*
从…到… **cóng… dào…** *de… à…*
得 **děi** *devoir* ; 得 **de** (sens potentiel dans 看得见 **kàn-de-jiàn** *arriver à voir*)
天气 **tiānqì** *temps, météo* (= ciel-air) ; 热 **rè** *chaud, trop chaud*
而且 **érqiě** *en plus, de plus*
箱子 **xiāngzi** *valise, coffre*
重 **zhòng** *lourd* ; 有点重 **yǒudiǎn zhòng** *un peu lourd, assez lourd*
堵车 **dǔ chē** (v + o) *être embouteillé*
地区 **dìqū** *zone, quartier*
平日 **píngrì** *en temps normal* (= plat-jour)
还行 **hái xíng** *ça va, ça peut aller* (= encore fonctionner)
那么 **nàme** *donc, et alors* (+ conséquence)
沿着 **yán-zhe** *en suivant, le long de* ; 这条路 **zhè tiáo lù** *cette rue*
十字路口 **shízì lùkǒu** *croisement, carrefour* (= croix-caractère rue-bouche)
蓝色 **lánsè** *bleu* (= bleu-couleur)
广告 **guǎnggào** *publicité* (= large-informer)
下面 **xiàmiàn** *en bas, en dessous* (Annexe 4)
近 **jìn** *proche, près*
太阳 **tàiyáng** *soleil* ; 宫 **gōng** *palais*
什么什么 **shénme shénme** (se dit en cas d'oubli du terme exact)
空调 **kōngtiáo** *climatisation* (= vide-régler)
容易 **róngyì** *facile, facilement*
着凉 **zháo liáng** *prendre froid* (= toucher fraîcheur)

TRACEZ DEUX SIGNES.

nǚ, *féminin* – 1 く ; 2 ノ ; 3 → ; 女人 **nǚrén**, *femme*

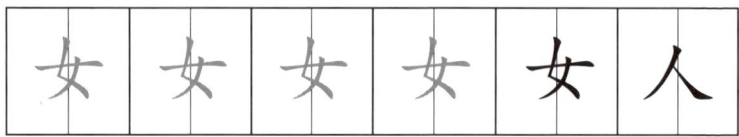

hǎo, *bon* – 1 く ; 2 ノ ; 3 → 女 *(femme)* 4 フ ; 5 ↓ + crochet ; 6 → 子 *(enfant)*
好人 **hǎo rén**, *bonne(s) personne(s), quelqu'un de bien*

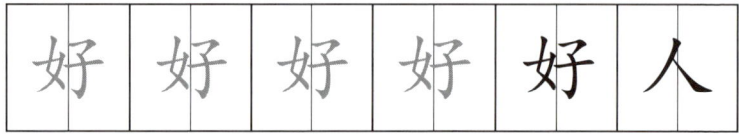

14.
DEUX CHAUFFARDS
两个冒失鬼司机

OBJECTIFS

- STRESSER, RASSURER, CALMER QUELQU'UN
- ALERTER D'UN DANGER, REQUÉRIR L'ATTENTION
- VISÉE DE L'ACTION
- REPROCHE ET POLÉMIQUE
- COMPARER PASSÉ ET PRÉSENT
- REGRETTER ET ANTICIPER
- DÉCRIRE AVEC DES ADJECTIFS
- NON NÉCESSITÉ

NOTIONS

- PRONOM NEUTRE : TĀ
- LOCATIF : SHÀNGBIAN
- EXCLAMATIF : NÀME + ADJECTIF
- REPÈRES TEMPORELS : YǏQIÁN ; YǏHÒU ; XIÀNZÀI ; SHÀNG CÌ ; XIÀ CÌ
- CLASSIFICATEUR : JIÀN
- VERBES MODAUX : BÚ YÀO, BÚ YÒNG, HUÌ
- STRUCTURE : YÒU + ADJECTIF YÒU + ADJECTIF

两个冒失鬼司机
LIǍNG GE MÀOSHIGUǏ SĪJĪ
DEUX CHAUFFARDS

老公：你超速了你知道吗？这是要罚款的。
Lǎogōng : Nǐ chāo sù le nǐ zhīdào ma ? Zhè shì yào fá kuǎn de.
Mari : Tu sais que tu roules trop vite là ? C'est passible d'amende.

老婆：你上次闯红灯扣了六分，下次扣你几分？
Lǎopó : Nǐ shàng cì chuǎng hóngdēng kòu-le liù fēn, xià cì kòu nǐ jǐ fēn ?
Femme : La dernière fois que tu as brûlé un feu rouge, tu as perdu six points, la prochaine fois ce sera combien ?

老公：别提了。注意摄像头。
Bié tí le. Zhùyì shèxiàngtóu.
Arrête avec ça. Fais attention aux radars.

老婆：哪儿的摄像头？
Nǎr de shèxiàngtóu.
Il est où ce radar ?

老公：上边的。你不用低头，它拍的是车牌，不是人。
Shàngbiān de. Nǐ bú yòng dī tóu, tā pāi de shì chēpái, bú shì rén.
Juste au-dessus. Pas la peine de baisser la tête, il flashe les plaques, pas les gens.

老婆：不要紧，已经过去了。
Bú yào jǐn, yǐjīng guò-qù le.
Peu importe, on l'a déjà dépassé.

老公：开车请慢点。
Kāi chē qǐng màn diǎn.
S'il te plaît, roule plus lentement.

老婆：都是你的错，我开车是帮你不扣分……
Dōu shì nǐ de cuò, wǒ kāi chē shi bāng nǐ bú kòu fēn…
Tout est de ta faute, si je conduis c'est pour ne pas que tu perdes des points.

老公：别着急，小心行人。
Bié zháojí, xiǎoxīn xíngrén.
Ne t'énerve pas et fais attention aux piétons.

老婆：行人过马路同样要小心。
Xíngrén guò mǎlù tóngyàng yào xiǎoxīn.
Les piétons aussi doivent faire attention en traversant.

老公：那么多车子！啊呀，以前满街都是人，现在满街都是车。
Nàme duō chēzi! Āyā, yǐqián mǎn jiē dōu shì rén, xiànzài mǎn jiē dōu shì chē.
Que de voitures ! Oh la la, avant les rues étaient remplies de monde, à présent elles sont remplies de voitures.

老婆：你怎么买了车就后悔？
Nǐ zěnme mǎi-le chē jiù hòuhuǐ ?
Comment se fait-il que tu aies acheté une voiture pour le regretter après coup ?

老公：有了车遇到不少问题：汽油贵，堵车累，停车又难又贵。
Yǒu-le chē yù-dào bù shǎo wèntí : qìyóu guì, dǔ chē lèi, tíng chē yòu nán yòu guì.
Une fois qu'on a une voiture, on rencontre pas mal de problèmes : l'essence coûte cher, les embouteillages sont fatigants, se garer est difficile et cher.

老婆：安静点，这里是经常发生事故的地方。
Ānjìng diǎn, zhèlǐ shì jīngcháng fāshēng shìgù de dìfāng.
Tais-toi un peu, ici c'est un endroit où il y a souvent des accidents.

老公：我告诉你一件事，我们郊区建成了地铁以后，你会觉得生活轻松多了。
Wǒ gàosù nǐ yī jiàn shì, wǒmen jiāoqū jiànchéng-le dìtiě yǐhòu, nǐ huì juéde shēnghuó qīngsōng duō le.
Je vais te dire une chose, une fois que le métro sera construit dans notre quartier de banlieue, tu trouveras la vie beaucoup plus relax.

COMPRENDRE LE DIALOGUE
OBSERVER LES SIGNES

→ Cherchez dans le dialogue :

马	区	头	后
mǎ	qū	tóu	hòu
cheval	zone	tête	après

→ 马 **mǎ** est dans le mot 马路 **mǎlù**, *la rue, la route*. Jusqu'aux années 1970 les livraisons de proximité, lourdes ou volumineuses, s'effectuaient souvent en charrette à cheval.

→ 区 **qū** comporte un mur d'enceinte 囗 qui reste ouvert à droite 匚. Il apparaît dans des mots définissant un territoire : 郊区 **jiāoqū**, *banlieue* ; 地区 **dìqū**, *zone, région* ; 山区 **shānqū**, *région montagneuse, montagne*, etc.

→ 头 **tóu** signifie *tête, embout, extrémité*. Ce caractère est présent dans des termes aussi variés que 摄像头 **shèxiàngtóu**, *caméra* ; 插头 **chātóu**, *prise électrique* ; 低头 **dī tóu**, *baisser la tête* ; 头发 **tóufà**, *cheveux*, etc.

→ 后 **hòu** apparaît ici dans 以后 **yǐhòu**, *après (que)* et 后悔 **hòuhuǐ**, *regretter après coup*.

Conclusion : s'interroger sur la présence d'un signe dans un mot composite aide à entrer dans une logique du sens en découvrant les classifications chinoises.

NOTE CULTURELLE

Le célèbre poète 杜甫 **Du Fu** (712-770) écrivit un poème sur la guerre frontalière (« 前出塞九首・其六 »). Il y affirme qu'elle ne se justifie qu'en défense contre l'envahisseur et qu'elle ne saurait avoir pour but de 杀人 **shā rén**, *tuer les gens*. Mais un vers évoque les réalités du champ de bataille : 射人先射马 **Shè rén xiān shè mǎ**. *Pour tirer une flèche sur un homme on vise d'abord son cheval.* 擒贼先擒王 **qín zéi xiān qín wáng**. *Pour arrêter des pilleurs on capture d'abord leur chef.*

◆ SENS ET GRAMMAIRE

- 它 **tā**, *il, elle*. Ce pronom à la 3ᵉ personne neutre est dévolu aux animaux, végétaux et objets inanimés. Dans ce dialogue, il désigne le radar : 它拍的是车牌 **tā pāi de shì chēpái**, *ce qu'il filme, ce sont les plaques d'immatriculation*.
- 不要紧 **bú yào jǐn**, *ce n'est pas grave*. L'adjectif 紧 **jǐn**, *serré* s'oppose à 松 **sōng**, *lâche, desserré*. On les retrouve au sens figuré dans 紧张 **jǐnzhāng**, *stressé* et 轻松 **qīngsōng**, *détendu, relax*.

- 我开车是帮你… **Wǒ kāi chē shì bāng nǐ…** *Si je conduis, c'est pour t'aider à…* (langue parlée). Notez que *si* et *pour* (+ but) n'apparaissent pas en chinois et que le verbe 是 **shì** suffit à introduire le but. En revanche, sans marqueur spécifique, on ne pourrait pas inverser l'ordre des mots comme en français : *C'est pour t'aider à… que je conduis.*

  Règle : le chinois quotidien utilise assez peu de conjonctions et connecteurs tant que l'ordre des propositions suit la chronologie des faits, en l'occurrence {action + but visé}.

- 小心! **Xiǎoxīn!** *Attention!* S'utilise uniquement en cas de danger. Mais on dit 注意 **zhùyì**, pour *rester attentif* : 要注意礼貌。 **Yào zhùyì lǐmào.** *Il faut faire attention à la politesse.*

- 那么多车子! **Nàme duō chēzi!** *Il y a tant de voitures!* La tournure {那么 **nàme** + adjectif} a une valeur exclamative : 那么大 **nàme dà**, *tellement grand, si grand*; 那么多人 **nàme duō rén**, *tellement de monde, un monde fou* (= tellement beaucoup gens). Le mari aurait pu dire seulement **Nàme duō chē!** sans le suffixe nominal 子 **zi**.

- 以前… 现在… **yǐqián… xiànzài…** *autrefois…maintenant…* Comparer autrefois et aujourd'hui appelle l'emploi de l'imparfait et du présent en français. Puisque le chinois n'a pas de temps verbaux, la chronologie repose sur les repères temporels (Annexe 5). Ils sont placés ici en tête de proposition pour la clarté de la comparaison.

- 满街都是车 **mǎn jiē dōu shì chē**, *les rues sont pleines de voitures*. L'adjectif 满 **mǎn**, *plein, rempli*, est renforcé par l'adverbe 都 **dōu**, *tout*. Remarquez l'emploi du verbe 是 **shì**. Sur Internet, vous trouverez facilement des enfants qui chantent à tue-tête : 满天都是小星星，一二三四五六七… **Mǎn tiān dōu shì xiǎo xīng-xīng, yī èr sān sì liù qī…** *Le ciel est rempli de petites étoiles-étoiles, une deux trois quatre cinq six sept…*

- 又难又贵 **yòu nán yòu guì**, *difficile et cher* (à la fois). La tournure {又 **yòu** + adjectif 又 **yòu** + adjectif} relie deux adjectifs dont le sens se renforce mutuellement : 他们买了又大又贵的车子。 **Tāmen mǎ-le yòu dà yòu guì de chēzi.** *Ils ont acheté une grosse voiture chère.*

- 以后 **yǐhòu**, *après, après que*. Tout comme 以前 **yǐqián**, *avant, auparavant*, **yǐhòu** est un repère temporel (Leçon 3) par exemple dans 现在… 以后… **xiànzài…, yǐhòu…** *maintenant… et après…* Mais il peut également servir de conjonction s'il est placé en fin de proposition comme dans ce dialogue. Par exemple : 吃饭以后 **chī fàn yǐhòu**, *après avoir mangé, après le repas, une fois qu'on a/aura mangé.*

- 多了 **duō le**, *avoir augmenté, beaucoup plus*. Comparez 多了 **duō le** dans : 车子多了。 **Chēzi duō le.** *Les voitures ont augmenté*. Et dans : 现在这个地区安静多了。 **Xiànzài zhè ge dìqū ānjìng duō le.** *Ce quartier est beaucoup plus tranquille à présent.*

● EXERCICES

1. ÉCOUTEZ.

a. Écoutez les différences tonales dans ces mots et énoncés connus :
(T1) 1ᵉʳ/3ᵉ ton
(T2) 3ᵉ/ton neutre
(T3) 1ᵉʳ/4ᵉ ton
(T4) (T5) 3ᵉ/4ᵉ ton.

b. Que dire à quelqu'un qui…?
(D1) s'impatiente
(D2) s'angoisse
(D3) ne voit pas un danger
(D4) est carrément en tort
(D5) Que dire à des enfants trop bruyants ?

c. Écoutez ces reproches du mari à la femme et vice-versa.

2. DÉCHIFFREZ.

Cherchez à reconnaître ces signes :

马路　注意　小心　慢点　行人

3. ORDONNEZ LES MOTS.

Il y a souvent des accidents ici.

₁经常　₂事故　₃里　₄这　₅发生

VOCABULAIRE

冒失 **màoshi** *irréfléchi*; 冒失鬼 **màoshiguǐ** *casse-cou* (= imprudent-fantôme)
司机 **sījī** *chauffeur*
老公 **lǎogōng** *mon mari* (familier); 老婆 **lǎopó** *ma femme* (familier)
超速 **chāo sù** *excès de vitesse* (= dépasser vitesse)
罚款 **fá kuǎn** *infliger une amende, passible d'amende*
闯红灯 **chuǎng hóngdēng** *brûler un feu rouge* (= foncer rouge-lampe)
扣分 **kòu fēn** *retirer des points*
下次 **xià cì** *la prochaine fois*
提 **tí** *mentionner, évoquer* (un sujet), *poser* (une question)
摄像头 **shèxiàngtóu** *caméra de surveillance, radar* (= filmer-vidéo-tête)
上边 **shàngbiān** *en haut*; 上边的 **shàngbiān de** *celui qui est au-dessus*
低头 **dī tóu** *baisser la tête*
拍 **pāi** *filmer, taper* (avec la paume de la main)
车牌 **chēpái** *plaque d'immatriculation* (= voiture-écriteau)
过去 **guò-qù** *passer, dépasser* (= passer-aller)
错 **cuò** *faute, erreur, faux* (nom et adjectif)
着急 **zháojí** *s'énerver, s'impatienter*
过马路 **guò mǎlù** *traverser la rue, la route*
同样 **tóngyàng** *de la même manière, aussi* (= commun-manière)
小心! **Xiǎoxīn!** *Attention!*
怎么? **zěnme?** *comment se fait-il que? pourquoi donc?*
后悔 **hòuhuǐ** *regretter*
遇到问题 **yù-dào wèntí** *rencontrer un/des problème(s)*
少 **shǎo?** *peu*; 不少 **bù shǎo** *assez nombreux, pas mal de*
汽油 **qìyóu** *carburant, essence*
累 **lèi** *fatigué, fatigant, pénible*
安静 **ānjìng** *tranquille, calme, se taire*
经常 **jīngcháng** *souvent*
发生事故 **fāshēng shìgù** *il se produit un accident* (= arriver accident)
事 **shì** *chose* (abstraite), *affaire*; 一件事 **yī jiàn shì** *une chose, quelque chose*
郊区 **jiāoqū** *banlieue*
建成 **jiàn-chéng** *construire* (= construire-réaliser)
轻松 **qīngsōng** *détendu, décontracté*; 紧张 **jǐnzhāng** *tendu; stressé, paniqué*
⋯以后 **…yǐhòu** *une fois que, après que*

TRACEZ DEUX SIGNES.

cì, *fois* – 1 ˇ ; 2 ↗ remontant ; 3 ↙ en haut ; 4 → + crochet ; 5, 6 人 *(humain)*
上次 **shàng cì**, *la dernière fois* ; 下次 **xià cì**, *la prochaine fois*

xīn, *le cœur* – 1 ↙ à gauche ; 2 courbe basse + crochet ; 3, 4 ˇˇ
小心 **xiǎoxīn**, *attention (c'est dangereux)*

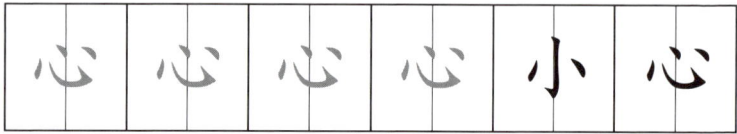

15. MOYENS DE TRANSPORT

交通工具

OBJECTIFS

- CAUSE ET CONSÉQUENCE
- ACTION ACCOMPLIE-INACCOMPLIE
- PRÉCISER UNE DATE
- COMPARER LES POSSIBILITÉS, JUGEMENT APPRÉCIATIF
- IMMÉDIATETÉ, DURÉE NÉCESSAIRE
- REFUSER SON AIDE
- FOCALISER SUR LE MOT PRINCIPAL

NOTIONS

- INTERROGATIFS : JǏ TIĀN ? SHÉNME SHÍHOU ?
- ADVERBES : JIÙ ; CÁI
- NÉGATION : MÉI YǑU
- CONNECTEURS : YĪNWÈI… SUǑYǏ… ; NÀ JIÙ SHÌ
- COMPARATIF : GÈNG ; DUŌ LE
- VERBE APPRÉCIATIF
- GROUPE NOMINAL COMPLEXE

交通工具
JIĀOTŌNG GŌNGJÙ
MOYENS DE TRANSPORT

🔊 16

孟美（歌手）：你下周四去武汉表演，是吧?去几天?什么时候回来?
Mèng Měi (gēshǒu): Nǐ xià zhōu sì qù Wǔhàn biǎoyǎn, shì ba ?
Qù jǐ tiān ? Shénme shíhòu huí-lái ?
Meng Mei (chanteuse) : Jeudi prochain tu vas jouer à Wuhan, non ?
Tu pars combien de jours ?
Et tu reviens quand ?

王宁（钢琴家）：这次开两个音乐会，所以要待一个星期，那就是五月六号回南京。
Wáng Níng (gāngqínjiā): Zhè cì kāi liǎng ge yīnyuèhuì, suǒyǐ yào dāi yī ge xīngqī, nà jiù shì wǔ yuè liù hào huí Nánjīng.
Wang Ning (pianiste) : Il y aura deux concerts cette fois, donc il faudra rester une semaine, c'est-à-dire que je rentrerai à Nankin le 6 mai.

孟：火车票买了没有?
Huǒchēpiào mǎi-le méi yǒu ?
Tu as acheté les billets de train ?

王：没有。今天上午才决定我和乐队的两个同伴一起去。
Méi yǒu. Jīntiān shàngwǔ cái juédìng wǒ hé yuèduì de liǎng ge tóngbàn yìqǐ qù.
Non. On a décidé seulement ce matin que j'irai avec deux copains de la formation.

孟：哦，原来是三个人一起去表演。那你们要坐火车还是乘飞机呢?
Ò, yuánlái shì sān ge rén yìqǐ qù biǎoyán. Nà nǐmen yào zuò huǒchē háishi chéng fēijī ne ?
Ah, en fait vous partez jouer à trois. Et vous prendrez le train ou l'avion ?

王：坐火车便宜多了。孟美，我现在就得去排练。你能帮我们在网上购票吗？买三张来回票……要不三个人租车去武汉，值得不值得？
Zuò huǒchē piányì duō le. Mèng Měi, wǒ xiànzài jiù děi qù páiliàn. Nǐ néng bāng wǒmen zài wǎng shàng gòu piào ma？Mǎi sān zhāng lái-huí piào… Yàobù sān ge rén zū chē qù Wǔhan, zhíde-bu-zhíde？
C'est bien moins cher en train. Meng Mei, là tout de suite je dois aller répéter. Pourrais-tu nous aider à acheter les billets sur Internet ? Trois allers-retours… Sinon, ce ne serait pas plus avantageux de louer une voiture à trois pour y aller ?

孟：看情况。现在预订三张同车的高铁票恐怕太晚了。走G42高速公路需要六个小时。
Kàn qíngkuàng. Xiànzài yùdìng sān zhāng tóng chē de gāotiěpiào kǒngpà tài wǎn le. Zǒu G sì èr gāosù gōnglù xūyào liù ge xiǎoshí.
Ça dépend. Maintenant, je crains qu'il soit trop tard pour réserver trois billets dans la même voiture de TGV. Par l'autoroute G42 ça prend six heures.

王：开车去不错，到了武汉也很方便。
Kāi chē qù bú cuò, dào-le Wǔhàn yě hěn fāngbiàn.
En voiture ce serait pas mal, et une fois à Wuhan ce serait pratique aussi.

孟：租带司机的车好，大概更适合你们那儿的工作安排。
Zū dài sījī de chē hǎo, dàgài gèng shìhé nǐmen nàr de gōngzuò ānpái.
Autant prendre une voiture avec chauffeur, ce sera sans doute plus commode pour organiser le travail sur place.

王：你说得对。请你打听一天的租金多少钱，也要订房间，三个单人间。
Nǐ shuō-de duì. Qǐng nǐ dǎtīng yī tiān de zūjīn duōshao qián, yě yào dìng fángjiān, sān ge dānrénjiān.
Tu as raison. S'il te plaît, renseigne-toi sur le tarif d'une journée, et il faudra aussi réserver des chambres, trois chambres simples.

孟：我变成你的私人秘书了？
Wǒ biàn-chéng nǐ de sīrén mìshū le？
Et me voilà devenue ta secrétaire particulière ?

■ COMPRENDRE LE DIALOGUE
OBSERVER LES SIGNES

→ Remarquez les caractères communs à ces mots du dialogue :

工具	工作	高速	高铁
gōngjù	**gōngzuò**	**gāosù**	**gāotiě**
outil	travail	grande vitesse	train à grande vitesse

→ 工 **gōng** figurait à l'origine une équerre de charpentier (avec angle droit et parallèle). Son champ sémantique actuel est celui du travail. 工具 **gōngjù** fait référence à *un outil de travail* et, par extension, à *un moyen*.

→ 高 **gāo**, *haut* s'emploie pour la taille d'une personne : 他很高。 **Tā hěn gāo**. *Il est très grand.* Le pictogramme antique représentait une construction à étages. 高速 **gāosù** est un raccourci de 高速度 **gāo sùdù** (= haute vitesse). De même, 高速铁路 **gāosù tiělù** (= grande-vitesse fer-chemin) *train à grande vitesse* a été abrégé en deux syllabes : 高铁 **gāotiě**, c'est-à-dire l'équivalent du TGV français, en plus rapide.

NOTE CULTURELLE

Sur une carte, partant des sources tibétaines du « fleuve Bleu » 长江 **Chángjiāng**, (= long-fleuve), vous chercherez le long de son cours (6 380 km) l'énorme municipalité de Chongqing (près de 35 millions d'habitants). Vous passerez le barrage des Trois Gorges pour arriver à Wuhan (11 millions d'habitants), plaque tournante au centre de la Chine des réseaux ferroviaire, routier et fluvial. Approchant du delta, cherchez 南京 **Nánjīng**, *Nankin* (8 millions d'habitants seulement !). Elle fut nommée « capitale du sud » en 1368 quand la dynastie Ming, chassée par les Mongols, s'y réfugia. C'est de Nankin à la mer que le Changjiang s'appelle Yangzi jiang, ou Yangtse en jargon colonial.

◆ SENS ET GRAMMAIRE

- 所以 **suǒyǐ**, *donc, par conséquent, c'est pourquoi*. Cette conjonction introduit une conséquence. Le schéma complet d'une phrase cause-conséquence est { 因为 **yīnwèi** + cause, 所以 **suǒyǐ** + conséquence} : 因为下雨了，所以你要带雨伞了。 **Yīnwèi xià yǔ le, suǒyǐ nǐ yào dài yǔsǎn.** *Comme il pleut, il faut que tu prennes un parapluie / Il faut que tu prennes un parapluie parce qu'il pleut*. Mais 因为 **yīnwèi** et 所以 **suǒyǐ** peuvent être omis sans gêner la compréhension en contexte, à condition de garder l'ordre cause-conséquence des propositions.

- 那就是 **nà jiù shì**, *c'est-à-dire*. Ce connecteur introduit une explication ou une précision : Wang Ning a d'abord dit combien de temps il doit rester à Wuhan puis il précise sa date de retour. Plus loin, 就 **jiù** prend un sens d'immédiateté : 现在就得去排练 **xiànzài jiù děi qù páiliàn**, *maintenant je dois déjà aller répéter*, dit le pianiste pressé.
- 五月六号 **wǔ yuè liù hào**, *6 mai*. La date s'énonce de la plus grande unité à la plus petite : 年月日时 **nián yuè rì shí**, *année, mois, date du jour, heure*. Par exemple : 2020年6月7日 **èr líng èr líng nián liù yuè qī rì**, *le 7 juin 2020* (Annexe 5). Pour demander la date du jour ou une autre date : 今天几号？**Jīntiān jǐ hào?** *On est le combien aujourd'hui?* 你几号回来？**Nǐ jǐ hào huí-lái?** *Tu reviens le combien?*
- 火车票买了没有？**Huǒchēpiào mǎi-le méi yǒu?** *Le billet de train, tu l'as acheté?* 买了没有？**mǎi-le méi yǒu?** équivaut à 买了吗？**mǎi-le ma?** Le COD **piào**, *billet* est mis en valeur en tête de phrase et le sujet, évident en contexte, est sous-entendu.

Règle : le complément d'objet direct peut être mis en valeur en tête de phrase.

- 今天上午才决定。**Jīntiān shàngwǔ cái juédìng.** *On a décidé seulement ce matin.* L'adverbe 才 **cái**, *seulement* donne une idée de retard (on aurait dû décider avant, on a tardé à décider). Attention : pour traduire *ce matin* ou *ce soir*, ce serait une erreur d'utiliser 这个 **zhè ge** : 今天上午 **jīntiān shàngwǔ** (= aujourd'hui matin) ; 今天晚上 **jīntiān wǎnshàng** (= aujourd'hui soir).
- 我和乐队的两个同伴一起去 **wǒ hé yuèduì de liǎng ge tóngbàn yìqǐ qù**, *j'y vais avec deux copains du groupe*. Le mot **yuèduì**, se dit d'un *orchestre* ou autre formation musicale. L'adjectif **tóng**, *commun, similaire, même*, est présent ici dans 同伴 **tóngbàn**, *compagnon* et plus loin 同车 **tóng chē**, *même voiture*.
- 租带司机的车好 **zū dài sījī de chē hǎo**, *c'est mieux de prendre une voiture avec chauffeur*. Analysons cet énoncé : le verbe 租 **zū**, *louer* et son COD 车 **chē**, *voiture* sont séparés par un déterminant, à savoir 带 **dài** (= porter avec) 司机 **sījī** (*chauffeur*) 的 **de**. L'adjectif 好 **hǎo**, *bien* vient comme jugement en fin de phrase.
- 更适合 **gèng shìhé**, *plus commode, convenir mieux à*. L'adverbe 更 **gèng**, signifie *encore plus, davantage*. 王宁也喜欢唱歌，但他更喜欢弹钢琴。**Wáng Níng yě xǐhuān chàng gē, dàn tā gèng xǐhuān tán gāngqín.** *Wang Ning aussi aime chanter, mais il préfère encore plus jouer du piano.*
- 你说得对。**Nǐ shuō-de duì.** *Tu as raison de dire cela.* Cette construction verbale est dite « appréciative » car 得 **de** accolé au verbe introduit un jugement, une appréciation. Nous l'étudierons ultérieurement en détail.

● **EXERCICES**

1. ÉCOUTEZ.

a. Écoutez les différences tonales : (T1) 2e/3e ton ; (T2) 1er/4e ton ; (T3) 3e/4e ton ; (T4) 3e/4e ton ; (T5) 1er + 4e / 4e + 4e tons.

b. Le secrétaire vous demande : (D1) où vous allez lundi prochain ; (D2) pour combien de jours ; (D3) si vous savez la date de votre retour ; (D4) si vous voulez prendre l'avion ; (D5) si vous avez besoin d'une réservation de chambre.

c. Mini-test : Efforcez-vous de comprendre le maximum de questions. (8/10)

2. DÉCHIFFREZ.

Cherchez à reconnaître ces signes :

什么   时候   飞机   音乐   租金

3. ORDONNEZ LES MOTS.

C'est seulement ce matin qu'on a décidé de donner un concert à Wuhan.

₁开音乐会   ₂上午   ₃今天
₄才   ₅去武汉   ₆决定

TRACEZ TROIS SIGNES.

wǎng, *filet* – 1 ↓ ; 2 ↓ ; 3, 4 ↙ ↘ croix intérieure gauche ; 5, 6 ↙ ↘ croix à droite
上网 **shàng wǎng**, *aller sur Internet* ; 网上 **wǎng shàng**, *sur Internet*

huǒ, *feu* – 1 ↘ point gauche ; 2 ↙ point droit ; 3, 4 人 *(humain)*
chē, *véhicule* – 1 → ; 2 ↳ ; 3 → ; 4 ↓ ; 火车 **huǒchē**, *train*

VOCABULAIRE

交通 **jiāotōng** *circulation, transports* ; 工具 **gōngjù** *outil, moyen*
歌 **gē** *chanson* ; 歌手 **gēshǒu** *chanteur(-se)*
表演 **biǎoyǎn** *jouer, donner une représentation*
什么时候? **shénme shíhòu?** *Quand? À quel moment?*
钢琴 **gāngqín** *piano* ; 钢琴家 **gāngqínjiā** *pianiste*
音乐 **yīnyuè** *musique* ; 开音乐会 **kāi yīnyuèhuì** *donner un concert*
待 **dāi** *rester, séjourner*
火车 **huǒchē** *train* (= feu-véhicule) ; 火车票 **huǒchēpiào** *billet de train*
决定 **juédìng** *prendre une décision* ; 才决定 **cái juédìng** *avoir tardé à décider*
原来 **yuánlái** *en fait, à l'origine*
飞机 **fēijī** *avion* (= voler-appareil)
排练 **páiliàn** *répéter, répétition (pour un spectacle)*
在网上 **zài wǎng shàng** *sur Internet* (= être réseau sur)
购票 **gòu piào** *acheter un billet/ticket* ; 一张票 **yī zhāng piào** *un ticket*
来回票 **lái-huí piào** *billet aller-retour* (= venir-repartir billet)
要不 **yàobù** *sinon (amorce pour proposer une autre solution)*
租车 **zū chē** *louer une voiture* 租金 **zūjīn** *prix de la location*
值得 **zhíde** *avantageux, valoir la peine de*
看情况 **kàn qíngkuàng** *ça dépend* (= regarder situation)
预订 **yùdìng** *réserver (à l'avance)*
高铁 **gāotiě** *train à grande vitesse* (= haut-fer)
恐怕 **kǒngpà** *craindre, j'ai bien peur que*
晚 **wǎn** *tard*
高速公路 **gāosù gōnglù** *l'autoroute* (= haute-vitesse public-route)
大概 **dàgài** *probablement, sans doute*
更 **gèng** *davantage, encore plus*
那儿 **nàr** *là-bas* ; 那儿 / 那里 **nàr/nàli** *là-bas*
工作 **gōngzuò** *travail, travailler*
安排 **ānpái** *organiser, programmer, programme*
打听 **dǎtīng** *se renseigner sur*
订房间 **dìng fángjiān** *réserver une/des chambre(s)*
单人间 **dānrénjiān** *chambre simple*
变成 **biàn-chéng** *devenir, se transformer en* (= changer-devenir)
私人 **sīrén** *personne privée, personnel* ; 秘书 **mìshū** *secrétaire*

IV
MÉTÉO

16. PRINTEMPS, ÉTÉ, AUTOMNE, HIVER

春夏秋冬

OBJECTIFS

- MÉTÉO ET CLIMAT
- FUTUR PROBABLE
- HYPOTHÈSE ET CONDITION SUFFISANTE
- CITER UN PROVERBE
- ORIGINE ET CAUSE
- CAPACITÉ ET INCAPACITÉ
- DONNER RAISON ET EXPRIMER SON OPINION
- CENTRE D'INTÉRÊT ET HABITUDE

NOTIONS

- LOCATIFS : WÀI ; WÀIBIĀN
- ADVERBES : JIÙ ; YǏJĪNG ; ADJECTIF + DE
- CONNECTEURS : YÀOSHI… JIÙ… ; ZHǏ YÀO… JIÙ… ; YĪNWÈI ; FĂNZHÈNG ; KĚSHI
- VERBE APPRÉCIATIF NÉGATIF
- VERBE POTENTIEL POSITIF ET NÉGATIF
- VERBES PRÉDICTIFS : YÀO ; HUÌ
- TOURNURE : LIÁN… DŌU

春夏秋冬
CHŪN XIÀ QIŪ DŌNG
PRINTEMPS, ÉTÉ, AUTOMNE, HIVER

🔊 17

父亲：今早零下一度，天气预报说什么？
Fùqīn: Jīnzǎo líng xià yī dù, tiānqì yùbào shuō shénme ?
Père : Il fait - 1 °C ce matin. Que dit le bulletin météo ?

女儿：今天还会冷，会刮风，明天要下雨了。
Nǚ'ér : Jīntiān hái huì lěng, huì guā fēng, míngtiān yào xià yǔ le.
Fille : Il fera encore froid aujourd'hui, avec du vent, et demain il pleuvra.

父：常言道"一场春雨一场暖"。
Chángyán dào « yī chǎng chūnyǔ yī chǎng nuǎn ».
On dit souvent qu'« une pluie printanière annonce le redoux ».

女：反正，春季到了，电视会告诉我们。
Fǎnzhèng, chūnjì dào le, diànshì huì gàosù wǒmen.
De toute façon, quand la saison printanière sera là, la télé nous le dira.

父：这只要看客厅里的日历就知道了……
Zhè zhǐ yào kàn kètīng lǐ de rìlì jiù zhīdào le...
Il suffit de regarder le calendrier du salon pour le savoir.

女：爸，后天是春分。
Bà, hòutiān shì chūnfēn.
Papa, après-demain ce sera l'équinoxe de printemps.

父：我年年关注外边的这棵树，它随着一年四季不断地变化。要是天天关注，你就会发现它的样子是千变万化的。
Wǒ nián-nián guānzhù wàibiàn de zhè kē shù, tā suí-zhe yī nián sì jì búduàn-de biànhuà. Yàoshi tiān-tiān guānzhù, nǐ jiù huì fāxiàn tā de yàngzi shì qiān biàn wàn huà de.
Chaque année j'observe cet arbre dehors, il ne cesse de changer avec les saisons. Si tu l'observes chaque jour, tu découvriras combien son aspect est changeant.

女：它呀，长得不快，连叶子都还没长出来呢。
Tā ya, zhǎng-de bú kuài, lián yèzi dōu hái méi zhǎng-chū-lái ne.
Lui là, il ne pousse pas vite, et ses feuilles ne sont même pas encore sorties.

父：已经发芽了，你没看到吗？
Yǐjīng fā yá le, nǐ méi kàn-dào ma ?
Il a déjà des bourgeons, tu ne les as pas vus ?

女：对啊，这边看得到嫩嫩的小芽。
Duì a, zhèbiàn kàn-de-dào nèn-nen de xiǎo yá.
C'est exact, on peut voir des petits bourgeons tout neufs de ce côté-ci.

父：我认为爱护花草树木能让人开心。
Wǒ rènwéi àihù huācǎo shùmù néng ràng rén kāi xīn.
Je crois qu'aimer et protéger les végétaux peut rendre l'homme heureux.

女：花开让人开心，叶落让人不开心。
Huā kāi ràng rén kāi xīn, yè luò ràng rén bù kāi xīn.
Les fleurs écloses font plaisir, la chute des feuilles rend malheureux.

父：秋季有什么伤心的事？闷热的夏天过去了，凉快的秋天来到了，挺舒服。
Qiūjì yǒu shénme shāng xīn de shì ? Mènrè de xiàtiān guò-qù le, liángkuài de qiūtiān lái-dào le, tǐng shūfu.
Qu'y a-t-il de triste dans l'automne ? L'étouffante chaleur de l'été a passé, la fraîcheur automnale est arrivée, c'est tellement agréable.

女：可是门外一落叶就得扫地。爸，这棵树是什么树？
Kěshi mén wài yī luò yè jiù děi sǎo dì. Bà, zhè kē shù shì shénme shù ?
Mais dès que les feuilles tombent, on doit balayer devant la porte. Papa, cet arbre, c'est quoi comme arbre ?

父：叫法桐，原是法国来的梧桐。
Jiào fǎtóng, yuán shì Fǎguó lái de wútóng.
Ça s'appelle « fatong » parce qu'à l'origine c'est un platane venu de France.

女：法桐，来自远方的朋友，我爸爱你也祝福你！
Fǎtóng, lái zì yuǎnfāng de péngyou, wǒ bà ài nǐ yě zhù fú nǐ !
Platane, ami venu de loin, mon père t'adore et te souhaite bien du bonheur !

COMPRENDRE LE DIALOGUE
OBSERVER LES SIGNES

→ Repérez des éléments graphiques connus à l'intérieur de ces signes :

春	秋	早	地	暖	让
chūn	**qiū**	**zǎo**	**dì**	**nuǎn**	**ràng**
printemps	*automne*	*tôt*	*sol*	*tiède*	*(verbe factitif)*

→ 春 **chūn**, 早 **zǎo**, et 暖 **nuǎn**, ont pour « clé » 日 **rì**, *soleil, jour*. Les jours s'allongent au printemps, le soleil se lève plus tôt et apporte la douceur printanière. On appelle « clé » un petit pictogramme qui permet d'entrer dans le caractère par analogie. La clé est un indice de sens.

→ 秋 **qiū** a pour clé un plant et un épi : 禾 **hé**, *céréale*. À droite, 火 **huǒ**, *feu* rappelle que les pailles résiduelles étaient brûlées en automne.

→ 地 **dì** a pour clé *la terre* 土 **tǔ**.

→ 让 **ràng**, *faire que, agir sur, rendre,* a pour clé *la parole* (言 **yán** simplifié en 讠) et à droite 上 **shàng**. Donc, le caractère 让 **ràng** juxtapose un vague indice de sens et un vague indice de son (**àng**) ! Une langue naturelle n'est pas un système de logique formelle, son écriture non plus.

Rappel : la clé d'un caractère fournit un indice analogique, mais la plupart des caractères chinois comportent aussi un indice imprécis de prononciation.

NOTE CULTURELLE

一场春雨一场暖。 **Yī chǎng chūnyǔ yī chǎng nuǎn.** *Une averse printanière annonce le redoux.* Ce dicton climatique a une contrepartie : 一场秋雨一场寒。 **Yī chǎng qiūyǔ yī chǎng hán.** *Une averse d'automne annonce le froid.*
Une pensée de Confucius (551-479) s'est glissée dans le dialogue. Dès l'incipit des *Entretiens* (de Confucius avec ses disciples), on lit : 有朋自远方来 **yǒu péng zì yuǎn fāng lái**, *Avoir un ami venu de loin… n'est-ce pas un bonheur?*, dit la suite du texte.

◆ SENS ET GRAMMAIRE

- 今天还会冷 **jīntiān hái huì lěng**, *il fera encore froid aujourd'hui*. Pour parler de la température atmosphérique, on se réfère à la norme saisonnière locale et aussi, désormais, au *changement climatique* (气候变化 **qìhòu biànhuà**). Retenez en priorité quatre adjectifs : 冷 **lěng**, *froid* ; 热 **rè**, *chaud, trop chaud* ; 凉 **liáng**, *frais, agréablement frais* ; 暖 **nuǎn**, *doux, tiède*. Le dialogue utilise également 闷热 **mènrè**, *étouffant de chaleur* ; 凉快 **liángkuài**, *frais, moins chaud* (= frais-rapide).
- 明天要下雨了。 **Míngtiān yào xià yǔ le.** *Il se mettra à pleuvoir demain.* (Annexe 5) Le futur est marqué ici non par 会 **huì**, mais par 要 **yào**, ainsi que par la

particule finale de changement 了 **le** : 她要走了。 **Tā yào zǒu le.** *Elle va partir. Elle s'apprête à partir.*

- 春季 **chūnjì**, *printemps* ; 春天 **chūntiān**, *printemps*. Pour les saisons, la deuxième syllabe est 天 **tiān**, *jour* ou 季 **jì**, *saison*. 一年有四个季节。 **Yī nián yǒu sì ge jìjié.** *Une année a quatre saisons*, se dit plus joliment : 一年四季 **yī nián sì jì**, *les quatre saisons de l'année*. 春分 **chūnfēn**, et 秋分 **qiūfēn**, désignent *les équinoxes de printemps et d'automne*. 夏至 **xiàzhì**, et 冬至 **dōngzhì**, sont les *solstices d'été et d'hiver*.

- 就 **jiù**, *alors*. Le dialogue contient trois phrases complexes dont la proposition principale requiert l'adverbe **jiù** en écho à ce qui précède.
  La condition suffisante s'exprime avec 只要… 就 **zhǐ yào… jiù**, *il suffit de… pour* : **Zhǐ yào kàn rìlì jiù zhīdào jīntiān shì jǐ hào.** *Il suffit de regarder le calendrier pour savoir la date d'aujourd'hui.*
  L'hypothèse s'exprime ici avec 要是… 就 **yàoshi… jiù**, *si… alors* : **Nǐ yàoshi tiān-tiān guānzhù, nǐ jiù huì fāxiàn hěn duō biànhuà.** *Si tu observes chaque jour, tu découvriras (alors) de nombreux changements.*
  L'immédiateté s'exprime avec 一… 就 **yī… jiù**, *dès que… alors* : **Yī luò yè jiù děi sǎo dì.** *Dès que les feuilles tombent, (alors) il faut balayer.*
  Règle : placé devant le verbe de la proposition principale, l'adverbe 就 jiù est un connecteur logique fréquent dans les phrases complexes.

- 不断地变化 **búduàn-de biànhuà**, *changer continuellement*. La particule 地 **de** sert à relier l'adverbe **búduàn** au verbe **biànhuà**, *changer*. Le nom **biànhuà**, *changement* étant formé de deux signes de même sens, l'idiome 千变万化 **qiān biàn wàn huà** (= mille changements dix-mille transformations) signifie connaître de multiples changements (Annexe 2 pour les grands nombres).

- 长得不快 **zhǎng-de bú kuài**, *il ne pousse pas vite*. Nous avons déjà vu (Leçon 15) une telle construction appréciative {verbe- 得 **de** + jugement}. Attention, ici 长 n'est pas l'adjectif **cháng**, *long*, mais le verbe **zhǎng**, *grandir, pousser*. C'est le même verbe dans 长出来 **zhǎng-chū-lái** (= pousser-sortir-venir) à propos des feuilles de ce platane.

- 连…都没有 **lián… dōu méi yǒu**, *ne même pas avoir de…* Les tournures {连…也 **lián… yě**} (Leçon 9) et {连… 都 **lián… dōu**} sont identiques : **Zhè kē shù lián yèzi dōu méi yǒu.** *Cet arbre n'a même pas de feuilles.*

- 看到 **kàn-dào**, *voir* ; 看得到 **kàn-de-dào**, *arriver à voir*. On passe aisément d'un verbe résultatif (action-résultat) à un verbe potentiel en insérant 得 **de** ou 不 **bù** : 我听。 **Wǒ tīng.** *J'écoute.* 我听到了。 **Wǒ tīng-dào le.** *J'ai entendu.* 我听得到。 **Wo tīng-de-dào.** *J'entends.* 我听不到。 **Wo tīng-bu-dào.** *Je n'arrive pas à entendre.*

● EXERCICES

1. ÉCOUTEZ.

a. Écoutez ces cinq questions et imaginez des réponses possibles.

b. Traduisez avant d'écouter la correction :
(T1) Je suis en train de regarder la météo à la télé.
(T2) Il va pleuvoir cet après-midi.
(T3) Dehors, les arbres sont tous en fleur.
(T4) Après-demain, il fera plus frais.
(T5) Est-ce qu'il y a du vent ?

c. Écoutez et cherchez à dire le contraire avant de vérifier.

2. DÉCHIFFREZ.

Cherchez à reconnaître ces signes :

天气　门外　开花　花草　树木

3. ORDONNEZ LES MOTS.

Aujourd'hui il y aura encore du vent, et demain matin il se mettra à pleuvoir.

₁还会　₂明天　₃要　₄早上
₅今天　₆下雨了　₇刮风

16. Printemps, été, automne, hiver

VOCABULAIRE

春天 chūntiān *printemps* ; 夏天 xiàtiān *été* ; 秋天 qiūtiān *automne*
冬天 dōngtiān *hiver* ; 一年四季 yī nián sì jì *les quatre saisons de l'année*
父亲 fùqīn *père* ; 爸爸 bàba *papa* ; 女儿 nǚ'ér *fille* (vs fils)
今早 jīnzǎo = 今天早上 jīntiān zǎoshang *ce matin tôt* (= aujourd'hui tôt)
零下 líng xià *en dessous de zéro* ; 度 dù *degré* ; 冷 lěng *froid*
天气预报 tiānqì yùbào *bulletin météo* (= temps prévision-rapport)
刮风 guā fēng *le vent souffle* (= raser vent) ; 下雨 xià yǔ *pleuvoir*
常言道 chángyán dào *on a coutume de dire* (= souvent-parole dire)
反正 fǎnzhèng *de toute façon*
电视 diànshì *télévision*
客厅里 kètíng lǐ *au salon* (= salon dans)
日历 rìlì *calendrier* ; 后天 hòutiān *après-demain* (Annexe 5)
年年 nián-nián *année après année* ; 天天 tiān-tiān *chaque jour*
关注 guānzhù *observer*
一棵树 yī kē shù *un arbre* ; 这棵树 zhè kē shù *cet arbre*
随着 suí-zhe *en suivant, selon*
变化 biànhuà *changer, changement* ; 不断 búduàn *incessant, continuellement*
发现 fāxiàn *découvrir, se rendre compte que*
样子 yàngzi *aspect*
叶子 yèzi *feuilles* ; 落叶 luò yè *perdre ses feuilles*
叶落 yè luò *le feuillage tombe*
发芽 fā yá *bourgeonner* ; 嫩 nèn *tendre, tout nouveau*
认为 rènwéi *penser que, croire que* (+ opinion)
爱护 àihù *aimer et protéger, prendre soin de*
花草树木 huācǎo shùmù *végétation* (= fleur-herbe arbre-bois)
开心 kāi xīn *ravi, heureux* ; 伤心 shāng xīn *triste* (= blesser cœur)
开花 kāi huā *fleurir* ; 花开了 huā kāi le *les fleurs sont écloses*
挺舒服 tǐng shūfu *super confortable, se sentir très bien*
可是 kěshi *mais*
扫地 sǎo dì *balayer le sol*
原是 yuán shì = 原来是 yuánlai shì *à l'origine c'était*
来自 lái zì *provenir de* ; 法桐 fǎtóng (= France-platane)
梧桐 wútóng *platane*
祝福 zhù fú *souhaiter le bonheur, vœux de bonheur*

TRACEZ QUATRE SIGNES.

mù, *bois* – 1 → ; 2 ↓ ; 3 ↙ ; 4 ↘ ; **gōng**, *travail* – 1 → ; 2 ↓ ; 3 → base
木工 **mùgōng**, *travail du bois, menuiserie, charpenterie*

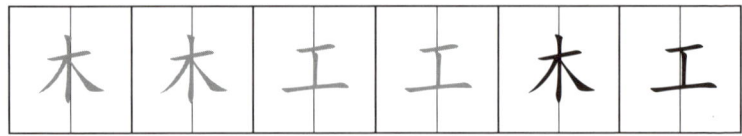

péng, *ami* – 1 ↓ incurvé en bas ; 2 ↓ + crochet ; 3, 4 → → ; 月 + 月 *(deux lunes)*
yǒu, *ami* – 1 → ; 2 ノ ; 3 フ ; 4 ↘ ; 朋友 **péngyou**, *ami(e)*

16. Printemps, été, automne, hiver

17. TEMPS DE NEIGE
下雪的天气

OBJECTIFS

- CHANGEMENT ACHEVÉ OU EN COURS
- OPPOSER RÈGLE GÉNÉRALE ET EXCEPTION
- DISCUTER DU PROGRAMME DU JOUR
- PRESSER QUELQU'UN À SORTIR
- HABITUDES NORD-SUD
- PRÊTER UN VÊTEMENT
- RAPPROCHEMENT, ÉLOIGNEMENT, CONTACT
- NÉCESSITÉ ABSOLUE

NOTIONS

- PARTICULE FINALE : LE ; VERBE + HǍO LE
- EXCLAMATIF : DUŌ + ADJECTIF
- CONNECTEURS : KĚSHI ; ÉRQIĚ
- NÉGATIONS : BÙ... LE ; DŌU MÉI ; CÓNG BÙ
- ADVERBES : ZHǏ ; JĪHŪ ; CHÀ-BU-DUŌ ; SHǍO
- VERBES DIRECTIONNELS : LÁI ; QÙ ; SHÀNG
- VERBES MODAUX : YĪNGGĀI SHÌ ; YĚ KĚYǏ ; YÍDÌNG YÀO

下雪的天气
XIÀ XUĚ DE TIĀNQÌ
TEMPS DE NEIGE

南方人：下雪了。
Nánfāngrén : Xià xuě le.

Personne du Sud : Voilà la neige.

北方人：多好看！去年一整个冬天都没下雪。
Běifāngrén : Duō hǎokàn ! Qùnián yī zhěng ge dōngtiān dōu méi xià xuě.

Personne du Nord : C'est magnifique ! L'année dernière, il n'a pas neigé de tout l'hiver.

南：北京一般几月份下雪？
Běijīng yìbān jǐ yuèfèn xià xuě ?

Quel mois neige-t-il en général à Pékin ?

北：应该是冬季，可是这几年的冬天几乎只有霾，等到春天才下一场雪。
Yīnggāi shì dōngtiān, kěshi zhè jǐ nián de dōngtiān jīhū zhǐ yǒu mái, děng-dào chūntiān cái xià yī chǎng xuě.

Ça devrait être en hiver, mais il n'y a eu quasiment que de la brume ces derniers hivers et la neige s'est fait attendre jusqu'au printemps.

南：咱们赶快出去，趁机拍拍首都处处可见的高楼大厦。
Zánmen gǎnkuài chū-qù, chèn jī pāi-pai shǒudū chù-chù kě jiàn de gāo lóu dà shà.

Dépêchons-nous de sortir et profitons-en pour prendre quelques photos de ces grands immeubles et de ces tours qu'on voit partout.

北：也可以去逛逛明清两代二十四位皇帝的都城。有人说，一下雪北京就成了北平，故宫就成了紫禁城…
Yě kěyi qù guàng-guang Míng Qīng liǎng dài èr shí sì wèi huángdì de dūchéng. Yǒu rén shuō, yī xià xuě Běijīng jiù chéng-le Běipíng, Gùgōng jiù chéng-le Zǐjīnchéng…

On pourrait aussi aller se balader dans la capitale des vingt-quatre empereurs Ming et Qing. Certains disent que sous la neige Beijing redevient Beiping, et que l'Ancien Palais redevient la
Cité interdite…

南：少谈历史吧，雪已经不下了，而且太阳要出来了。
Shǎo tán lìshǐ ba, xuě yǐjīng bú xià le, érqiě tàiyáng yào chū-lái le.
Laissons là l'Histoire. Il ne neige déjà plus et le soleil va arriver.

北：太阳一出来，雪就要化了。准备好了吗？
Tàiyáng yī chū-lái, xuě jiù yào huà le. Zhǔnbèi hǎo le ma？
La neige va fondre dès le premier rayon. Tu es prête？

南：差不多了。
Chà-bu-duō le.
Presque.

北：不行，你穿得太薄，这样的天气出门一定要穿上大衣，戴上帽子、口罩、围巾什么的。
Bù xíng, nǐ chuān-de tài báo, zhèyàng de tiānqì chū mén, yídìng yào chuān-shàng dàyī, dài-shàng màozi, kǒuzhào, wéijīn shénme de.
Ah non, tu n'es pas assez habillée. Quand on sort par un temps pareil, il faut s'équiper : manteau, chapeau, masque, écharpe, et tout et tout.

南：手套，我没带，因为在广州从不戴手套。
Shǒutào, wǒ méi-dài, yīnwèi zài Guǎngzhōu cóng bù dài shǒutào.
Et des gants, je n'en ai pas apporté parce qu'on n'en met jamais à Canton.

北：借给你一副。
Jiè gěi nǐ yī fù.
Je vais t'en prêter une paire.

COMPRENDRE LE DIALOGUE
OBSERVER LES SIGNES

→ Repérez chaque signe dans le dialogue, puis comparez ici ces paires :

门/们	成/城	都/都	带/代
mén/men	chéng/chéng	dōu/ dū	dài/dài
porte/(pluriel)	devenir/ville	tout/ville	porter sur soi/époque

→ 门 **mén** est une simplification du pictogramme 門 figurant les deux ventaux d'une porte. 们 **men** marque le pluriel des pronoms personnels et de mots désignant les personnes : 咱们 **zánmen**, *nous* (tous ici présents) ; 他们 **tāmen**, *ils, eux* ; 人们 **rénmen**, *les gens*. Ce signe juxtapose la clé de l'être humain 亻 et 门 comme phonogramme (indice de son).

→ 城 **chéng**, *ville, rempart,* emprunte 成 **chéng**, *devenir* comme phonogramme, mais il faut ajouter la clé de la *terre* 土 **tǔ**. Les ouvrages défensifs et premiers remparts des villes du nord étaient faits de terre : 长城 **Chángchéng**, *la Grande Muraille*.

→ 都 a deux prononciations pour deux sens différents : **dōu**, *tout* et **dū**, *ville*.

→ 带/代 **dài** sont des homophones (même prononciation) de sens différents.

Conclusion : les homophones ou quasi homophones de sens différents sont fréquents. Le contexte et le mot composite actuel guident la compréhension orale.

NOTE CULTURELLE

En 1215, après avoir conquis la Chine du Nord, le puissant chef mongol Gengis Khan prend Pékin, mais évite d'entrer lui-même dans la ville. Son petit-fils Kubilai Khan fondera la dynastie Yuan qui règnera quatre-vingt-neuf ans sur la Chine (1279-1368). Quand l'empire mongol se rétracte, les 汉 **Hàn** (Chinois de souche) reprennent le pouvoir. C'est alors que la dynastie Ming (1368-1644) s'établit à Pékin où elle construit la Cité interdite. En 1644, les Mandchous conquièrent Pékin et fondent la dynastie Qing. Elle durera jusqu'à la chute de l'empire au profit d'une république, en 1912. Il importe de savoir que la Chine a subi des invasions, qu'elle a eu beaucoup d'empereurs d'origine étrangère et qu'elle a assimilé – ou juste inclus –des peuples très divers. Aujourd'hui, 92 % de la population se dit Han.

◆ SENS ET GRAMMAIRE

- 下雪了。 **Xià xuě le.** *Voilà qu'il neige.* 雪已经不下了。 **Xuě yǐjīng bú xià le.** *Il ne neige déjà plus.* La particule finale 了 **le** marque ici le changement de situation au moment même où le locuteur le constate. **Xià xuě le** : implique qu'il ne neigeait pas et qu'il se met à neiger. **Xuě yǐjīng bú xià le** : implique qu'il neigeait et que la neige vient de s'arrêter.

- 多好看！**Duō hǎokàn!** *Comme c'est beau!* 多 **duō** sert d'exclamatif ici. Sa forme complète est 多么 **duōme** : 多么好的主意！**Duōme hǎo de zhǔyì!** *Quelle bonne idée!* Quant à 好看 **hǎokàn**, *beau*, il est formé sur le même modèle que 好吃 **hǎochī** (= bon à manger), 好听 **hǎotīng** (= bon à écouter).

- 出去 **chū-qù**, *sortir*; 出来 **chū-lái**, *sortir*; 出门 **chū mén**, *sortir*. 去 **qù**, *aller* indique l'éloignement tandis que 来 **lái**, *venir* indique le rapprochement. Plus concrètement, cette Cantonaise a hâte de sortir, elle dit 赶快出去 **gǎnkuài chū-qù** (= vite sortir-aller) pour aller prendre des photos dehors.

- Plus loin, elle constate que le soleil va arriver 出来 **chū-lái** (= sortir-venir) parce qu'elle perçoit celui-ci comme se rapprochant d'elle. Le garçon du nord lui conseille de s'habiller plus chaudement pour aller dehors 出门 **chū mén** (= sortir porte) parce qu'elle risque d'avoir froid.

Règle : l'expression du mouvement est très précise en chinois et toujours relative à la position du locuteur.

- 趁机拍拍 **chèn jī pāi-pai…** *en profiter pour photographier un peu…* Le nom 机会 **jīhuì**, signifie *occasion* : **Xià xuě de tiānqì shì pāi zhàopiàn de hǎo jīhuì.** *Quand il neige, c'est une bonne occasion de prendre des photos.* 趁机会 **chèn jīhuì**, *profiter d'une occasion*, est abrégé ici en 趁机 **chèn jī**.

Rappel : le redoublement du verbe atténue l'impact d'un propos, d'une suggestion. Il peut aussi agréablement scander le flux des syllabes. C'est parfois une question de rythme.

- 少谈历史吧。 **Shǎo tán lìshǐ ba.** *Parle moins de l'Histoire, si tu veux bien.* L'amie cantonaise n'a pas l'air intéressée par le passé impérial de Pékin… Elle tranche (= peu discuter Histoire), puis ajoute la particule d'empathie 吧 **ba**.

- 准备好了吗？ **Zhǔnbèi hǎo le ma?** *Tu es prêt(e)?* 好了 **hǎo le** placé à droite du verbe décrit l'aboutissement : **zhǔnbèi**, *se préparer*; **zhǔnbèi hǎo le**, *être prêt, avoir bien préparé*. 你想好了吗？ **Nǐ xiǎng hǎo le ma?** *Tu as bien réfléchi?* (= tu penser bien). 还没想好。 **Hái méi xiǎng hǎo.** *Non, pas encore. Je n'ai pas encore décidé.*

- 穿上 **chuān-shàng**, *enfiler* (un vêtement); 戴上 **dài-shàng**, *mettre* (un chapeau, des gants, etc.). 上 **shàng** placé après un verbe exprime une idée d'ajout et de contact. Comparez : 穿毛衣 **chuān máoyī**, *porter un pull*; 穿上毛衣 **chuān-shàng máoyī**, *enfiler un pull*; 戴围巾 **dài wéijīn**, *porter une écharpe*; 戴上围巾 **dài-shàng wéijīn**, *mettre une écharpe*. Le verbe **chuān** s'emploie pour tout vêtement où l'on glisse bras ou jambes… ce qui n'est pas le cas d'un chapeau, en principe !

⬢ EXERCICES

🔊 1. ÉCOUTEZ.
18
a. Comprenez-vous ces énoncés dont vous connaissez tous les mots ?

b. Un guide annonce le programme du jour à des visiteurs. Notez les moments, puis les lieux, enfin les activités proposées.

c. Vous souhaitez vivement que votre camarade :
- (S1) accélère ses préparatifs ;
- (S2) parle un peu moins du changement climatique ;
- (S3) mette un masque pour sortir ;
- (S4) vous prête un chapeau ;
- (S5) et qu'il/elle soit enfin prêt(e).

2. DÉCHIFFREZ.
Cherchez à reconnaître ces signes :

高楼　出去　出来　去年　太阳

3. ORDONNEZ LES MOTS.
Allo ? Viens, sors vite, il se met à neiger, c'est magnifique dehors !

₁你赶快　₂下雪　₃多好看　₄了
₅外边　₆喂？　₇出来

TRACEZ TROIS SIGNES.

chū, *sortir* – 1 ↪ ; 2 ↓ à droite ; 3 ↓ milieu ; 4 ↪ base ; 5 ↓ en bas à droite
mén, *porte* – 1 ╲ ; 2 ↓ ; 3 ↓ + crochet ; 出门 **chū mén**, *sortir, aller dehors*

nián, *année* – 1 ╱ ; 2, 3 → → ; 4 ↓ petit point à gauche ; 5 → milieu ; 6 ↓
去年 **qùnián**, *l'an passé*

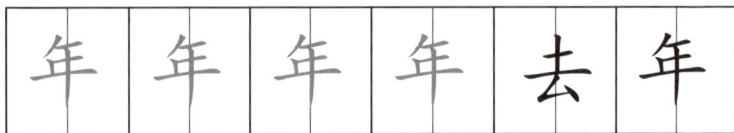

17. Temps de neige

VOCABULAIRE

南方 **nánfāng** Sud ; 南方人 **nánfāngrén** personne/gens du sud
北方 **běifāng** Nord ; 北方人 **běifāngrén** personne/gens du nord
下雪 **xià xuě** il neige ; 一场雪 **yī chǎng xuě** une chute de neige
好看 **hǎokàn** joli, beau (= bon-regarder)
去年 **qùnián** l'année dernière, l'an passé (Annexe 5)
整 **zhěng** tout entier, complet
月份 **yuèfèn** mois ; 几月份？ **Jǐ yuèfèn ?** À quel mois ?
几乎 **jīhū** presque, quasiment
霾 **mái** brume
赶快 **gǎnkuài** se dépêcher de (+ verbe)
趁机 **chèn jī** = 趁机会 **chèn jīhuì** profiter de l'occasion (pour)
首都 **shǒudū** capitale (d'un pays) ; 都城 **dūchéng** capitale (mot ancien)
处处 **chù-chù** partout, en tout lieu
可见 **kě jiàn** = 可以见到 **kěyǐ jiàn-dào** on peut voir
高 **gāo** haut ; 高楼大厦 **gāo lóu dà shà** hauts bâtiments et tours
逛 **guàng** se balader, flâner
有人说 **Yǒu rén shuō** Il y a des gens qui disent que…, Certains disent que…
明清两代 **Míng Qīng liǎng dài** aux (deux) époques Ming et Qing
皇帝 **huángdì** empereur
成 **chéng** devenir
北平 **Běipíng** (un ancien nom de Pékin) ; 紫禁城 **Zǐjīnchéng** la Cité interdite
谈话 **tán huà** discuter ; 谈 **tán** discuter de
历史 **lìshǐ** l'histoire, historique
化 **huà** fondre
差不多 **chà-bu-duō** à peu près, à peu de chose près, presque
薄 **báo** fin, peu épais
穿上大衣 **chuān-shàng dàyī** enfiler un manteau
戴上帽子 **dài-shàng màozi** mettre un chapeau
口罩 **kǒuzhào** masque (anti-pollution)
围巾 **wéijīn** écharpe (= entourer-étoffe)
一副手套 **yī fú shǒutào** une paire de gants
从不 **cóng bù** = 从来不 **cónglái bù** ne jamais
带 **dài** avoir sur soi, avoir apporté avec soi
借 **jiè** prêter, emprunter ; 借给 **jiè gěi** prêter à quelqu'un

V
FAMILLE
ET
ENTOURAGE

18.
SOIS PLUS PRUDENT

小心点儿

OBJECTIFS

- RÉPONDRE À DEMI-MOT
- DÉJOUER MÉCHANCETÉ ET COLÈRE, SUPPLIER
- EXPÉRIENCE, INEXPÉRIENCE
- QUALITÉS PERSONNELLES, SAVOIR-FAIRE
- DEVOIR MORAL ET NON NÉCESSITÉ
- IMPATIENCE ET ENTHOUSIASME SOUDAIN
- DEMANDER, PUIS COMMENTER UNE PHOTO

NOTIONS

- LOCATIFS : LǏ ; SHĒNBIAN
- EXCLAMATIFS : KĚ + ADJECTIF ; LA ; ĀIYĀ
- ADVERBES : GĀNG, ZǑNGSHÌ, HÁI BÙ
- VERBES MODAUX : BÙ KĚ ; BÌXŪ ; BÚ BÌ ; HUÌ
- SUFFIXES VERBAUX : GUO/MÉI… GUO ; ZHE
- CLASSIFICATEUR : ZHĀNG

小心点儿
XIĂOXĪN DIĂNR
SOIS PLUS PRUDENT

母亲：你的新女朋友家里有什么人？
Mǔqīn : Nǐ de xīn nǚ péngyou jiā li yǒu shénme rén ?
Mère : Parle-moi de la famille de ta nouvelle copine.

儿子：好像有爸爸，还有后妈……其他人我就不清楚了。
Érzi : Hǎoxiàng yǒu bàba, hái yǒu hòumā… Qítā rén wǒ jiù bù qīngchu le.
Fils : Je crois qu'il y a son père et sa belle-mère…
Quant aux autres, je ne sais pas trop.

母：她的父母做什么工作？你问过吗？
Tā de fùmǔ zuò shénme gōngzuò ? Nǐ wèn-guo ma ?
Que font ses parents comme travail ? As-tu déjà posé la question ?

儿：没问过。她不是很喜欢提到家人。
Méi wèn-guo. Tā bú shì hěn xǐhuān tí-dào jiārén.
Non jamais. Elle n'aime pas tellement parler de sa famille.

母：家丑不可外扬。
Jiā chǒu bù kě wài yáng.
On lave son linge sale en famille.

儿：妈，别这么说。千秋是个好人，这是肯定的。
Mā, bié zhème shuō. Qiānqiū shì ge hǎo rén, zhè shì kěndìng de.
Maman, ne dis pas une chose pareille. Mille Automnes est quelqu'un de bien, j'en suis sûr et certain.

母：千秋？真的叫千秋？像那个韩国电视剧的太后，会打仗、会拉弓的那个，可危险！
Qiānqiū ? Zhēnde jiào Qiānqiū ? Xiàng nà ge Hánguó diànshìjù de tàihòu, huì dǎ zhàng, huì lā gōng de nà ge, kě wēixiǎn !
Mille Automnes ? Elle s'appelle vraiment Mille Automnes ? Comme cette espèce d'impératrice coréenne de la série télévisée, celle qui sait combattre et tirer à l'arc. C'est très dangereux tout ça !

儿：妈，你上个月给我介绍的女孩子……怎么说？你别生气了，求你啦。千秋是个好学、用功的姑娘，身边总是带着厚厚的一本书。
Mā, nǐ shàng ge yuè gěi wǒ jièshào de nǚ háizi… zěnme shuō ?
Nǐ bié shēng qì le, qiú nǐ lā. Qiānqiū shì ge hào xué, yònggōng de gūniang, shēnbiān zǒngshi dài-zhe hòu-hòu de yī běn shū.
Maman, la fille que tu m'as présentée le mois dernier… Comment dire ? Ne te fâche pas, je t'en supplie. Mille Automnes est une fille studieuse, motivée, et elle a toujours sur elle un gros bouquin.

母：刚认识就爱上了，你必须小心谨慎。
Gāng rènshi jiù ài-shàng le, nǐ bìxū xiǎoxīn jǐnshèn.
Tu viens de la rencontrer et tu es déjà amoureux. Tu dois absolument faire attention et rester sur tes gardes.

儿：不必小心。妈，请相信我，你放心吧。
Bú bì xiǎoxīn. Mā, qǐng xiāngxìn wǒ, nǐ fàng xīn ba.
Non, ce n'est pas nécessaire. Maman, s'il te plaît fais-moi confiance et ne t'inquiète pas.

母：平板电脑里有没有她的照片？
Píngbǎn diànnǎo li yǒu-mei-yǒu tā de zhàopiàn ?
Tu as sa photo dans ta tablette ?

儿：有三张，上个周末拍的。
Yǒu sān zhāng, shàng ge zhōumò pāi de.
J'en ai trois, je les ai prises le week-end dernier.

母：还不给我看看？
……哎呀…… 好眼光！看，多可爱的小脸！
Hái bù gěi wǒ kàn-kan ?
… Āiyā… Hǎo yǎnguāng ! Kàn, duō kě'ài de xiǎo liǎn !
Qu'est-ce que tu attends pour me les montrer ?
… Oh… Un regard sympathique ! Vois comme elle est mignonne avec son petit visage !

■ COMPRENDRE LE DIALOGUE
OBSERVER LES SIGNES

→ Repérez dans le dialogue ces noms et leur classificateur spécifique :

是个好人	上个月	一本书	一张照片
shì ge hǎo rén	shàng ge yuè	yī běn shū	yī zhāng zhàopiàn
être quelqu'un de bien	le mois dernier	un livre	une photo

→ 个 **ge**, le classificateur général, est souvent employé après 是 **shì**, *être* en omettant le numératif 一 **yī**, *un*. Il permet de différencier 一月 **yī yuè**, *janvier* et 一个月 **yī ge yuè**, *un mois*. Mais il peut être omis dans 上(个)月 **shàng (ge) yuè**, *le mois dernier* ; 下(个)月 **xià (ge) yuè**, *le mois prochain* (Annexe 5).

→ 本 **běn** s'utilise pour *un livre* ou *un magazine* 一本杂志 **yī běn zázhì**.

→ 张 **zhāng** s'applique aux surfaces plus ou moins planes : 一张纸 **yī zhāng zhǐ**, *une feuille de papier* ; 一张桌子 **yī zhāng zhuōzi**, *une table* ; 一张脸 **yī zhāng liǎn**, *un visage*.

Note : l'Annexe 3 regroupe et exemplifie les classificateurs présents dans la méthode.

NOTE CULTURELLE

家丑不可外扬。 **Jiā chǒu bù kě wài yáng.** *On lave son linge sale en famille* (= famille honte pas pouvoir extérieur divulguer). Le proverbe se passe de commentaires ! Mais la relation famille-société paraît plus sereine avec : 家和万事兴。 **Jiā hé wàn shì xīng.** *Quand la famille va, tout va.* Une famille unie est un gage de prospérité (= famille harmonie dix-mille choses prospérer). Un autre diction invite à la prudence économique en matière de mariage : 成家容易养家难。 **Chéng jiā róngyì yǎng jiā nán.** *Fonder une famille est facile, la nourrir plus difficile.*

◆ SENS ET GRAMMAIRE

- 小心点儿。 **Xiǎoxīn diǎnr.** *Sois plus prudent.*
  Rappel : 一点（儿）**yìdiǎn(r)**, *un peu*, abrégé en 点儿 **diǎnr**, a ici un sens comparatif : *Fais un peu plus attention.*

- 你家里有什么人？ **Nǐ jiā li yǒu shénme rén ?** *Parle-moi de ta famille.* Cette question (= ta famille dans avoir quelle personne) porte sur la parentèle proche. Autre question courante : 你家有几口人？ **Nǐ jiā yǒu jǐ kǒu rén ?** *Combien êtes-vous dans la famille ?*

- 他们做什么工作? **Tāmen zuò shénme gōngzuò?** *Qu'est-ce qu'ils font comme travail?* Le verbe 做 **zuò**, signifie *faire* (Leçon 9) et 工作 **gōngzuò** est un nom ici (= ils faire quel travail).
- 没问过。 **Méi wèn-guo.** *Je n'ai jamais posé la question.* La négation *ne... jamais* correspond à {没 **méi** + verbe - 过 **guo**}. Avez-vous reconnu le suffixe verbal d'expérience? En effet, la mère a demandé : 你问过吗? **Nǐ wèn-guo ma?** *Est-ce qu'il t'est déjà arrivé de poser cette question?* Pour répondre qu'il n'a jamais demandé, le fils reprend 过 **guo** dans sa réponse. Supposons une autre question et une autre réponse : 你问了吗? **Nǐ wèn le ma?** *Tu as demandé?* 没问。 **Méi wèn.** *Non.* Ou encore : 还没问呢。 **Hái méi wèn ne.** *Je n'ai pas encore demandé.*
Règle : le chinois différencie l'accomplissement de l'action et l'expérience vécue. Un acte accompli s'exprime par {verbe - 了 **le**}, un acte inaccompli par {没 **méi** + verbe}. Un acte vécu s'exprime par {verbe - 过 **guo**}, un acte non vécu par {没 **méi** + verbe - 过 **guo**}.
- 她不是很喜欢··· **Tā bú shì hěn xǐhuān...** *Elle n'aime pas tellement...* Ce garçon aurait pu dire : 她不太喜欢··· **Tā bú tài xǐhuān...** *Elle n'aime pas trop (ceci ou cela).* De fait, il ne parle pas des goûts de sa nouvelle amie, mais de sa personnalité. Le verbe 是 **shì**, *être* affirme une identité : ma copine, elle est comme ça et voilà tout.
- 这是肯定的。 **Zhè shì kěndìng de.** *C'est sûr et certain.* Le verbe 肯定 **kěndìng**, *affirmer, être sûr*, est aussi adjectival. Lorsqu'on emploie le verbe 是 **shì**, *être* devant un adjectif, on ajoute la particule 的 **de** en fin de proposition. On obtient le schéma {是 **shì** + adjectif + 的 **de**} : 这是真的。 **Zhè shì zhēn de.** *C'est vrai.*
- 可危险! **Kě wēixiǎn!** *C'est très dangereux!* 可 **kě** renforce le propos, on peut le traduire par *très, terriblement, trop*, etc.
- 你给我介绍的女孩子 **nǐ gěi wǒ jièshào de nǚ háizi**, *la fille que tu m'as présentée.* 给 A 介绍 B **gěi A jièshào B**, *présenter B à A.* 妈妈一定要给我介绍对象，怎么办? **Māma yídìng yào gěi wǒ jièshào duìxiàng, zěnme bàn?** *Maman veut absolument me présenter une fiancée, comment faire?*
- 总是带着一本书 **zǒngshi dài-zhe yī běn shū**, *avoir toujours un livre sur soi.* L'adverbe 总是 **zǒngshi**, *toujours* est renforcé par le suffixe verbal de sens duratif 着 **zhe**.
- 刚认识就爱上了 **gāng rènshi jiù ài-shàng le**, *tomber amoureux de quelqu'un que l'on vient de rencontrer.* Remarquez l'ajout de **shàng** après **ài**, *aimer* : 爱上 **ài-shàng**, *tomber amoureux de.*
Rappel : l'adverbe 刚 **gāng** indique le passé proche et se traduit par *venir de, avoir juste* (fait quelque chose).

● EXERCICES

1. ÉCOUTEZ.

a. Comprenez-vous ces six phrases dont vous connaissez tous les mots ?

b. Classez ces brefs énoncés en compliment ou reproche :

(C1) compliment ☐ reproche ☐
(C2) compliment ☐ reproche ☐
(C3) compliment ☐ reproche ☐
(C4) compliment ☐ reproche ☐
(C5) compliment ☐ reproche ☐
(C6) compliment ☐ reproche ☐
(C7) compliment ☐ reproche ☐
(C8) compliment ☐ reproche ☐
(C9) compliment ☐ reproche ☐
(C10) compliment ☐ reproche ☐

c. Écoutez les différences tonales.
(T1) 3e /4^e
(T2) 1er /2^e
(T3, T4) 3e /4^e
(T5) 2e /3^e

2. DÉCHIFFREZ.

Cherchez à reconnaître ces signes :

工作   电脑   必须   妈妈   爸爸

3. ORDONNEZ LES MOTS.

Puis-je vous demander quelle est la profession de vos parents ?

₁您的   ₂做   ₃工作   ₄什么
₅父母   ₆请问

VOCABULAIRE

母亲 **mǔqīn** *mère* ; 妈妈 **māma** *mère, maman* ; 爸爸 **bàba** *papa*
后妈 **hòumā** *belle-mère* (= après-mère) ; 父母 **fùmǔ** *parents*
儿子 **érzi** *fils* ; 家里 **jiā li** *dans la famille, à la maison*
其他 **qítā** *autre* ; 其他人 **qítā rén** *autres personnes, autres gens*
清楚 **qīngchu** *clair* ; 不清楚 **bù qīngchu** *pas clair, ne pas savoir*
提到 **tí-dào** *mentionner, évoquer, parler de*
家人 **jiārén** *les gens de la famille*
这么 **zhème** *ainsi, de cette façon* ; 这么说 **zhème shuō** *parler ainsi*
千 **qiān** *mille*
肯定 **kěndìng** *sûr et certain, affirmer*
真的 **zhēnde** *vraiment*
电视剧 **diànshìjù** *série télévisée*
韩国太后 **Hánguó tàihòu** *impératrice de Corée*
打仗 **dǎ zhàng** *combattre, guerroyer* ; 拉弓 **lā gōng** *tirer à l'arc*
危险 **wēixiǎn** *danger, dangereux*
上个月 **shàng ge yuè** *le mois dernier*
介绍 **jièshào** *présentation*
女孩子 **nǚ háizi** = 姑娘 **gūniang** *jeune fille*
生气 **shēng qì** *se fâcher, se mettre en colère*
求你啦 **qiú nǐ lā** *je t'en prie, je t'en supplie* ; 啦 **lā** (insistance, Annexe 6)
好学 **hào xué** *studieux* (= aimer étudier) ; 用功 **yònggōng** *motivé, diligent*
身边 **shēnbiān** *sur soi, avec soi* (= corps-côté)
总是 **zǒngshi** *toujours*
厚 **hòu** *épais* ; 厚厚的一本书 **hòu-hòu de yī běn shū** *un très gros livre*
必须 **bìxū** *devoir absolument, être obligé de*
不必 **bú bì** *ce n'est pas nécessaire*
谨慎 **jǐnshèn** *être prudent, discret*
相信 **xiāngxìn** *faire confiance à, avoir confiance en*
放心 **fàng xīn** *être rassuré, ne pas s'inquiéter* (= poser cœur)
平板电脑 **píngbǎn diànnǎo** *tablette tactile* (= plat-tableau électrique-cerveau)
一张照片 **yī zhāng zhàopiàn** *une photo*
眼光 **yǎnguāng** *regard* (= œil-éclat)
可爱 **kě'ài** *adorable, mignon* (= pouvoir aimer)
脸 **liǎn** *visage*

TRACEZ TROIS SIGNES.

bì, *obligé de* – 1 ✓ point gauche ; 2 courbe basse + crochet ; 3 ˋ ; 4 ╱ ; 5 ˋ
wèn, *demander* – 冂 + 口 6 traits
不必问 **bú bì wèn**, *inutile de demander*

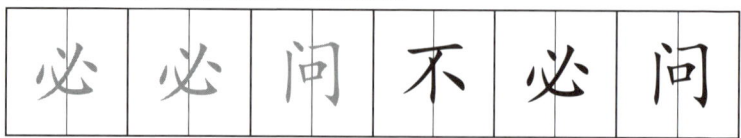

píng, *plat* – 1 → ; 2 ↘ ; 3 ✓ ; 4 → ; 5 ↓
平平 **píng-píng**, *tout plat, médiocre, banal*

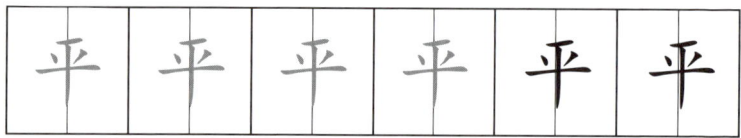

19. CAMARADE DE CLASSE

同班同学

OBJECTIFS

- CHERCHER UNE PLACE ET FAIRE ASSEOIR
- PRÉSENTATION MUTUELLE DE DEUX ÉTRANGERS EN CHINOIS
- FAIRE DEVINER SA NATIONALITÉ
- ÉPELER SON NOM À LA CHINOISE, QUIPROQUO
- S'EXCUSER, CRAINDRE D'OUBLIER
- PROPOS DE CONVIVIALITÉ POUR FAIRE CONNAISSANCE

NOTIONS

- INTERROGATIFS : NĂ ? ; JĬ GE ? BA ?
- EXCLAMATIF : NĂ NÉNG… !
- ADVERBES : YÍGÒNG ; GĒNBĚN + NÉGATION ; HĂO + ADJECTIF ; HĔN + VERBE
- NOMBRES ORDINAUX : DÌ
- PRÉPOSITIONS : GĚI ; GĒN ; CÓNG
- STRUCTURE PLURIFONCTIONNELLE : SHÌ… DE

同班同学
TÓNGBĀN TÓNGXUÉ
CAMARADE DE CLASSE

🔊 20

男生：您好，这个座位是空的吗？
Nánshēng : Nín hǎo, zhè ge zuòwèi shì kōng de ma ?
Étudiant : Bonjour, cette place est-elle libre ?

女生：你好，请坐，刚到学校吗？
Nǚshēng : Nǐ hǎo, qǐng zuò, gāng dào xuéxiào ma ?
Étudiante : Bonjour, assieds-toi s'il te plaît, tu viens d'arriver à l'école ?

男：前天到中国的，昨天才注册，今天和你们一起上国际贸易课。我叫中村爱一郎。
Qiántiān dào Zhōngguó de, zuótiān cái zhù cè, jīntiān hé nǐmen yìqǐ shàng guójì màoyì kè. Wǒ jiào Nakamura Aiichirō.
Je suis arrivé avant-hier en Chine, hier inscription et aujourd'hui je suis en cours de commerce international avec vous tous.
Je m'appelle Nakamura Aiichirō.

女：好长的姓名，我怕记不住。
Hǎo cháng de xìngmíng, wǒ pà jì-bu-zhù.
Un nom très long, j'ai peur de ne pas le retenir.

男：你猜猜我是哪国人。
Nǎ cāi-cai wǒ shì nǎ guó rén.
Devine de quel pays je viens.

女：听上去你是日本人。
Tīng-shàng-qù nǐ shì Rìběnrén.
À t'entendre, tu es japonais.

男：猜对了。
Cāi-duì le.
Tu as deviné juste.

女：你的名字怎么写？一共有几个字？
Nǐ de míngzi zěnme xiě ? Yígòng yǒu jǐ ge zi ?
Comment s'écrit ton nom ? Il y a combien de caractères en tout ?

男：一共五个汉字。头一个字是"中国"的"中"，第二个字是"农村"的"村"。
Yígòng wǔ ge hànzì. Tóu yī ge zì shì « Zhōngguó » de « zhōng », dì èr ge zì shì « nóngcūn » de « cūn ».
Cinq caractères en tout. Le premier est « zhong » comme dans « Zhongguo », la Chine, le deuxième est « cun » comme dans « nongcun », la campagne.

女：哦，中村是你的姓吧？
Ò, Zhōngcūn shì nǐ de xìng ba ?
Ah, Zhongcun est ton nom de famille, c'est ça ?

男：是。第三个字就是"爱"，"爱你"的"爱"。
Shì. Dì sān ge zì jiù shì « ài », « ài nǐ » de « ài ».
Oui. Le troisième caractère est « ai » comme dans « ai ni », je t'aime.

女：爱你？好玩的名字！你给自己起的名吗？
Ài nǐ ? Hǎowán de míngzì ! Nǐ gěi zìjǐ qǐ de míng ma ?
Ai ni ? C'est rigolo comme nom ! C'est toi qui a décidé de t'appeler comme ça ?

男：不，这是我的名片："爱一郎"的意思是从我出生的第一天爸妈很疼我……对不起。
Bù, zhè shì wǒ de míngpiàn : « Ài Yī Láng » de yìsi shì cóng wǒ chūshēng de dì yī tiān bà-mā hěn téng wǒ … Duì-bu-qǐ.
Non, voilà ma carte de visite : Ai Yi Lang signifie que depuis le premier jour de ma venue au monde mes parents m'adorent… Excuse-moi de dire ça.

女：很有意思。我是加拿大人，叫Zoé，跟英文的"zoo"根本没有关系。
Hěn yǒu yìsi. Wǒ shì Jiānádàrén, jiào Zoé, gēn yīngwén de « zoo » gēnběn méi yǒu guānxi.
Très intéressant. Je suis canadienne, je m'appelle Zoé, ce qui n'a strictement rien à voir avec le mot « zoo » en anglais.

男：Zoé同学，没有全球化，我哪能认识你！
Zoé tóngxué, méi yǒu quánqiúhuà, wǒ nǎ néng rènshi nǐ !
Zoé, ma camarade de classe, sans la mondialisation je ne t'aurais jamais connue !

COMPRENDRE LE DIALOGUE
OBSERVER LES SIGNES

→ Essayez de deviner le sens de ces mots à partir des caractères qui les composent :

国家	自学	学生	中学	大学
guójiā	**zìxué**	**xuéshēng**	**zhōngxué**	**dàxué**
pays-famille	*soi-étudier*	*étudier-apprenant*	*milieu-étude*	*grand-étude*

→ 国家 **guójiā**, *pays, nation*. Pour demander sa nationalité à quelqu'un, vous pouvez dire comme dans le dialogue : 你是哪国人？ **Nǐ shì nǎ guó rén ?** Ou bien : 你是哪个国家的？ **Nǐ shì nǎ ge guójiā de ?**

→ 自学 **zìxué** provient de 自己学习 **zìjǐ xuéxí**, *apprendre par soi-même*. Si vous ne suivez pas de cours de chinois, vous pouvez dire : 我是自学中文的。 **Wǒ shì zìxué zhōngwén de.** *J'apprends le chinois par moi-même.*

→ Le mot 学生 **xuéshēng**, *étudiant(e), élève*, n'est pas marqué en genre. Pour le préciser, on dit 男生 **nánshēng** ou 女生 **nǚshēng**.

→ 中学 **zhōngxué** et 大学 **dàxué** signifie respectivement *école* ou *études secondaires* et *université* ou *études supérieures*.

NOTE CULTURELLE

Dès le début de notre ère, des sceaux chinois circulaient au Japon. Les insulaires ne pouvaient les déchiffrer puisque les signes ne correspondaient pas au japonais parlé – d'ailleurs considéré comme un isolat linguistique. L'introduction officielle des caractères chinois daterait du VIe siècle, mais certains lettrés et ambassadeurs les lisaient déjà depuis le IVe siècle. Faute d'écriture autochtone, ils se mirent à écrire en chinois. Plus tard, on retint certains caractères pour transcrire des sons du japonais, par exemple 八 **bā**, *huit* transcrivait la syllabe « ha ». On situe au XIIIe siècle la création des deux syllabaires vraiment adaptés à la langue japonaise. Prenez le premier *manga* (漫画 **mànhuà**) qui vous tombe sous la main, vous y verrez des caractères chinois et ces deux syllabaires.

◆ SENS ET GRAMMAIRE

- 是空的 **shì kōng de**, *être vide*. Rappel : lorsqu'on emploie le verbe 是 **shì**, *être* devant un adjectif, on ajoute la particule 的 **de**. En fait, un nom est parfois sous-entendu après 的 **de** : 空的座位 **kōng de zuòwèi**, *place libre* (Annexe 6).
- 前天到中国的, **qiántiān dào Zhōngguó de**, *je suis arrivé avant-hier en Chine*. La phrase complète est : 我是前天到中国的。 **Wǒ shì qiántiān**

dào Zhōngguó de. Avec un repère temporel dans le passé, on emploie {是 shì... 的 de} pour indiquer que l'action est accomplie. Comparez : 好吧，我们明天来。 **Hao ba, wǒmen míngtiān lái.** *D'accord, on vient demain.* 我们是昨天来的。 **Wǒmen shì zuótiān lái de.** *Nous sommes venus hier.* Comparez encore : 他是八点到。 **Tā shì bā diǎn dào.** *C'est à huit heures qu'il arrive/arrivera.* 他是八点到的。 **Tā shì bā diǎn dào de.** *Il est arrivé à huit heures / c'est à huit heures qu'il est arrivé.*

Règle : le schéma {是 **shì** + repère temporel du passé + verbe + 的 **de**} se traduit par un passé composé en français. Le verbe 是 **shì** peut être sous-entendu.

- 中村爱一郎 **Nakamura Aiichirō**. Au Japon comme en Chine, le patronyme précède le prénom. Remarquez que ce nom japonais compte en tout 5 signes pour 8 syllabes, ce qui serait impossible en chinois puisque 1 caractère = 1 syllabe. Voici le détail du patronyme : 中 **naka**, *centre* + 村 **mura**, *village*. Et du prénom : 爱 **ai**, *amour* + 一 **ichi**, *un* + 郎 **rō**, *garçon*.
- 记不住 **jì-bu-zhù**, *ne pas arriver à mémoriser, ne pas pouvoir retenir*. Cette forme verbale (potentielle négative) provient de 记住 *mémoriser* (= noter-demeurer). Plus loin dans le dialogue, l'excuse 对不起 **duì-bu-qǐ**, *je suis désolé(e)* est formée sur le même modèle : **duì**, *faire face à* + **bù**, *ne pas* + **qǐ**, *lever*, c'est-à-dire au sens littéral : *je ne peux vous regarder en face*. Jadis, on demandait pardon en baissant la tête... Aujourd'hui, 对不起 **duì-bu-qǐ** ne s'accompagne plus de courbettes ! Mais Aiichiro s'excuse d'avoir mentionné son intimité familiale... pour expliquer son prénom.
- 听上去 **tīng-shàng-qù**, *quand on écoute, à l'oreille*. Accolé à un verbe, 上去 **shàng-qù** donne un sens directionnel concret : 走上去 **zǒu-shàng-qù**, *marcher vers le haut, monter*. Le sens devient plus figuré avec les verbes de perception : 这些衣服看上去不值那么多的钱。 **Zhè xiē yīfu kàn-shàng-qù bù zhí nàme duō de qián.** *À bien regarder, ces vêtements ne devraient pas coûter aussi cher* (= autant d'argent).
- « 中国 » 的 « 中 » **« Zhōngguó » de « zhōng »**. Pour permettre à l'étudiante de visualiser le premier caractère (中) de son patronyme, l'étudiant épelle à la chinoise : il cite un mot courant (中国 **Zhōngguó**, *Chine*) qu'elle peut visualiser mentalement, puis en extrait le caractère **zhōng** par la formule « 中国 » 的 « 中 », autrement dit « **zhong** » qu'il y a dans le mot « **Zhongguo** ». Et il procède de même pour le deuxième caractère jusqu'à ce qu'elle n'y comprenne plus rien... Voilà pourquoi la carte de visite (papier ou numérique) est si prisée en Asie.
- 第二个字 **dì èr ge zì**, *le deuxième caractère*. 第 **dì** est le marqueur des nombres ordinaux. Plus loin dans le dialogue, vous trouverez : 第一天 **dì yī tiān**, *le premier jour*.

EXERCICES

1. ÉCOUTEZ.

a. Vous demandez à un camarade :
(Q1) sa… ;
(Q2) quand il est… ;
(Q3) s'il est… à Taiwan ;
(Q4) s'il a cours… ;
(Q5) si ses cours…

b. Trouvez des réponses aux questions de l'exercice 1. a. dans le dialogue ou inventez-les !

c. Réagissez poliment à chaque excuse : 没关系。 **Méi guānxi.** *Ça ne fait rien.*

2. DÉCHIFFREZ.

Cherchez à reconnaître ces signes :

关系   男女   上课   姓名   出生

3. ORDONNEZ LES MOTS.

À t'entendre, j'ai l'impression que tu es américain. – Tu as deviné juste.

₁你是   ₂美国   ₃猜   ₄上去
₅听   ₆对了   ₇人

TRACEZ QUATRE SIGNES.

hàn, *chinois* – 1 ↘ ; 2 ↘ ; 3 ↗ ; 4 ㇈ ; 5 ↘ ; 氵 (clé de l'eau) + 又
zì, *signe écrit* – 1 ↘ sommet ; 2 ↙ ; 3 → + crochet ; 4, 5, 6 子 *(enfant)* ; 宀 + 子
汉字 **hànzì**, *caractère chinois, sinogramme*

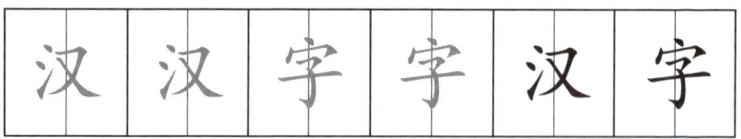

tóng, *identique, commun* – 1 ↓ ; 2 ↓ + crochet ; 3 → ; 4, 5, 6 口
xué, *apprendre* – 1 ˋ ; 2 ˋ ; 3 ˊ ; 4, 5 ⌐ *(toit)* ; 6, 7, 8 子
同学 **tóngxué** *(condisciple de la même promotion ou école)*

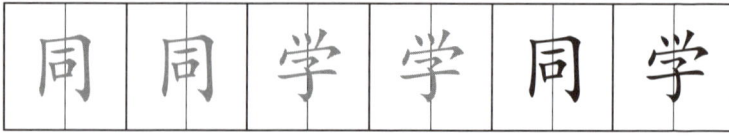

VOCABULAIRE

同班 **tóngbān** *de la même classe* ; 班 **bān** *équipe, classe*
同学 **tóngxué** *condisciple, camarade* (du même établissement)
学生 **xuéshēng** *élève, étudiant(e)* ; 男 / 女 **nán/nǚ** *garçon/fille*
座位 **zuòwèi** *place, siège* ; 空座位 **kōng zuòwèi** *place assise* (= vide siège)
学校 **xuéxiào** *école* (ou tout établissement d'enseignement)
前天 **qiántiān** *avant-hier* ; 昨天 **zuótiān** *hier*
注册 **zhù cè** *s'inscrire* (= noter registre)
上课 **shàng kè** *aller en cours* ; 上…课 **shàng… kè** *avoir cours de…*
国际贸易 **guójì màoyì** *commerce international*
长 **cháng** *long*
姓名 **xìngmíng** *nom de famille et prénom*
记住 **jì-zhù** *retenir, mémoriser*
猜 **cāi** *deviner* ; 猜对 **cāi-duì** *deviner juste*
听 **tīng** *écouter* ; 听上去 **tīng-shàng-qù** *en écoutant, à l'oreille*
日本 **Rìběn** *Japon* ; 日本人 **Rìběnrén** *Japonais(e)*
一共 **yígòng** *en tout, au total*
字 **zì** *signe, caractère* ; 汉字 **hànzì** *caractère chinois*
头 **tóu** *tête*
头一个字 **tóu yī ge zì** = 第一个字 **dì yī ge zì** *le premier caractère*
好玩 **hǎowán** *amusant* (= bon-s'amuser) ; 玩 **wán** *jouer* (à un jeu)
自己 **zìjǐ** *soi-même* ; 给自己 **gěi zìjǐ** *pour soi-même, à soi-même*
起名 **qǐ míng** *créer un prénom, choisir un prénom*
名片 **míngpiàn** *carte de visite*
从 **cóng** *depuis, à partir de*
出生 **chūshēng** *naître, venir au monde* (= sortir-vivre)
疼 **téng** *avoir un faible pour qqn, gâter* (un enfant) ; *avoir mal*
对不起 **duì-bu-qǐ** *excuse(z)-moi, pardon, désolé(e)*
有意思 **yǒu yìsi** *intéressant* (= avoir sens)
加拿大 **Jiānádà** *Canada* ; 加拿大人 **Jiānádàrén** *Canadien(ne)*
跟…有关系 **gēn… yǒu guānxi** *avoir un lien à* ; 关系 **guānxi** *rapport, relation*
英文 **yīngwén** *anglais, langue anglaise*
根本 **gēnběn** *fondamental, radicalement* (= racine-fondement)
全球化 **quánqiúhuà** *mondialisation* (= complet-sphère-changement)
哪能 **nǎ néng** *on ne pourrait pas, comment pourrait-on…?* (= où ? pouvoir)

VI

SANTÉ

20. LE VENTRE VIDE
饿着肚子

OBJECTIFS

- HABITUDES ALIMENTAIRES ET SANTÉ
- CAUSE D'UNE INQUIÉTUDE
- PRÉCISER UN OBJECTIF
- CONDITION NÉCESSAIRE
- CE QUI EST REGRETTABLE OU SOUHAITABLE
- CRITIQUER EN PLAISANTANT
- RÉSOLUTION ET ESSAI

NOTIONS

- INTERROGATIF : WÈI SHÉNME ?
- ADVERBES : YŎUDIĂN + VERBE ; TÀI… LE ; QUÈSHÍ ; GUÒ + ADJECTIF
- CONNECTEURS : JIÙ SHÌ WÈILE ; QÍSHÍ
- TOURNURES : ZHǏ YŎU… CÁI ; BÙ GUĂN… DŌU
- CLASSIFICATEUR : FÈN
- PRÉPOSITION : DUÌ
- VERBE DIRECTIONNEL : XIÀ-QÙ

饿着肚子
È-ZHE DÙZI
LE VENTRE VIDE

丈夫：什么事？
Zhàngfu : Shénme shì ?
L'époux : Qu'est-ce qu'il y a ?

妻子：我有点担心儿子。
Qīzi : Wǒ yǒudiǎn dān xīn érzi.
L'épouse : Je m'inquiète un peu pour notre fils.

夫：为什么？
Wèi shénme ?
Pourquoi ?

妻：他一起来就匆忙洗个澡赶着去上学，不吃早餐。我怕这样下去对身体不好，影响学习。
Tā yī qǐ-lái jiù cōngmáng xǐ ge zǎo gǎn-zhe qù shàng xué, bù chī zǎocān. Wǒ pà zhèyàng xià-qù duì shēntǐ bù hǎo, yǐngxiǎng xuéxí.
À peine levé, il se précipite sous la douche et file à l'école sans petit déjeuner. J'ai peur qu'à la longue ce soit mauvais pour sa santé et pour ses études.

夫：俗话说：早上吃饱，中午吃好，晚上吃少。
Súhuà shuō : zǎoshang chī-bǎo, zhōngwǔ chī-hǎo, wǎnshang chī-shǎo.
D'après le dicton, il faut manger à sa faim le matin, bien à midi et peu le soir.

妻：我说过好几次，但不管怎么说，他都不听。
Wǒ shuō-guo hǎo jǐ cì, dàn bù guǎn zěnme shuō, tā dōu bù tīng.
Je le lui ai répété je ne sais combien de fois, mais quoi qu'on dise, il n'écoute pas.

夫：只有家长带头，孩子才会养成良好的习惯。其实，你自己早饭吃得太少：一个水果，一小杯酸奶，确实不够。
Zhǐ yǒu jiāzhǎng dài tóu, háizi cái huì yǎng-chéng liánghǎo de xíguàn. Qíshí, nǐ zìjǐ zǎofàn chī-de tài shǎo : yī ge shuǐguǒ, yī xiǎo bēi xuānnǎi, quèshí bú gòu.
Il n'y a que si les parents donnent l'exemple que les enfants prennent de bonnes habitudes. La vérité c'est que, toi-même tu manges trop peu au petit déjeuner : un fruit, un petit yaourt, ce n'est pas assez voyons.

妻：就是为了避免过甜、过咸、过油的食物。
Jiù shì wèile bìmiǎn guò tián, guò xián, guò yóu de shíwù.
C'est pour éviter les aliments à trop forte teneur en sucre, en sel et en graisse.

夫：可惜你的早饭太科学了！儿子吃什么最有胃口？
Kěxī nǐ de zǎofàn tài kēxué le ! Érzi chī shénme zuì yǒu wèikǒu.
Dommage que ton petit déjeuner soit aussi scientifique ! Qu'est-ce qui est le plus appétissant pour ton fils ?

妻：三明治。
Sānmíngzhì.
Les sandwichs.

夫：那就这样吧，我明天早起五分钟做两份三明治，又漂亮又可口的鸡蛋三明治，叫儿子跟我吃。
Nà jiù zhèyàng ba, wǒ míngtiān zǎo qǐ wǔ fēnzhōng zuò liǎng fèn sānmíngzhì, yòu piàoliàng yòu kěkǒu de jīdàn sānmíngzhì, jiào érzi gēn wǒ chī.
Alors voilà ce que je propose, demain je me lèverai cinq minutes plus tôt et je ferai deux sandwichs, deux beaux et savoureux sandwichs aux œufs, et j'appellerai notre garçon pour qu'il mange avec moi.

妻：试试看吧。
Shì-shi kàn ba.
Essayons, on verra bien.

COMPRENDRE LE DIALOGUE
OBSERVER LES SIGNES

→ Remarquez les signes communs :

习惯	学习	胃口	可口	可惜
xíguàn	xuéxí	wèikǒu	kěkǒu	kěxī
habitude	apprendre	appétit	savoureux	regrettable

→ 习 **xí** – ce que l'on pratique et qui devient familier – est commun à 习惯 **xíguàn**, habitude, être habitué à, et 学习 **xuéxí**, apprendre, étudier.

→ 口 **kǒu**, bouche correspond au champ sémantique de 胃口 **wèikǒu**, appétit et de 可口 **kěkǒu**, délicieux.

→ 可 **kě**, pouvoir est commun à 可口 **kěkǒu** et 可惜 **kěxī** au même titre que la terminaison en « able » est commune à délectable et regrettable en français.

NOTE CULTURELLE

Parlant d'études, on sait que la pression familiale et scolaire – 压力 **yālì** – est forte en Chine. En quarante ans, tant de gens ont pu grimper dans l'échelle sociale grâce à leurs efforts à l'école… Mais, en 2009, un élève de classe terminale publie une lettre ouverte sur la toile : 我被中国教育逼疯了 **Wǒ bèi Zhōngguó jiàoyù bī fēng le.** *Le système scolaire chinois m'a rendu fou.* Il y dénonce l'acharnement de son père paysan qui le rêve premier de sa classe. Sa famille loue un logement près d'un collège réputé. Le collégien y vit seul. Rentrant chez lui de temps à autre, il n'est interrogé que sur ses notes, trop moyennes aux yeux de son père. Jusqu'au jour où ce dernier lui lance : 你考不上就去死！ **Nǐ kǎo-bu-shàng jiù qù sǐ!** *Si tu rates tes examens, tu peux crever!* Cette triste lettre est toujours en ligne. C'est dire l'émoi, puis la réflexion ainsi suscités dans les écoles et les familles.

◆ SENS ET GRAMMAIRE

- 什么事? **Shénme shì?** *Qu'est-ce qu'il y a?* Le mari, voyant son épouse soucieuse, demande ce qui se passe. Si sa femme n'avait aucun souci ou ne voulait pas en parler, elle aurait pu répondre : 没事。 **Méi shì.** *Ce n'est rien.*
- 这样下去 **zhèyàng xià-qù**, *si ça continue comme ça, à la longue.* Concrètement, 下去 **xià-qù**, signifie *descendre*. Au sens figuré, il indique la continuation : 听下去 **tīng-xià-qù**, *continuer à écouter*, ou l'arrêt de l'action avec une négation : 这个电影没意思，我看不下去。 **Zhè ge diànyǐng méi yìsi, wǒ kàn-bu-xià-qù.** *Ce film est nul, je ne peux pas continuer à le regarder.*

- 对…好 **duì… hǎo**, *c'est bon pour*. La préposition 对 **duì**, *à*, *pour*, introduit un bénéficiaire : 这些食物对身体好。 **Zhè xiē shíwù duì shēntǐ hǎo.** *Ces aliments sont bons pour la santé.*
- 不管怎么…都… **bù guǎn zěnme… dōu…** *quel que soit, quoi que.* 不管怎么穿她都会很时尚。 **Bù guǎn zěnme chuān tā dōu huì hěn shíshàng.** *Quoi qu'elle porte, elle est toujours très à la mode.* 不管你怎么做，结果都一样。 **Bù guǎn nǐ zěnme zuò, jiéguǒ dōu yíyàng.** *Peu importe comment tu fais, le résultat est toujours le même.*
- 只有…才… **zhǐ yǒu… cai…** *la seule façon de… c'est…* Cette tournure discontinue exprime une condition nécessaire ou un prérequis : {有 **zhǐ yǒu** + prérequis + 才 **jiu** + résultat}. 只有你才可以帮我。 **Zhǐ yǒu nǐ cai kěyǐ bāng wǒ.** *Tu es la seule / le seul a pouvoir m'aider.* 只有好好学习才能取得进步。 **Zhǐ yǒu hǎo-hao xuéxí cái néng qǔdé jìnbù.** *La seule façon de progresser, c'est d'étudier à fond.*

Rappel : en chinois, la condition précède toujours le résultat ou l'implication.

- 就是为了… **jiù shì wèile…** *c'est pour, c'est dans le but de…* 就是 **jiù shì** amène une explication de ce qui précède. Le mari reproche à sa femme la frugalité de son petit déjeuner qu'elle justifie en précisant le but visé. {为了 **wèile** + but} : 爸爸早起五分钟就是为了做三明治给我吃。 **Bàba zǎo qǐ wǔ fēnzhōng jiù shì wèile zuò sānmíngzhì gěi wǒ chī.** *Papa se lève cinq minutes plus tôt pour me faire un sandwich (à manger).*
- 过 **guò**, *trop*. Dans ce dialogue, **guò** est adverbe d'intensité : 你吃得过甜。 **Nǐ chī-de guò tián.** *Tu manges trop sucré.* Mais il est verbal dans : 过马路 **guò mǎlu**, *traverser la rue.* 过 **guo** sert aussi de suffixe verbal d'expérience : 我没有喝过黄酒。 **Wǒ méi yǒu hē-guo huángjiǔ.** *Je n'ai jamais bu de vin jaune.* Il peut encore référer au futur : 过几年就要30了。 **Guò jǐ nián jiù yào sān shí le.** *Dans quelques années j'aurai 30 ans.* En fait, c'est l'idée de franchissement qui est commune à ces divers emplois. Par exemple : 这有点过分了。 **Zhè yǒudiǎn guòfēn le.** *Ça, c'est un peu exagéré.*

Conclusion : le chinois utilise beaucoup de mots à plusieurs sens tels que 过 **guò**, 可 **kě**, 开 **kāi**, 得 **de**, etc. Ces mots couvrent certes plusieurs fonctions, mais leur polysémie apparente n'est due qu'à la traduction. Chercher le point commun entre les divers emplois d'un caractère permet de progresser.

- 那就这样吧 **Nà jiù zhèyàng ba.** *Voilà ce que je propose, On n'a qu'à faire comme ça.* Cette amorce annonce une solution proposée ou une décision qui puisse mettre tout le monde d'accord. 那就 **nà jiù** (= dans ce cas alors) est un connecteur logique de conséquence et la particule d'empathie 吧 **ba** atténue le ton autoritaire (Annexe 6).

● EXERCICES

1. ÉCOUTEZ.

a. Au fur et à mesure de votre écoute, notez les informations que vous comprenez sur la journée de cet élève, puis vérifiez ensuite.

b. Répondez négativement aux cinq premières questions et positivement à la sixième.

2. DÉCHIFFREZ.

Cherchez à reconnaître ceci :

我肚子饿了。 你身体好吗?

你吃得不够。 很可惜!

3. ORDONNEZ LES MOTS.

Qu'est-ce qui est le plus appétissant pour toi ?

₁最 ₂你 ₃有 ₄什么 ₅胃口 ₆吃

VOCABULAIRE

饿 **è** *avoir faim* ; 肚子 **dùzi** *ventre* ; 肚子饿了 **dùzi è le** *avoir très faim*
丈夫 **zhàngfu** *époux* ; 妻子 **qīzi** *épouse* ; 夫妻 **fūqī** *mari et femme, couple*
担心 **dān xīn** *s'inquiéter, se faire du souci pour*
为什么？ **wèi shénme ?** *pourquoi ?* ; 为了 **wèile** *dans le but de, afin de*
起来 **qǐ-lái** *se lever* ; 早起五分钟 **zǎo qǐ wǔ fēnzhōng** *se lever 5 min plus tôt*
匆忙 **cōngmáng** *en hâte* ; 赶着 **gǎn-zhe** *se dépêcher de*
洗(个)澡 **xǐ (ge) zǎo** *se doucher, prendre un bain, faire sa toilette*
去上学 **qù shàng xué** *aller à l'école*
对 **duì** *pour, vis-à-vis de*
身体 **shēntǐ** *corps, santé*
影响 **yǐngxiǎng** *affecter, influencer, avoir un effet sur*
学习 **xuéxí** *étudier, études* (= apprendre-appliquer)
俗话 **súhuà** *dicton* (= populaire-parole)
吃饱 **chī-bǎo** *manger à sa faim* (= manger-rassasié)
晚上 **wǎnshang** *le soir*
好几次 **hǎo jǐ cì** *bien des fois, de nombreuses fois*
不管 **bù guǎn** *peu importe* ; 管 **guǎn** *s'occuper de*
家长 **jiāzhǎng** *parent* (= famille-chef)
带头 **dài tóu** *être le premier à (faire) ; guider ; donner l'exemple*
养成良好的习惯 **yǎng-chéng liánghǎo de xíguàn** *prendre de bonnes habitudes*
其实 **qíshí** *en vérité, en réalité* ; 确实 **quèshí** *certes, vraiment*
酸奶 **suānnǎi** *yaourt* (= acide-lait)
够 **gòu** *assez, suffisant*
避免 **bìmiǎn** *éviter*
甜 **tián** *sucré* ; 咸 **xián** *salé* ; 油 **yóu** *huile, gras*
食物 **shíwù** *aliment*
可惜 **kěxī** *dommage que, regrettable*
科学 **kēxué** *science, scientifique*
胃口 **wèikǒu** *appétit* ; 最有胃口 **zuì yǒu wèikǒu** *le plus appétissant*
一份三明治 **yī fèn sānmíngzhì** *un sandwich*
漂亮 **piàoliang** *joli* ; 可口 **kěkǒu** *délicieux*
鸡蛋 **jīdàn** *œuf* (= poule-œuf)
试试 **shì-shi** *essayer un peu* (verbe souvent doublé)

TRACEZ DEUX SIGNES.

kě, *pouvoir* – 1 → ; 2, 3, 4 口 ; 5 ↓ + crochet ; 可口 **kěkǒu**, *savoureux*

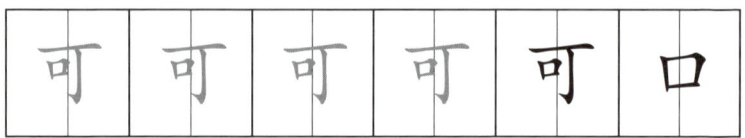

kē, *discipline, branche* – 1 ↙ ; 2 → ; 3 ↓ ; 4 ↙ ; 5 ↘ 禾 ; 6, 7 ↘↘ ; 8 → ; 9 ↓ 斗
科学 **kēxué**, *science*

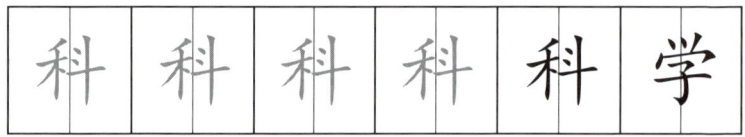

21. CONGÉ MALADIE

请假治病

OBJECTIFS

- S'ENQUÉRIR DE LA SANTÉ, ENJOINDRE DE CONSULTER
- PROPOSER UNE SOLUTION ADAPTÉE
- EXPLIQUER UN MOT PAR UNE ÉQUIVALENCE
- EXEMPLIFIER EN ÉNUMÉRANT
- PRÉPARER UNE VISITE CHEZ LE MÉDECIN
- CONSEIL INSISTANT
- TERMES D'ADRESSE

NOTIONS

- REPÈRES TEMPORELS : RÁNHÒU ; XIÀNZÀI JIÙ ;
- PROPOSITION + HÒU
- PRÉPOSITION : XIÀNG
- QUANTITÉ : DIĂN + NOM
- CONNECTEURS : NÀ ; HÉ ; DĚNG ; JIÙ SHÌ ; BǏRÚ
- INSTRUMENTAL : YÒNG
- STRUCTURE : HÁISHI... BA
- CLASSIFICATEUR : CÌ

请假治病
QǏNG JIÀ ZHÌ BÌNG
CONGÉ MALADIE

◁ 22

老师：杜郎同学，你好像感冒了。
Lǎoshī : Dùláng tóngxué, nǐ hǎoxiàng gǎnmào le.
Professeur : Durand, tu as l'air enrhumé.

学生：没关系，吃点药就会好。
Xuéshēng : Méi guānxi, chī diǎn yào jiù huì hǎo.
Étudiant : Ce n'est rien, ça ira mieux en prenant quelques médicaments.

师：你咳嗽很厉害，有病还是去看病吧。
Nǐ késou hěn lìhai, yǒu bìng háishi qù kàn bìng ba.
Tu tousses terriblement, si tu es malade mieux vaut consulter un médecin.

生：我怕去医院。
Wǒ pà qù yīyuàn.
J'ai peur d'aller à l'hôpital.

师：那你去学校的医务室，另外看一次门诊收费不贵。
Nà nǐ qù xuéxiào de yīwùshì, lìngwài kàn yī cì ménzhěn shōu fèi bú guì.
Alors va au dispensaire de notre établissement, une consultation externe ne coûte d'ailleurs pas cher.

生：什么是"医务室"？
Shénme shì « yīwùshì » ?
« Un dispensaire » ? Qu'est-ce que c'est ?

师：就是在校园里看病的地方，有医生、护士和药房。
Jiù shì zài xiàoyuán lǐ kàn bìng de dìfang, yǒu yīshēng, hùshi hé yàofáng.
Eh bien c'est l'endroit sur le campus où on peut consulter, il y a des médecins, des infirmiers et une petite pharmacie.

生：医生？我应该叫他什么？
Yīshēng ? Wǒ yīnggāi jiào tā shénme ?
Le médecin ? Comment je dois m'adresser à lui ?

师：叫他"大夫"。
Jiào tā « Dàifu ».
Appelle-le « Docteur ».

生：然后说什么？我不会用中文解释……
Ránhòu shuō shénme ? Wǒ bú huì yòng zhōngwén jiěshì…
Et après qu'est-ce que je dis ? Je ne saurai pas expliquer en chinois…

师：只要指鼻子和喉咙，大夫就知道了。
Zhǐyào zhǐ bízi hé hóulong, dàifu jiù zhīdào le.
Tu n'as qu'à montrer ton nez et ta gorge, le docteur saura tout de suite de quoi il s'agit.

生：大夫会问我什么问题？
Dàifu huì wèn wǒ shénme wèntí ?
Et quelles questions va-t-il me poser ?

师：比如，病了几天了？发烧吗？这里痛吗？
Bǐrú, bìng le jǐ tiān le ? Fāshāo ma ? Zhèlǐ tòng ma ?
Par exemple : tu es malade depuis combien de jours ? As-tu de la fièvre ? Ici, ça fait mal ?

生：那边是看中医还是看西医？
Nàbiān shì kàn zhōngyī háishi kàn xīyī ?
Ils pratiquent la médecine chinoise ou occidentale là-bas ?

师：看西医。反正西医也是用"四诊法"，也就是说医生要看一看、听一听、向病人打听一下，诊脉等。小杜，现在就去吧。我下课后给你打电话，好吧？
Kàn xīyī. Fǎnzhèng xīyī yě shì yòng « sì zhěn fǎ », yě jiù shì shuō yīshēng yào kàn-yi-kàn, tīng-yi-tīng, xiàng bìngrén dǎtīng yixià, zhěn mài děng. Xiǎo Dù, xiànzài jiù qù ba. Wǒ xià kè hòu gěi nǐ dǎ diànhuà, hǎo ba ?
Occidentale. De toute façon, la médecine occidentale utilise la même « méthode des quatre examens », autrement dit le docteur doit regarder, ausculter, interroger le patient, tâter le pouls, etc. Xiao Du, vas-y tout de suite. Je t'appelle quand j'ai fini le cours, d'accord ?

COMPRENDRE LE DIALOGUE
OBSERVER LES SIGNES

→ Essayez de deviner le sens de ces termes d'après le mot à mot :

接电话	药店	房子	西方
jiē diànhuà	**yàodiàn**	**fángzi**	**Xīfāng**
(= accepter-téléphone)	(= remède-magasin)	(= maison-(suffixe))	(= Ouest-lieu)

→ 接电话 **jiē diànhuà** se traduit par *répondre au téléphone* ou *prendre un appel*.

→ 药店 **yàodiàn** est une *pharmacie* telle qu'on en trouve dans la rue, alors que 药房 **yàofáng** est en général un guichet où l'on retire les remèdes prescrits dans un dispensaire ou un cabinet médical.

→ 房子 **fángzi** se dit d'un *logement* (maison ou appartement) : 找房子 **zhǎo fángzi**, *chercher un logement*.

→ Contrairement à 中国西部 **Zhōngguó xībù**, *l'ouest de la Chine*, 西方 **Xīfāng** désigne *l'Occident* : 西方国家 **xīfāng guójiā**, *les pays occidentaux* ; 西方人 **Xīfāngrén**, *les Occidentaux*.

NOTE CULTURELLE

Papi (**A Gong**) va chercher un médicament à l'hôpital. La jeune infirmière explique que son *effet* (**yàoxiào**) dure 24 heures. Une fois rentré à la maison, le grand-père rigole sans arrêt. Son petit-fils lui demande : « Pourquoi tu ris tout le temps, Papi ? » Et le vieil homme de répondre : « La jeune infirmière m'a dit qu'il *faut rire* (**yào xiào**) 24 heures ! » (écouter l'exercice 1. a.)

◆ SENS ET GRAMMAIRE

- 请假治病 **qǐng jià zhì bìng**, *congé maladie*. Ce sont en fait deux structures {verbe + objet} juxtaposées (= demander congé soigner maladie). De même pourrait-on dire : 请假看病 **qǐng jià kàn bìng**, *demander un congé pour aller chez le médecin*.
  Règle : le chinois peut juxtaposer les actions sans ajouter de connecteurs temporels ou consécutifs quand l'ordre des mots suit la chronologie du réel.

- 杜郎同学 **Dùláng tóngxué** (intraduisible). Il est coutumier qu'un professeur appelle un étudiant ou élève par son nom suivi de 同学 **tóngxué**, (= camarade-élève). Plus loin, l'enseignante appelle le dénommé Durand plutôt affectueusement 小杜 **Xiǎo Dù** (= jeune Du) : elle cherche à le convaincre d'aller se soigner au plus vite. Et peut-être ainsi ne pas contaminer sa classe…

En fin de dialogue, l'étudiant devrait remercier : 谢谢老师 **Xièxie lǎoshī**. *Merci professeur, merci madame*. Mais il tousse !

- 没关系 **méi guānxi**, *ce n'est rien, pas grave* (= sans rapport). Cet idiome courant allège et relativise toute situation. Il rassure en cas de tension, de culpabilité, mais n'en abusez pas. Quelqu'un vous dit par exemple : 我病了。 **Wǒ bìng le.** *Je suis malade*. Il serait malvenu de répondre 没关系 **méi guānxi** (= peu importe) ! Dites plutôt : 你怎么了？ **Nǐ zěnme le ?** *Qu'est-ce qui t'arrive ?*

- 还是去看病吧 **háishi qù kàn bìng ba**, *mieux vaut consulter un médecin*. Comme en leçon 13, le conseil est renforcé par l'effet conjoint de 还是 **háishi**, *plutôt, mieux vaut*, et l'encouragement que constitue la particule finale 吧 **ba**. Ce professeur aurait pu nuancer son conseil un peu différemment avec {还是…好 **háishi… hǎo**} : 你还是去看医生比较好。 **Nǐ háishi qù kàn yīshēng bǐjiào hǎo.** *Ce serait quand même pas mal que tu ailles voir un médecin* (= tu plutôt aller voir médecin assez bien).

- 看一次门诊 **kàn yī cì ménzhěn**, *consulter un médecin, se faire examiner* (= regarder une fois porte-examen). Cette formulation idiomatique s'applique à une consultation externe dans un établissement de santé où le malade ne sera pas hospitalisé. Pour *aller aux urgences*, on dit 去看急诊 **qù kàn jízhěn**.

- 什么是"医务室"？ **Shénme shì « yīwùshì »?** *Qu'est-ce que c'est un « dispensaire »?* L'interrogatif 什么 **shénme** est ici mis en valeur en tête de phrase, car Durand demande la définition d'un mot qu'il ne connaît pas. S'il passait devant le dispensaire sans savoir déchiffrer l'écriteau à l'entrée, il demanderait : 这是什么地方？ **Zhè shì shénme dìfāng?** *Quel est cet endroit ?*

- 有医生、护士和药房 **yǒu yīshēng, hùshi hé yàofáng**, *il y a des médecins, des infirmiers et un service pharmaceutique*. Remarquez la virgule d'énumération (、) utilisée en chinois. Si vous commencez à écrire en caractères sur votre ordinateur ou tablette, cette virgule se trouve à la place de l'astérisque * : 亚洲人、西方人和非洲人 **Yàzhōurén, Xīfāngrén hé Fēizhōurén**, *les Asiatiques, les Occidentaux et les Africains*.

- 用中文解释 **yòng zhōngwén jiěshì**, *expliquer en chinois*. Rappel : 用 **yòng**, *utiliser* a un sens instrumental, il introduit un moyen de réaliser l'action : 用筷子吃饭 **yòng kuàizi chī fàn**, *manger avec des baguettes*.
  Règle : en chinois, le moyen de l'action précède toujours l'action.

- 病了几天了？ **bìng le jǐ tiān le ?** *être malade depuis combien de jours ?* 病了 **bìng le** peut se traduire par *être tombé malade*. 几天了？ **jǐ tiān le ?** (= combien jour à présent) ramène au moment de l'énonciation : *Ça fait maintenant combien de jours que…?* 我病了两天了。 **Wǒ bìng le liǎng tiān le.** *Je suis malade depuis deux jours*. (Annexe 6)

◆ EXERCICES

🔊 1. ÉCOUTEZ.

a. Revoici la méprise du grand-père, en chinois cette fois. Vous connaissez tous les mots sauf quatre : 小姐 **xiǎojie**, *demoiselle* ; 药效 **yàoxiào**, *effet d'un médicament* ; 一直 **yìzhí**, *tout le temps* ; 回答 **huídá**, *répondre*.

b. Répondez « oui » en reprenant le verbe ou l'adjectif verbal.

c. Cherchez les questions correspondant à ces quatre réponses.

2. DÉCHIFFREZ.

Cherchez à reconnaître ceci :

医院　门诊　急诊　药房
病人　医生　药效　要笑

3. ORDONNEZ LES MOTS.

Excusez-moi, je n'ai pas compris les explications de la jeune infirmière.

₁我　₂护士小姐　₃没
₄的　₅对不起　₆听懂　₇解释

TRACEZ TROIS SIGNES.

yòng, *utiliser* – 1 ↓ incurvé ; 2 ↓ + crochet ; 3, 4 → → ; 5 ↓ médian
huì, *savoir* – 1 ↙ ; 2 ↘ ; 3 → ; 4 → ; 5 ∠ ; 6 ↘ ; 会用 **huì yòng**, *savoir utiliser*

yī, *médical* – 1 → ; 2 ↙ ; 3, 4 → → ; 5, 6 人 ; 7 ↳ base ; 医学 **yīxué**, *la médecine*

VOCABULAIRE

请假 **qǐng jià** *demander un congé*
治病 **zhì bìng** *se soigner, se faire soigner* (= soigner maladie)
老师 **lǎoshī** *professeur* ; 师生 **shī-shēng** *professeurs et étudiants*
感冒 **gǎnmào** *s'enrhumer*
没关系 **méi guānxi** *ce n'est rien, pas grave, ça ne fait rien*
吃药 **chī yào** *prendre des médicaments* (= manger remède)
咳嗽 **késou** *tousser*
厉害 **lìhai** *terrible, fort, terriblement*
有病 **yǒu bìng** *être malade* (= avoir maladie) ; 病了 **bìng le** *tomber malade*
看病 **kàn bìng** *consulter un médecin* (pour se faire examiner)
医院 **yīyuàn** *hôpital, clinique* ; 医务室 **yīwùshì** *dispensaire*
另外 **lìngwài** *d'ailleurs, par ailleurs*
门诊 **ménzhěn** *consultation externe*
一次门诊 **yī cì ménzhěn** *une consultation*
校园 **xiàoyuán** *campus*
医生 **yīshēng** *médecin* ; 大夫 **dàifu** (adresse polie à un docteur)
护士 **hùshi** *infirmier(-ère)* ; 药房 **yàofáng** *pharmacie* (d'un dispensaire)
解释 **jiěshì** *expliquer, explication*
指 **zhǐ** *montrer* (du doigt), *indiquer*
鼻子 **bízi** *nez* ; 喉咙 **hóulong** *gorge*
比如 **bǐrú** *par exemple*
发烧 **fāshāo** *avoir de la fièvre*
痛 **tòng** *faire mal, être douloureux*
中医 **zhōngyī** *médecine chinoise* ; 西医 **xīyī** *médecine occidentale*
法 **fǎ** = 方法 **fāngfǎ** *méthode*
也就是说 **yě jiù shì shuō** *à savoir, autrement dit, c'est-à-dire que*
向…打听 **xiàng… dǎtīng** *se renseigner auprès de…*
病人 **bìngrén** *personne malade, patient*
诊脉 **zhěn mài** *tâter le(s) pouls* (plusieurs pouls en médecine chinoise)
现在就 **xiànzài jiù** (+ verbe) *tout de suite*
下课 **xià kè** *finir un cours* ; 下课后 **xià kè hòu** *après le cours*
给…打电话 **gěi… dǎ diànhuà** *téléphoner à quelqu'un*
好吧？ **Hǎo ba?** *D'accord?*

VII

ÉTUDES

ET

TRAVAIL

22.
IL Y A DE L'ESPOIR
有希望

OBJECTIFS

- NATIONALITÉ OU ASCENDANCE CHINOISE
- LANGUE DE NAISSANCE, ÉCRITURE ET ENVIRONNEMENT CULTUREL
- COMPARER PAR MÉTAPHORE
- SENTIMENT D'INFÉRIORITÉ, DÉCOURAGEMENT, ESPOIR
- MODESTIE DE POLITESSE
- RÉCONFORTER PAR UNE BOUTADE

NOTIONS

- INTERROGATION : YŎU-MEI-YŎU ? DUŌ JIŬ LE ?
- DÉMONSTRATIF PLURIEL : ZHÈ XIĒ
- LOCATIFS : ZHŌNG ; SHÀNG
- NÉGATIONS : CÓNGLAI MÉI ; CÓNG BÙ
- REPÈRES TEMPORELS : JIĀNGLÁI, YŎNGYUĂN
- CONNECTEURS : SUÀN SHÌ
- STRUCTURES : YŎU DE + NOM ; ZÀI… YĔ BÙ…

有希望
YǑU XĪWÀNG
IL Y A DE L'ESPOIR

中国人：你有没有想过？
Zhōngguórén : Nǐ yǒu-mei-yǒu xiǎng-guo ?
Chinois : Y as-tu déjà pensé ?

华裔：想过什么呢？
Huáyì : Xiǎng-guo shénme ne ?
Personne d'origine chinoise : Pensé à quoi ?

中：一个人交往最多最久的朋友就是字，自己母语的文字。
Yī ge rén jiāowǎng zuì duō zuì jiǔ de péngyou jiù shì zì, zìjǐ mǔyǔ de wénzì.
Les amis qu'un être humain fréquente le plus et le plus longtemps, ce sont les signes, ceux de l'écriture de sa propre langue maternelle.

华：从来没想过。说到汉字……
Cónglái méi xiǎng-guo. Shuō-dào hànzì…
Non, je n'ai jamais pensé à cela. Quant aux caractères chinois…

中：中国人从学写名字开始，就有了这些朋友，每时每刻在你眼中，在你脑中，在你手上。
Zhōngguórén cóng xué xiě míngzì kāishǐ, jiù yǒu le zhè xiē péngyou, měi shí měi kè zài nǐ yǎn zhōng, zài nǐ nǎo zhōng, zài nǐ shǒu shàng.
En tant que Chinois, à partir du moment où tu apprends à écrire ton nom, tu as ces amis-là, qui à chaque instant sont dans tes yeux, ton cerveau, ta main.

华：跟你坐车不用买票，还陪着你回家。
Gēn nǐ zuò chē bú yòng mǎi piào, hái péi-zhe nǐ huí jiā.
Ils prennent le bus avec toi, pas besoin de ticket, et ils te raccompagnent jusqu'à la maison.

中：是啊，汉字是我们的财富，也算是中国最可贵的文化遗产。这些老朋友还欢迎新朋友来玩儿，从不排外。

Shì a, hànzì shì wǒmen de cáifù, yě suàn shì Zhōngguó zuì kěguì de wénhuà yíchǎn. Zhè xiē lǎo péngyou hái huānyíng xīn péngyou lái wánr, cóng bù pái wài.

Eh oui, les caractères sont notre richesse, on peut même les considérer comme l'héritage culturel le plus précieux de la Chine. En plus, ces vieux amis sont accueillants avec les nouveaux amis qui viennent se distraire, sans la moindre xénophobie.

华：不排外好！可是，作为华裔，这些朋友许多很陌生，有的我不清楚是谁。

Bù pái wài hǎo ! Kěshì, zuòwéi Huáyì, zhè xiē péngyou xǔduō hěn mòshēng, yǒu de wǒ bù qīngchu shì shéi.

C'est bien de ne pas être xénophobe ! Mais bon, en tant que personne d'origine chinoise, parmi ces amis beaucoup me restent plutôt étrangers, et pour certains je ne sais même pas qui c'est.

中：我也是，有的一直叫错名字，查字典才能纠正。

Wǒ yě shì, yǒu de yìzhí jiào-cuò míngzì, chá zìdiǎn cái néng jiūzhèng.

Pareil pour moi, il y a des amis dont j'écorche toujours le nom et je ne peux me corriger qu'en consultant le dictionnaire.

华：中国人认识太多字，厉害。我再用功也永远赶不上。

Zhōngguórén rènshi tài duō zì, lìhai. Wǒ zài yònggōng yě yǒngyuǎn gǎn-bu-shàng.

En Chine, les gens connaissent trop de caractères, c'est impressionnant. Moi, malgré tous mes efforts, je ne rattraperai jamais mon retard.

中：要不你将来跟国内的男孩结婚吧。

Yào bù nǐ jiānglái gēn guónèi de nánhái jié hūn ba.

Ce que tu peux faire sinon, c'est te marier un jour avec un garçon du pays.

■ COMPRENDRE LE DIALOGUE
OBSERVER LES SIGNES

→ Comprenez-vous ces contraires ?

老/新　　　　内/外　　　　玩儿/工作
lǎo/xīn　　　nèi/wài　　　wánr/gōngzuò

许多/很少　　　　　　　　将来/过去
xǔduō/hěn shǎo　　　　　jiānglái/guòqu

→ 老房子 lǎo fángzi, *vieille maison* / 新房子 xīn fángzi, *nouvelle maison*.
→ 国内 guónèi, *dans le pays* / 国外 guówài, *à l'extérieur du pays, à l'étranger*.
→ 出去玩儿 chū-qù wánr, *sortir pour se distraire* / 天天工作12个小时 tiān-tiān gōngzuò shí èr ge xiǎoshí, *travailler 12 heures par jour*.
→ 许多汉字 xǔduō hànzì, *énormément de caractères chinois* / 很少人知道的汉字 hěn shǎo rén zhīdào de hànzì, *les caractères que très peu de gens connaissent*.
→ 你将来想干什么？ Nǐ jiānglái xiǎng gàn shénme ? *Que veux-tu faire plus tard ?* / 我不再想过去的事。 Wǒ bú zài xiǎng guòqu de shì. *Je ne pense plus aux choses du passé.*

NOTE CULTURELLE

Ce garçon aurait pu dire à cette fille : 别失望。 Bié shī wàng. *Ne perds pas espoir. Ne te décourage pas.* Ou encore 不要紧，慢慢学。 Bú yào jǐn, màn-màn xué. *Peu importe, tu as le temps d'apprendre.* Ou encore : 加油！ Jiā yóu ! *Encore un effort !* (= ajoute de l'essence). Bref, il a opté pour un conseil tout aussi stimulant… Pour autant, on sait que les ressortissants étrangers d'origine chinoise ont tendance à se marier entre eux.

◆ SENS ET GRAMMAIRE

- 华裔 Huáyì, *personne d'origine chinoise*. Ce dialogue met en scène un garçon de nationalité chinoise et une fille d'ascendance chinoise titulaire d'un passeport étranger et vivant sans doute hors de Chine comme le laisse supposer la suite de l'échange. Le mot 华裔 Huáyì n'indique pas le degré d'ascendance. Il est formé de 华 Huá qui signifie *Chine* et de 裔 yì, *descendant de*. Vous entendrez aussi le mot 华人 Huárén qui correspond en anglais à **ethnic Chinese**.
- 久 jiǔ, *longtemps*. Cet adjectif et adverbe est très usité pour dire et demander la durée : 你认识他多久了？ Nǐ rènshi tā duō jiǔ le ? *Tu le connais depuis*

combien de temps? 很久没见。 **Hěn jiǔ méi jiàn.** *Ça fait très longtemps que je ne t'ai pas vu.* 我等了你很久很久。 **Wǒ děng le nǐ hěn jiǔ hěn jiǔ.** *Je t'ai attendu très très longtemps.* 对不起，让您久等。 **Duì-bu-qǐ, ràng nín jiǔ děng.** *Veuillez m'excuser, je vous ai fait attendre longtemps.*

- 从来没想过 **cónglái méi xiǎng-guo**, *je n'ai jamais pensé à cela*. 从来 **cónglái**, *depuis toujours* suivi d'une négation prend le sens de *ne... jamais* : 我从来没见过这个字。 **Wǒ cónglái méi jiàn-guo zhè ge zì.** *Je n'ai jamais vu ce caractère.* Ou encore : 我从来不说假话。 **Wǒ cónglái bù shuō jiǎhuà.** *Je ne dis jamais de mensonge.* 从来不 **cónglái bù** s'abrège en 从不 **cóng bù** comme dans la suite du dialogue : 从不排外 **cóng bù pái wài**, *jamais de xénophobie*.
  从 **cóng**, *de, depuis* fixe un point de départ dans l'espace ou le temps : 从纽约来 **cóng Niǔyuē lái**, *venir de New York* ; 从现在开始 **cóng xiànzài kāishǐ**, *à partir de maintenant* (= *depuis maintenant commencer*).

- 财富 **cáifù**, *richesse*. 财 **cái** signifie lui-même *argent, richesses* par exemple dans 发财 **fā cái**, *devenir riche, faire fortune*. 富 **fù** signifie *abondance, richesse* par exemple dans 富有人家 **fùyǒu rénjiā**, *les gens riches*.
  Règle : le chinois juxtapose souvent deux signes de sens proche pour former un mot.

- 算是 **suàn shì** *on peut dire que c'est, être considéré comme*. Le sens de base de 算 **suàn** est *calculer, compter* : 你算一下我们该交多少钱。 **Nǐ suàn yíxià wǒmen gāi jiāo duōshao qián.** *Compte un peu combien on doit payer.* Mais il prend un sens figuré dans 打算 **dǎsuàn**, *compter* (faire quelque chose), *avoir l'intention de* : 你打算怎么办？ **Nǐ dǎsuàn zěnme bàn?** *Comment comptes-tu faire ?* Par contre, 算是 **suàn shì** n'a plus de rapport avec l'idée de calcul : 这次你算是走运了。 **Zhè cì nǐ suàn shì zǒu yùn le.** *Cette fois-ci on peut dire que tu as eu de la chance.*

- 有的 **yǒu de**, *il y en a qui, certains*. Cette amorce renvoie à un ou plusieurs sous-ensembles : 有的人学得快。 **Yǒu de rén xué-de kuài.** *Il y a des gens qui apprennent vite.* Notez la structure symétrique {有的... 有的... **yǒu de... yǒu de...**} *certains..., d'autres...* 有的字我会写，有的字我没学过。 **Yǒu de zì wǒ huì xiě, yǒu de zì wǒ méi xué-guo.** *Il y a des caractères que je sais écrire et d'autres que je n'ai pas appris.*

- 我再用功也永远赶不上。 **Wǒ zài yònggōng yě yǒngyuǎn gǎn-bu-shàng.** *Malgré tous mes efforts, je ne rattraperai jamais mon retard.* Le moral semble à zéro ! La tournure {再... 也不... **zài** (+ adjectif) **yě bù...**} *aussi (studieuse) que je sois*, est renforcée par le potentiel négatif 赶不上 **gǎn-bu-shàng**, *ne pas pouvoir rattraper*. Et 永远 **yǒngyuǎn**, *éternellement* dramatise le tout ! Passons aux encouragements...

EXERCICES

1. ÉCOUTEZ.

a. Répondez aux questions à la place de la fille du dialogue.

b. Suite de la conversation : le garçon évoque quelques habitudes et un projet Puis il formule deux souhaits. Vous connaissez tous les mots, alors prenez le temps de comprendre le maximum.

2. DÉCHIFFREZ.

Cherchez à reconnaître ceci :

回家　　坐车　　买票　　文化
文字　　欢迎　　结婚　　国内

3. ORDONNEZ LES MOTS.

Ça fait combien de temps que tu apprends le chinois ?

₁学　₂多　₃久　₄你　₅了　₆文　₇中

VOCABULAIRE

希望 **xīwàng** *espoir, espérer que*
华裔 **Huáyì** *personne d'ascendance chinoise*
交往 **jiāowǎng** *fréquenter, être en contact avec*
久 **jiǔ** *longtemps*
母语 **mǔyǔ** *langue maternelle*
文字 **wénzì** *écriture, signes écrits*
从来没 **cónglái méi** *n'avoir jamais* (fait qqch.)
说到 **shuō-dào** *quant à, parlant de*
从…开始 **cóng… kāishǐ** *à partir du moment où* (= de… commencer)
每时每刻 **měi shí měi kè** *à chaque instant*
眼 **yǎn** = 眼睛 **yǎnjing** *yeux*
脑 **nǎo** = 脑子 **nǎozi** *cerveau*
买票 **mǎi piào** *acheter un billet, un ticket*
陪 **péi** *accompagner, en compagnie de*
回家 **huí jiā** *rentrer à la maison*
财富 **cáifù** *richesse, fortune*
可贵 **kěguì** *précieux, remarquable, admirable*
文化 **wénhuà** *culture* ; 遗产 **wénhuà yíchǎn** *héritage culturel*
算 **suàn** *compter, calculer* ; 算是 **suàn shì** *considérer comme*
欢迎 **huānyíng** *accueillir, bienvenue*
玩儿 **wánr** *se distraire, s'amuser, jouer*
排外 **pái wài** *xénophobie, rejeter ce qui est étranger*
作为 **zuòwéi** (+ nom) *en tant que, comme*
许多 **xǔduō** *beaucoup de, de nombreux*
陌生 **mòshēng** *inconnu, non familier*
一直 **yìzhí** *toujours, tout le temps*
错 **cuò** *faux, faute* ; 叫错名字 **jiào-cuò míngzi** *mal dire le nom de qqn*
查字典 **chá zìdiǎn** *consulter un dictionnaire* (de caractères)
纠正 **jiūzhèng** *corriger*
永远 **yǒngyuǎn** *éternel(lement), à jamais*
赶上 **gǎn-shàng** *rattraper* (= se dépêcher-monter)
将来 **jiānglái** *dans l'avenir, plus tard, un jour*
国内的男孩 **guónèi de nánhái** *garçon du pays* (= pays intérieur **de** jeune homme)
跟…结婚 **gēn… jié hūn** *se marier avec…*

TRACEZ DEUX SIGNES.

jiāo, *échanger, passer de la main à la main* – 1 ˎ ; 2 → ; 3, 4 ˂ ˃ ; 5 ↙ ; 6 ↘
交朋友 **jiāo péngyou**, *se faire des amis, rencontrer des gens*

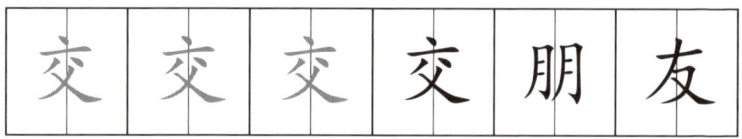

yǔ, *la langue* (parlée) – 1, 2 ì (clé de la parole) ; 3 → ; 4 ↓ ; 5 ↓ ; 6 → ; 7, 8, 9 □
学汉语 **xué hànyǔ**, *apprendre la langue des Hans, apprendre le chinois*

23. LA CHINE QUI SE LÈVE TÔT
上班族

OBJECTIFS

- TERME MÉLIORATIF OU PÉJORATIF
- EXPRESSION EN QUATRE CARACTÈRES
- ÉTONNEMENT ET INCRÉDULITÉ
- ACTIONS SUCCESSIVES
- ARGUMENTATION : AVOUER, PRÉTEXTER LA MALADIE, DÉDUIRE, AMADOUER, RAISONNER QUELQU'UN, BLÂMER LA PARESSE, L'EXAGÉRATION, LA PUÉRILITÉ

NOTIONS

- QUESTION RHÉTORIQUE : ZĚNME ?
- ADVERBES : ZHĒNDE ; MĚI… DŌU ; CÁI
- MOTS TEMPORELS : DĚNG HUÌR ; TŪRÁN ; YǑNGYUǍN ; YǑU SHÍHOU ; YĪ TIĀN
- VERBES MODAUX : XŪYÀO ; MÉI FǍ ; KĚ'NÉNG ; KĚ YÀO
- MARQUEUR DU PASSIF : BÈI + VERBE
- CONNECTEURS : … DE HUÀ ; ZÀI SHUŌ

上班族
SHÀNGBĀNZÚ
LA CHINE QUI SE LÈVE TÔT

妹妹：今天是周一，你怎么还没起床呢？
Mèimei : Jīntiān shì zhōuyī, nǐ zěnme hái méi qǐ chuáng ne ?
Petite sœur : C'est lundi aujourd'hui, tu n'es toujours pas levé ?

哥哥：我打算等会儿打电话请假。
Gēge : Wǒ dǎsuàn děng huìr dǎ diànhuà qǐng jià.
Grand frère : J'ai l'intention d'appeler d'ici un moment pour prévenir de mon absence.

妹：你昨天还生龙活虎的，今天怎么突然说生病了？
Nǐ zuótiān hái shēng lóng huó hǔ, jīntiān zěnme tūrán shuō shēng bìng le ?
Hier encore tu étais en pleine forme, comment se fait-il que tu te dises subitement malade aujourd'hui ?

哥：我没病。
Wǒ méi bìng.
Je ne suis pas malade.

妹：那就乖乖去上班吧。
Nà jiù nǐ guāi-guāi qù shàng bān ba.
Dans ce cas, tu vas au travail sans faire d'histoire.

哥：我真的想在家躺一天……
Wǒ zhēnde xiǎng zài jiā tǎng yī tiān…
J'ai vraiment envie de rester couché à la maison toute la journée…

妹：玩手机睡大觉！懒骨头。
Wán shǒujī shuì dà jiào ! Lǎn gǔtou.
Pour jouer sur ton téléphone et dormir ! Gros paresseux.

哥：有时候每个人都需要放松一下。
Yǒu shíhou měi ge rén dōu xūyào fàngsōng yíxià.
Tout le monde a besoin de décrocher un peu parfois.

妹：你打电话告诉上司自己"不舒服"，人家相信才怪呢。
Nǐ dǎ diànhuà gàosù shàngsi zìjǐ « bù shūfu », rénjiā xiāngxìn cái guài ne.
Si tu appelles pour informer ta hiérarchie que tu « ne te sens pas bien », ça m'étonnerait que les gens te croient.

哥：可以说我偏头痛、拉肚子、耳朵发炎、腿疼得没法走路……
Kěyǐ shuō wǒ piāntóutòng, lā dùzi, ěrduo fā yán, tuǐ téng-de méi fǎ zǒu lù…
Je peux dire que j'ai la migraine, la colique, une otite, des douleurs dans les jambes qui m'empêchent de marcher…

妹：你不觉得太夸张了吗？
Nǐ bù juéde tài kuāzhāng le ma ?
Tu ne trouves pas que c'est (trop) excessif ?

哥：或者说我昨晚一夜没睡好。
Huòzhě shuō wǒ zuówǎn yī yè méi shuì hǎo.
Ou alors je pourrais dire que j'ai mal dormi cette nuit.

妹：你睡不睡觉谁管？再说，装病的事被发现的话，你可能就会有麻烦了。
Nǐ shuì-bu-shuì jiào shéi guǎn ? Zài shuō, zhuāng bìng de shì bèi fāxiàn de huà, nǐ kě'néng jiù huì yǒu máfan le.
Qui se soucie que tu dormes ou non ? De plus, si on découvre que tu fais semblant d'être malade, tu auras peut-être des ennuis.

哥：妹妹，你可要好好保密。
Mèimei, nǐ kě yào hǎo-hǎo bǎo mì.
Petite sœur, il faut absolument que tu gardes le secret.

妹：我的天！你永远那么孩子气吗？
Wǒ de tiān ! Nǐ yǒngyuǎn nàme háiziqì ma ?
Juste Ciel ! Vas-tu rester aussi puéril toute ta vie ?

COMPRENDRE LE DIALOGUE
OBSERVER LES SIGNES

→ Cherchez les contraires dans ces deux lignes :

上班	小孩	生活	病了	一定
shàng bān	xiǎohái	shēnghuó	bìng le	yídìng
大人	好了	可能	下班	死去
dàrén	hǎo le	kě'néng	xià bān	sǐ-qù

→ 上班 **shàng bān**, *commencer le travail* / 下班 **xià bān**, *finir le travail*
→ 小孩 **xiǎohái**, *jeune enfant* / 大人 **dàrén**, *adulte*
→ 生活 **shēnghuó**, *vivre* / 死去 **sǐ-qù**, *mourir*
→ 病了 **bìng le**, *être malade* / 好了 **hǎo le**, *aller mieux*
→ 一定 **yídìng**, *c'est certain que* / 可能 **kě'néng**, *peut-être*

NOTE CULTURELLE

气 **qì**, *souffle vital, air, énergie* est une notion première de la médecine chinoise. On retrouve ce signe par exemple dans 空气 **kōngqì**, *air* ; 力气 **lìqì**, *force physique* (= force-souffle) ou encore 气功 **qìgōng**, une gymnastique traditionnelle basée sur la respiration.

◆ SENS ET GRAMMAIRE

- 上班族 **shàngbānzú**, *la Chine qui se lève tôt*. 族 **zú**, *ethnie* est présent dans par exemple 汉族 **Hànzú**, *les Hans* (92 % de la population de RPC), 少数民族 **shǎoshù mínzú**, *minorités nationales*. Entendez par-là les Tibétains, Mongols, Zhuang, Ouïghours, Miao et tant d'autres. La Chine englobe au moins 55 peuples et langues minoritaires. 上班 **shàng bān** signifie *commencer le travail* et par extension *bosser*. Donc 上班族 **shàngbānzú** (= aller-boulot-ethnie) désigne globalement les salariés qui partent travailler le matin... Ce terme est en général plus mélioratif que péjoratif. Reste à savoir qui le dit.
- 我打算等会儿打电话请假。**Wǒ dǎsuàn děng huìr dǎ diànhuà qǐng jià**. *J'ai l'intention d'appeler d'ici un moment pour prévenir de mon absence.* La phrase chinoise enchaîne quatre verbes : 打算 **dǎsuàn**, *avoir l'intention de* ; 等 **děng**, *attendre* ; 打 **dǎ**, *taper* (ici *passer un coup de fil*) ; 请 **qǐng**, *demander*. Aussi a-t-on coutume de dire que le chinois est une langue et une écriture dense.
- 生龙活虎 **shēng lóng huó hǔ**, *péter le feu, être dans une forme éblouissante*. Quelle que soit la traduction que vous préférez, cette expression se sert de

deux animaux, l'un mythique, 龙 **lóng**, *le dragon* et l'autre, 虎 **hǔ**, *le tigre*, connu pour sa force et sa célérité. Le verbe 生活 **shēnghuó**, *vivre, être vivant* est coupé en deux, mais ses deux signes sont de sens proche. Ce type de 成语 **chéngyǔ**, *expression figée* aligne en général quatre caractères choisis pour leur force symbolique et leur expressivité.

- 我没病。 **Wǒ méi bìng.** *Je ne suis pas malade.* Dans 我没有病 (= je ne pas avoir maladie), 病 **bìng** est un nom. Rappel : la négation 不 **bù** est proscrite avec le verbe 有 **yǒu**, *avoir*. 我病了。 **Wò bìng le.** *Je suis (tombé) malade*, se dit en cas d'affection sérieuse. Pour une indisposition, dites plutôt : 我不舒服。 **Wǒ bù shūfu.** *Je ne me sens pas bien. Je suis un peu malade.* Quant à 生病 **shēng bìng** (= générer maladie) ou 得病 **dé bìng** (= attraper maladie), il peut s'agir d'un mal plus grave.

- 睡大觉 **shuì dà jiào**, *dormir toute la journée*. L'emploi intransitif de certains verbes français (on dort, on court, on marche, etc.) s'exprime par une suite {verbe + objet} en chinois : 睡觉 **shuì jiào**, *dormir* (= dormir sommeil) ; 跑步 **pǎo bù**, *courir* (= courir pas) ; 走路 **zǒu lù**, *marcher* (= marcher route). Que faut-il en conclure sinon que la langue chinoise préfère ajouter un COD pour garantir la compréhension orale ?

Règle : à l'écrit, un seul caractère suffit à faire sens. À l'oral, deux syllabes signifiantes valent mieux qu'une, pour le rythme et la compréhension.

- 人家相信才怪 **rénjiā xiāngxìn cái guài**, *ça m'étonnerait que les gens te croient* (= gens confiants seulement bizarre). Nous pourrions tout autant traduire : *que les gens te croient, ce serait bizarre.* Bref, la cadette doute profondément des capacités de son aîné à susciter la confiance de son employeur.

- 腿疼得没法走路 **tuǐ téng-de méi fǎ zǒu lù**, *je ne peux marcher tant j'ai mal aux jambes.* Le marqueur 得 **de** après un verbe ou un adjectif verbal introduit une idée de degré. Cet énoncé pourrait se traduire en très mauvais français : les jambes sont douloureuses au point de ne pas pouvoir marcher. 没法 **méi fǎ** ou 没办法 **méi bànfǎ** signifie *pas moyen, impossible de.*

- 装病的事被发现的话 **zhuāng bìng de shì bèi fāxiàn de huà**, *s'il est découvert que tu fais semblant d'être malade.* Commençons par la fin : 的话 **de huà**, *si, au cas où* lance une hypothèse. La préposition 被 **bèi**, *devant* 发现 **fāxiàn**, *découvrir* produit une forme passive : 被发现 **bèi fāxiàn**, *être découvert.* 装病的事 **zhuāng bìng de shì**, *le fait de simuler la maladie.* Nous pourrions traduire littéralement l'hypothèse : si le fait que tu fasses semblant d'être malade est découvert…

⬢ EXERCICES

🔊 1. ÉCOUTEZ.
24
a. Comprenez-vous ce que fait le frère au cours d'une journée ordinaire ?

b. Répondez aux questions à la place du frère.

2. DÉCHIFFREZ.

Cherchez à reconnaître ceci :

昨天　　晚上　　昨晚　　晚饭

头痛　　腿疼　　躺下　　睡觉

3. ORDONNEZ LES MOTS.

Tu as bien dormi cette nuit ?

₁睡得　　₂吗　　₃你　　₄好　　₅昨晚

VOCABULAIRE

上班 **shàng bān** *travailler, commencer le travail*
族 **zú** *ethnie, groupe ethnique, population spécifique*
妹妹 **mèimei** *petite sœur* ; 哥哥 **gēge** *grand frère*
起床 **qǐ chuáng** *se lever* (= debout lit)
打算 **dǎsuàn** *plan, projet, planifier, projeter de*
等(一)会儿 **děng (yí)huìr** *tout à l'heure, dans un instant* (= attendre moment)
生龙活虎 **shēng lóng huó hǔ** *forme éblouissante* (= vif dragon vivant tigre)
突然 **tūrán** *soudain, subitement*
生病 **shēng bìng** *tomber malade* (= générer maladie)
乖 **guāi** *sagement, sans histoire, bien élevé*
躺 **tǎng** *être allongé*
睡觉 **shuì jiào** *dormir* (v + o) (= dormir sommeil)
睡大觉 **shuì dà jiào** *roupiller* (= dormir grand sommeil)
懒 **lǎn** *paresseux* ; 骨头 **gǔtou** *gros* ; 懒骨头 **lǎn gǔtou** *gros paresseux*
有时候 **yǒu shíhou** *parfois, quelquefois, il arrive que* (= avoir moment)
放松 **fàngsōng** *se détendre, lâcher prise*
上司 **shàngsi** *supérieurs hiérarchiques, direction*
怪 **guài** = 奇怪 **qíguài** *bizarre, étonnant*
痛 **tòng** *faire mal* ; 头痛 **tóu tòng** *mal de tête* ;
偏头痛 **piāntóutòng** *migraine*
拉肚子 **lā dùzi** *avoir la colique* (= tirer ventre)
耳朵 **ěrduo** *oreille* ; 发炎 **fā yán** *inflammation* ; 耳朵发炎 **ěrduo fā yán** *otite*
疼 **téng** *douloureux* ; 腿疼 **tuǐ téng** *avoir mal aux jambes*
没法 **méi fǎ** = 没办法 **méi bànfǎ** *il n'y a pas moyen de, impossible de*
夸张 **kuāzhāng** *excessif, exagérer*
昨晚一夜 **zuówǎn yī yè** *toute la nuit* (= hier soir une nuit)
管 **guǎn** *s'occuper de* ; 谁管? **Shéi guǎn?** *Qui s'en soucie? Peu importe que*
再说 **zài shuō** *de plus, et en plus*
装病 **zhuāng bìng** *faire semblant d'être malade*
被发现 **bèi fāxiàn** *être découvert* (= par découvrir)
可能 **kě'néng** *peut-être que, il se peut que*
可要 **kě yào** *il faut absolument que*
保密 **bǎo mì** *garder un secret*
气 **qì** *souffle vital, air, énergie* ; 孩子气 **háiziqì** *âme d'enfant, enfantin*

TRACEZ TROIS SIGNES.

lì, *force* – 1 ㄱ ; 2 ノ ; **qì**, *souffle* – 1 ʅ ; 2, 3 ㄱㄱ ; 4 乁
有力气 **yǒu lìqì**, *avoir de la force physique*

gōng, *mérite, effet* = 工 **gōng**, *travail* + 力 **lì**, *force* (5 traits en tout)
气功治病 **qìgōng zhì bìng**, *soigner une maladie par le qigong*

24. RAVIOLIS TECHNOLOGIQUES

高科技的饺子

OBJECTIFS

- VANTER LES MÉRITES D'UNE ENTREPRISE ET DE SES PRODUITS
- DÉCRIRE LE PROGRÈS TECHNOLOGIQUE, LA PRODUCTION, LES EFFECTIFS, LA RENTABILITÉ D'UNE USINE
- COUPER LA PAROLE POUR GARDER L'INITIATIVE
- MENACER À DEMI-MOT
- GRANDS NOMBRES

NOTIONS

- ADVERBES : ZHÈNG ZÀI ; BÚ GÒU + ADJECTIF
- MOTS TEMPORELS : YUÈ LÁI YUÈ… ; ZĂO JIÙ ; YĬQIÁN
- CONNECTEURS : HÁI YŎU ; RÚGUO… JIÙ ; FĀNGMIÀN ; LÌNGWÀI ; SUŎYĬ
- PRÉPOSITION : TŌNGGUÒ + NOM
- STRUCTURE : BÙ GUĂN SHÌ… HÁISHÌ… DŌU
- POTENTIEL NÉGATIF : VERBE + BU-LIĂO

高科技的饺子
GĀOKĒJÌ DE JIĂOZI
RAVIOLIS TECHNOLOGIQUES

🔊 25

厂长：我们公司是全国美味食品企业之一，生产品牌食品，生意越来越火。
Chǎngzhǎng : Wǒmen gōngsī shì quánguó měiwèi shípǐn qǐyè zhī yī, shēngchǎn pǐnpái shípǐn, shēngyì yuè lái yuè huǒ.
Directeur de l'usine : Notre société est une des entreprises d'aliments gastronomiques de renommée nationale, nous produisons des denrées de qualité et les affaires tournent de mieux en mieux.

买主：得奖了吗？
Mǎizhǔ : Dé jiǎng le ma ?
Acheteuse : Vous avez gagné des prix ?

厂长：拿到了省大奖，还有……
Ná-dào le shěng dà jiǎng, hái yǒu…
Nous avons obtenu le grand prix de notre province, ainsi que…

买主：出口方面有经验吗？
Chūkǒu fāngmiàn yǒu jīngyàn ma ?
Vous avez de l'expérience en matière d'export ?

厂长：我们刚招聘两名外贸专业的毕业生，正在国外实习。
Wǒmen gāng zhāopìn liǎng míng wàimào zhuānyè de bìyèshēng, zhèng zài guówài shíxí.
Nous venons de recruter deux jeunes diplômés de commerce international, ils sont actuellement en stage à l'étranger.

买主：嗯。你们工厂生产效率怎么样？
Ēn. Nǐmen gōngchǎng shēngchǎn xiàolǜ zěnmeyàng ?
Ah. Et vous en êtes où au niveau de la productivité de l'usine ?

厂长：一条包子生产线，一个小时可包两万四千个包子；饺子，一小时可包五万个。
Yī tiáo bāozi shēngchǎnxiàn, yī ge xiǎoshí kě bāo liǎng wàn sì qiān ge bāozi ; jiǎozi yī xiǎoshí kě bāo wǔ wàn ge.
Une ligne de production de baozi en fabrique 24 000 à l'heure ; pour les raviolis, c'est 50 000 à l'heure.

买主：包饺子一共有几个工人？
Bāo jiǎozi yígòng yǒu jǐ ge gōngrén ?
En tout combien avez-vous d'ouvriers sur la fabrication des raviolis ?

厂长：只有七八个，因为工厂早就自动化了。现在不管是香肠、包子还是饺子都智能化了。
Zhǐ yǒu qī bā ge, yīnwèi gōngchǎng zǎo jiù zìdònghuà le. Xiànzài bù guǎn shì xiāngchǎng, bāozi háishi jiǎozi dōu zhìnénghuà le.
Seulement 7 ou 8 parce que l'usine a été automatisée il y a longtemps. À l'heure actuelle, que ce soit pour les saucisses, les baozi ou les raviolis, tout est robotisé.

买主：如果饺子大小不一，我就购买不了。
Rúguǒ jiǎozi dàxiǎo bù yī, wǒ jiù gòumǎi-bu-liǎo.
Si la grosseur des raviolis varie, je ne pourrai pas en acheter.

厂长：大小都一样，我们这儿都没有手工了。
Dàxiǎo dōu yíyàng, wǒmen zhèr dōu méi yǒu shǒugōng le.
Elle est toujours identique, le travail n'est plus manuel chez nous.

买主：另外，产品质量谁负责？
Lìngwài, chǎnpǐn zhìliàng shéi fùzé ?
Au fait, qui est en charge de la qualité des produits ?

厂长：我们的食品很安全。为什么呢？以前的一个老车间每天会进出几百人，所以不够卫生。通过智能化和先进冷冻设备，食品生产保证合格。
Wǒmen de shípǐn hěn ānquán. Wèi shénme ne ? Yǐqián de yī ge lǎo chējiān měi tiān jìn-chū jǐ bǎi rén, suǒyǐ bú gòu wèishēng. Tōngguò zhìnénghuà hé xiānjìn lěngdòng shèbèi, shípǐn shēngchǎn bǎozhèng hégé.
Nos aliments sont très sûrs. Pourquoi ? Dans un vieil atelier d'autrefois, plusieurs centaines de gens circulaient chaque jour, d'où le manque d'hygiène. Grâce à la robotisation et aux équipements dernier cri de congélation, notre production alimentaire garantit la conformité aux normes.

COMPRENDRE LE DIALOGUE
OBSERVER LES SIGNES

→ Interrogez-vous sur les signes communs à plusieurs mots de cette liste :

工厂	工人	手工	出口	进口
gōngchǎng	gōngrén	shǒugōng	chūkǒu	jìnkǒu
进出	毕业	专业	食品	产品
jìn-chū	bì yè	zhuānyè	shípǐn	chǎnpǐn

→ Dans 工厂 **gōngchǎng**, *usine*, 工人 **gōngrén**, *ouvrier* et 手工 **shǒugōng**, *travail à la main*, le signe 工 fait référence au travail.

→ Dans 进口 **jìnkǒu**, *importation, importer* et 出口 **chūkǒu**, *exportation, exporter* le signe 口 *bouche, orifice* représente en fait un *port* 港口 **gǎngkǒu**. Le mot 进出 **jìn-chū** (= entrer-sortir) combine les deux verbes de 进门 **jìn mén**, *entrer* (par une porte) et 出门 **chū mén**, *sortir*. Le directeur de l'usine explique qu'avant, les ouvriers entraient dans les ateliers et en sortaient à tout moment.

→ Le signe 业 évoque une activité sociale, un métier. Il est commun à 毕业 **bì yè**, *achever ses études, obtenir un diplôme*, 专业 **zhuānyè**, *filière, domaine de spécialité* et 企业 **qǐyè**, *entreprise*.

→ Enfin, 食品 **shípǐn**, *denrée alimentaire*, 产品 **chǎnpǐn**, *produit* et 品牌 **pǐnpái**, *de qualité* ont en commun le signe 品 **pǐn** qui a plusieurs sens : *produit, tester la qualité, apprécier*. Notez ses trois bouches, tracées comme trois récipients dans le signe ancien.

NOTE CULTURELLE

Une *province* 省 **shěng** est régie par un gouvernement provincial, lui-même contrôlé par un comité provincial et son secrétaire. Ce comité relève du PCC (Parti Communiste de Chine). La RPC revendique l'île de Taiwan (localement appelée ROC, République de Chine) en tant que province, ce qui a pour effet que le nombre de provinces (22/23) est contesté.

◆ SENS ET GRAMMAIRE

- 高科技 **gāokējì**, *technologie de pointe, haute technologie*. Détachons deux syllabes de ce mot composite : 科技 **kējì**, *science et technique* viennent respectivement de 科学 **kēxué**, *science* et de 技术 **jìshù**, *technique*.
- … 之一 … **zhī yī**, *un des, une des…* 之 **zhī** à la même fonction que 的 **de** : il accroche ce qui précède à 一 **yī**, *un, une* : 四分之一 **sì fēn zhī yī**, *un quart, un sur quatre* ; 产品之一 **chǎnpǐn zhī yī**, *un des produits*.

- 越来越火 yuè lái yuè huǒ, *de plus en plus prospère*. 越来越 yuè lái yuè est en principe suivi d'un adjectif pour décrire l'évolution dans le temps ; 越来越多 yuè lái yuè duō, *de plus en plus nombreux* ; 越来越好 yuè lái yuè hǎo, *de mieux en mieux*. Ici, 火 huǒ, *feu, flamboyant* est métaphorique : les affaires flambent !
- 出口方面 chūkǒu fāngmiàn, *concernant l'export*. L'acheteuse a coupé la parole au directeur pour aborder le point suivant de son « interrogatoire ». 方面 fāngmiàn, *côté, aspect, en matière de* se place après le thème abordé : 科技方面的经验 kējì fāngmiàn de jīngyàn, *l'expérience dans le domaine technologique*.
- 外贸专业 wàimào zhuānyè, *filière commerce extérieur*. L'entreprise a recruté deux jeunes diplômés 两名毕业生 liǎng míng bìyèshēng : 名 míng sert de classificateur et 毕业生 bìyèshēng réfère à un *étudiant* (shēng) qui vient d'obtenir un *diplôme* (bì yè). 你是什么专业的？ Nǐ shì shénme zhuānyè de? *Quel cursus as-tu suivi ?* 我是哲学系毕业的。 Wǒ shì zhéxué xì biyè de. *J'ai un diplôme de philosophie.*
- 正在 zhèng zài, *être en train de, être présentement* (quelque part). L'adverbe 正 zhèng, *justement* renforce 在 zài, *se trouver à, être en train de*.
- 早就 zǎo jiù, *il y a longtemps, depuis longtemps*. 早 zǎo, *tôt* est suivi de l'adverbe de précocité 就 jiù : 我早就知道了。 Wǒ zǎo jiù zhīdào le. *Je le sais depuis longtemps.*
- 不管是…还是… 都 bù guǎn shì… háishi… dōu *que ce soit… ou…*
- 不管 bù guǎn, *peu importe que* (= ne pas se préoccuper de) amorce l'énumération de ce qui va être ensuite généralisé par 都 dōu, *tout*. C'est l'interrogatif 还是 háishi, qui articule l'énumération à cause de la question indirecte sous-jacente.
- 如果饺子大小不一，我就… Rúguǒ jiǎozi dàxiǎo bù yī, wǒ jiù… *Si la taille des raviolis varie, alors je…* {如果…就… rúguǒ… jiù… } *si… alors…* énonce la condition et son implication : 如果没有月亮，星星就更明亮。 Rúguǒ méi yǒu yuèliang, xīng-xīng jiù gēng mínglàng. *S'il n'y a pas la lune, alors les étoiles sont encore plus brillantes.* 大小 dàxiǎo (= grand-petit) est un nom ici : *taille, grosseur, dimension*. 不一 bu yī équivaut à 不一样 bù yíyàng, *pas pareil, différent*.
- 购买不了 gòumǎi-bu-liǎo, *ne pas pouvoir acheter*. La forme pleine de 了 le se prononce liǎo (à l'opéra par exemple) et porte la même idée d'accomplissement de l'action. Vous reconnaissez ici la forme du potentiel négatif : 办不了的事 bàn-bu-liǎo de shì, *les choses qu'on ne peut pas faire, mission impossible*. L'acheteuse aurait aussi pu dire : 不能购买 bù néng gòumǎi, *je ne peux pas acheter*.

● EXERCICES

 1. ÉCOUTEZ.

a. Comprenez-vous ce bref échange oral sur le thème des études ?

b. Cherchez des questions qui ont pu susciter de telles réponses ou réactions.

2. DÉCHIFFREZ.

Cherchez à reconnaître ceci :

生意越来越火。　我们公司得奖了。
这些食品不卫生。　要招聘实习生吗?

3. ORDONNEZ LES MOTS.

As-tu de l'expérience dans ce domaine ?

₁有　₂经验　₃你　₄方面　₅没有　₆这　₇的

TRACEZ DEUX SIGNES.

měi, *beau, beauté* – 1, 2 ↘ ↙ ; 3, 4 → → ; 5 ↓, 6 →base 王 *(roi)* ; 7, 8, 9 大 *(grand)*
美好 **měihǎo**, *magnifique, superbe*

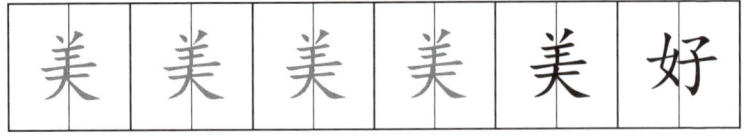

wèi, *goût* – 1 ↓ ; 2 ↓ ; 3 → 口 ; 4 → ; 5 → ; 6 ↓ ; 7 ↙ ; 8 ↘ 未
美味 **měiwèi**, *gastronomie, délice*

VOCABULAIRE

高科技 **gāokējì** *technologie de pointe*
饺子 **jiǎozi** *raviolis* ; 包子 **bāozi** *baozi (brioche farcie)* ; 包 **bāo** *empaqueter*
香肠 **xiāngcháng** *saucisse*
厂长 **chǎngzhǎng** *directeur d'usine* ; 工厂 **gōngchǎng** *usine*
企业 **qǐyè** *entreprise*
全国 **quánguó** *tout le pays, le pays entier*
美味食品 **měiwèi shípǐn** *produits gastronomiques*
生产 **shēngchǎn** *produire* ; 生产效率 **shēngchǎn xiàolǜ** *productivité*
生意 **shēngyì** *affaires, commerce*
越来越 **yuè lái yuè...** *de plus en plus (+ adjectif)*
买主 **mǎizhǔ** *acheteur* ; 购买 **gòumǎi** *acheter*
得奖 **dé jiǎng** *gagner un prix*
拿到大奖 **ná-dào dà jiǎng** *obtenir le grand prix*
出口 **chūkǒu** *export(er)* ; 出口方面 **chūkǒu fāngmiàn** *concernant l'exportation*
有经验 **yǒu jīngyàn** *avoir de l'expérience, être expérimenté*
招聘 **zhāopìn** *recruter, embaucher*
外贸 **wàimào** *commerce extérieur*
专业 **zhuānyè** *domaine de spécialité, filière d'études*
毕业 **bì yè** *achever ses études, être diplômé* ; 毕业生 **bìyèshēng** *jeune diplômé*
实习 **shíxí** *stage, faire un stage* ; 实习生 **shíxíshēng** *stagiaire*
一条线 **yī tiáo xiàn** *un fil* ; 生产线 **shēngchǎnxiàn** *ligne de production*
自动化 **zìdònghuà** *automatisé* ; 智能化 **zhìnénghuà** *robotisé*
不管是还是 **bù guǎn shì... háishi...** *que ce soit... ou...*
如果···就··· **rúguǒ... jiù...** *si... alors...*
手工 **shǒugōng** *travail à la main (= main-travail)* ; 工人 **gōngrén** *ouvrier*
产品 **chǎnpǐn** *produit* ; 产品质量 **chǎnpǐn zhìliàng** *la qualité des produits*
负责 **fùzé** *être responsable de, prendre en charge*
车间 **chējiān** *atelier d'usine* ; 设备 **shèbèi** *équipement, machines*
进出 **jìn-chū** *entrer et sortir, circuler*
卫生 **wèishēng** *hygiène, sain*
通过 **tōngguò** *grâce à*
先进 **xiānjìn** *dernier cri, de pointe*
冷冻 **lěngdòng** *congélation, congelé (= froid-geler)*
保证合格 **bǎozhèng hégé** *garantir la conformité*

VIII

LOISIRS

ET

VOYAGES

25. S'INSCRIRE POUR PARTICIPER

注册参加

OBJECTIFS

- SE RENSEIGNER SUR DES ACTIVITÉS ENFANTINES : DÉMARCHES, HORAIRES, PÉRIODICITÉ, TARIFS

- PRÉSENTER LE SITE INTERNET D'UN ORGANISME DE LOISIRS ET LES FORMULAIRES À REMPLIR

- CONCLURE SUR LE PLUS IMPORTANT : SÉCURITÉ ET RESPONSABILITÉ MUTUELLE

- DÉCHIFFRER ET REMPLIR UN FORMULAIRE D'INSCRIPTION

NOTIONS

- ADVERBES : YĚ ; TÈBIÉ ; FĒICHÁNG ; FĒNBIÉ

- VERBE ET PRÉPOSITION : GĚI

- DÉTERMINANTS NOMINAUX : GÈ ZHŎNG ; HĚN DUŌ ; BÙ TÓNG DE ; YÌXIĒ ; DÌ + NUMÉRATIF ; MĚI + CLASSIFICATEUR

- MOTS COMPOSÉS : ÉR-NǙ ; JIĒ-SÒNG

- CLASSIFICATEURS : ZHŎNG ; XIÀNG

注册参加
ZHÙ CÈ CĀNJIĀ
S'INSCRIRE POUR PARTICIPER

会员：我们"青少年业余活动协会"安排各种体育和文化活动。
Huìyuán : Wǒmen « Qīngshàonián yèyú huódòng xiéhuì » ānpái gè zhǒng tǐyù hé wénhuà huódòng.
Membre de l'association : Notre « Association d'activités de loisirs pour les jeunes » organise toutes sortes d'activités physiques et culturelles.

李荷：请问给孩子注册要办什么手续呢？
Lí Hé : Qǐng wèn gěi háizi zhù cè yào bàn shénme shǒuxù ne ?
Li Hé : S'il vous plaît, quelles démarches faut-il faire pour inscrire les enfants ?

会员：很简单，您可以上协会的网站下载注册表。您的孩子打算参加什么活动？
Hěn jiǎndān, nín kěyǐ shàng xiéhuì de wǎngzhàn xiàzài zhùcèbiǎo. Nín de háizi dǎsuàn cānjiā shénme huódòng ?
C'est très simple, vous pouvez aller sur le site de l'association et télécharger le formulaire d'inscription. Votre enfant compte participer à quelle activité ?

李荷：他们是双胞胎，儿子热爱足球和武术，女儿会打乒乓球也喜欢舞蹈。
Tāmen shì shuāngbāotāi, érzi rè'ài zúqiú hé wǔshù, nǚ'ér huì dǎ pīngpāngqiú yě xǐhuān wǔdǎo.
Ce sont des jumeaux : mon fils est passionné de foot et d'arts martiaux, ma fille sait jouer au ping-pong et elle aime la danse.

会员：好的。那您要分别填表，发送邮件给我们。网站的表格一共四页。第一页有关孩子的身份：姓名、性别、年龄、地址、学业等。
Hǎo de. Nà nín yào fēnbié tián biǎo, fāsòng yóujiàn gěi wǒmen. Wǎngzhàn de biǎogé yígòng sì yè. Dì yī yè yǒuguān háizi de shēnfèn : xìngmíng, xìngbié, niánlíng, dìzhǐ, xuéyè děng.
Parfait. Alors vous devrez remplir deux formulaires séparément et nous les envoyer par courriel. Le formulaire du site comprend en tout quatre pages. La première page porte sur l'identité de l'enfant : nom et prénom, sexe, âge, adresse, études, etc.

李荷：活动的时间表呢？足球课一周几次？
Huódòng de shíjiānbiǎo ne? Zúqiúkè yī zhōu jǐ cì?
Et le tableau horaire des activités ? Le cours de football a lieu combien de fois par semaine ?

会员：给您这个小册子，可以参考每项活动的时间和地点，还有收费表。网站的表格第二第三页也有目录，可以点击选择哪个活动，什么水平。运动衣和鞋子孩子都有吗？
Gěi nín zhè ge xiǎo cèzi, kěyǐ cānkǎo měi xiàng huódòng de shíjiān hé dìdiǎn, hái yǒu shōufèibiǎo. Wǎngzhàn de biǎogé dì èr dì sān yè yě yǒu mùlù, kěyǐ diǎnjī xuǎnzé nǎ ge huódòng, shénme shuǐpíng. Yùndòngyī hé xiézi háizi dōu yǒu ma?
Je vous donne cette petite brochure, vous pourrez y consulter les horaires et les lieux des activités, ainsi que les tarifs. Sur le site, les pages 2 et 3 ont aussi une liste, vous pourrez cliquer sur l'activité choisie et le niveau. Vos enfants ont des tenues de sport et des chaussures ?

李荷：有，不过他们长得好快！
Yǒu, búguò tāmen zhǎng-de hǎo kuài!
Oui, mais ils grandissent tellement vite !

会员：对啊。表格的最后一页也特别重要因为我们非常重视孩子的安全和双方的责任。请明确指出儿女的身体健康条件，谁接送他们，家长和保险公司的电话号。
Duì a. Biǎogé de zuì hòu yī yè yě tèbié zhòngyào yīnwèi wǒmen fēicháng zhòngshì háizi de ānquán hé shuāngfāng de zérèn. Qǐng míngquè zhǐchū ér-nǚ de shēntǐ jiànkāng tiáojiàn, shéi jiē-sòng tāmen, jiāzhǎng hé bǎoxiǎn gōngsī de diànhuàhào.
Ça oui. La dernière page du formulaire est essentielle, car nous sommes extrêmement attentifs à la sécurité des enfants et aux responsabilités mutuelles. Veuillez indiquer précisément la condition physique de vos fils et fille, les personnes qui viendront les chercher et les accompagneront, les numéros de téléphone des parents et de votre compagnie d'assurance.

COMPRENDRE LE DIALOGUE
OBSERVER LES SIGNES

→ Le mot-à-mot vous éclaire-t-il sur le sens de ces mots ?

日期
rìqī *date*
(= jour-période)

电邮
diànyóu *e-mail*
(= électricité-courrier)

邮局
yóujú *poste*
(= courrier-bureau)

运动
yùndòng *sport*
(= déplacer-bouger)

踢足球
tī zúqiú *jouer au foot*
(= tirer-pied-ballon)

地球
dìqiú *la Terre*
(= sol-sphère)

◆ SENS ET GRAMMAIRE

- 各种活动 **gè zhǒng huódòng**, *toutes sortes d'activités*. Dans le dialogue, le mot 孩子 **háizi**, *enfant(s)* peut se traduire par un singulier ou un pluriel selon le contexte. Mais partons d'un singulier explicite {numératif + classificateur + nom} pour décrire ensuite les divers moyens de pluraliser : 一项活动 **yī xiàng huódòng**, *une activité* ; 这项活动 **zhè xiàng huódòng**, *cette activité-ci, l'activité* (dont on a parlé) ; 一种活动 **yī zhǒng huódòng**, *un type d'activité* ; 一些活动 **yìxiē huódòng**, *quelques activités* ; 几项活动 **jǐ xiàng huódòng**, *plusieurs activités* ; 很多活动 **hěn duō huódòng**, *beaucoup d'activités* ; 不少活动 **bù shǎo huódòng**, *pas mal d'activités* ; 不同的活动 **bù tóng de huódòng**, *différentes activités*.

  Règle : le pluriel n'est explicite en chinois que si le locuteur le précise. Quand on doit différencier singulier et pluriel, les formes linguistiques sont nombreuses, mais il faut faire attention à l'emploi, ou non, du classificateur spécifique.

- 给孩子注册 **gěi háizi zhù cè**, *inscrire un enfant* (= pour enfant inscrire registre). 给 **gěi** *pour* introduit un bénéficiaire, avant le verbe ici, comme dans 我给你讲个故事。 **Wǒ gěi nǐ jiǎng ge gùshi.** *Je vais te raconter une histoire.* 给 **gěi** (+ destinataire) peut venir après le verbe comme dans la suite du dialogue : 发送邮件给我们 **fāsòng yóujiàn gěi wǒmen**, *nous envoyer un courriel*. Rappel : Le verbe 给 **gěi** est employé lorsqu'on tend un objet à quelqu'un : 给您这个小册子 **gěi nín zhè ge xiǎo cèzi**, *je vous donne cette petite brochure, voici notre petite brochure.*

- 儿女 **ér-nǚ**, *le fils et la fille* ; 接送 **jiē-sòng**, *venir chercher et accompagner*.

  Règle : le chinois contracte souvent deux noms ou verbes pour former un troisième mot.

REMPLIR UN FORMULAIRE

姓：
xìng

名：
míng

性别：
xìngbié

男 ☐　女 ☐
nán　　nǚ

出生日期：＿＿年＿月＿日
chūshēng rìqī　　nián　yuè　rì

出生地点：
chūshēng dìdiǎn

现有国籍：
xiàn yǒu guójí

父母国籍：
fùmǔ guójí

身份证号码：
shēnfènzhèng hàomǎ

护照号码：
hùzhào, *passeport* hàomǎ

地址：
dìzhǐ

电话或手机号：
diànhuà huò shǒujīhào

电子邮件：
diànzǐ yóujiàn

职业或专业：
zhíyè, *profession* huò zhuānyè

业余活动：
yèyú huódòng

其他爱好：
qítā àihào

身体健看条件：
shēntǐ jiànkāng tiáojiàn

保险公司：
bǎoxiǎn gōngsī

紧急联络人姓名和手机：
jǐnjí liánluò, *contacter* rén xìngmíng hé shǒujī

签名：
qiān míng

日期：
rìqī

EXERCICES

1. ÉCOUTEZ.

Dans une association, une dame aide un étranger à remplir un formulaire (sans pinyin bien sûr). Il parle bien chinois, mais ne reconnaît que très peu de caractères. Que dit-elle ? Mettez en relation ce que vous captez oralement avec le formulaire à remplir en page précédente.

2. DÉCHIFFREZ.

Cherchez à reconnaître ceci :

青年人　很简单　非常好　特别重要

时间表　收费表　写地址　中文水平

3. ORDONNEZ LES MOTS.

Cette année, à quelle activité de loisir comptes-tu participer ?

₁今年　₂打算　₃活动　₄哪项　₅业余　₆参加　₇你

VOCABULAIRE

参加 **cānjiā** *participer à* ; 打算参加 **dǎsuàn cānjiā** *souhaiter participer*
会员 **huìyuán** *membre d'une association* ; 协会 **xiéhuì** *association*
青少年 **qīngshàonián** *adolescents* (= vert-peu-années) ;
   青年 **qīngnián** *jeunesse*
业余 **yèyú** *loisir* ; 一项活动 **yī xiàng huódòng** *activité*
各种 **gè zhǒng** (+ nom) *toutes sortes de*
体育 **tǐyù** *activité physique, éducation physique* (= corps-éducation)
办手续 **bàn shǒuxù** *faire des démarches*
简单 **jiǎndān** *simple, facile*
网站 **wǎngzhàn** *site Internet* ; 下载 **xiàzài** *télécharger*
注册表 **zhùcèbiǎo** *formulaire d'inscription* ; 表格 **biǎogé** *formulaire*
双胞胎 **shuāngbāotāi** *jumeaux* : 双方 **shuāngfāng** *les deux partenaires*
热爱足球 **rè'ài zúqiú** *être passionné de football* ; 球 **qiú** *balle, ballon*
打乒乓球 **dǎ pīngpāngqiú** *jouer au ping-pong*
武术 **wǔshù** *arts martiaux* ; 舞蹈 **wǔdáo** *danse*
分别 **fēnbié** *séparément* ; 分别填表 **fēnbié tián biǎo** *remplir deux formulaires*
发送邮件 **fāsòng yóujiàn** *envoyer un courriel*
有关 **yǒuguān** *relatif à* ; 第一页有关 **dì yī yè yǒuguān** *la page 1 porte sur*
身份 **shēnfèn** *identité* ; 性别 **xìngbié** *sexe* ; 年龄 **niánlíng** *âge* ;
   学业 **xuéyè** *études*
地址 **dìzhǐ** *adresse* ; 地点 **dìdiǎn** *lieu*
时间表 **shíjiānbiǎo** *tableau horaire* ; 收费表 **shōufèibiǎo** *tableau des tarifs*
册子 **cèzi** *fascicule, brochure* ; 目录 **mùlù** *catalogue, liste*
参考 **cānkǎo** *consulter* ; 点击 **diǎnjī** *cliquer*
水平 **shuǐpíng** *niveau (acquis)*
运动衣 **yùndòngyī** *tenue de sport* ; 鞋子 **xiézi** *chaussures*
特别 **tèbié** *particulier, spécial(ement)*
重要 **zhòngyào** *important* ; 重视 **zhòngshì** *attacher de l'importance à*
非常 **fēicháng** *extrême(ment)*
责任 **zérèn** *responsabilité*
明确 **míngquè** *explicite* ; 明确指出 **míngquè zhǐchū** *indiquer précisément*
身体健康条件 **shēntǐ jiànkāng** *santé physique* (= corps santé)
条件 **tiáojiàn** *condition* ; 保险 **bǎoxiǎn** *assurance*

TRACEZ TROIS SIGNES.

yé, *travail, métier* – 1, 2 ↓↓ ; 3, 4 ˇˇ ; 5 → base
yú, *en plus de, surplus* – 1, 2 ↙↘ ; 3, 4 →→ ; 5 ↓ + crochet ; 6, 7 ↙↘
业余 **yèyú**, *en dehors du travail, loisir*

shuǐ, *eau* – 1 ↓ + crochet ; 2 ㇆ ; 3 ˇ en haut à droite ; 4 ↘
水平 **shuǐpíng**, *niveau (d'eau), niveau acquis*

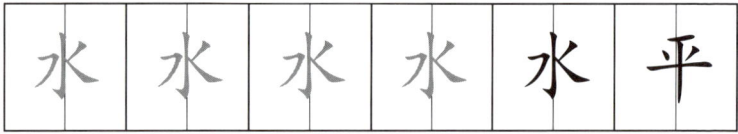

26. DÉTENTE ET LOISIR
休闲

OBJECTIFS

- LIEU DE TRAVAIL ET PROFESSION
- LOISIRS DANS LES PARCS PUBLICS
- COMPARER LES CENTRES D'INTÉRÊT SELON LES ÂGES, MOTIVATIONS ET VISÉES
- DÉNIER L'INTÉRÊT
- S'ESQUIVER

NOTIONS

- COMPARATIF : BǏ ; GÈNG… YÌXIĒ
- ADVERBES : BǏJIÀO ; YÍKUÀI ; YÌBĀN ; ZHǓYÀO ; DĀNGRÁN ; DÀJIĀ DŌU
- STRUCTURE : DUÌ… GĂN XÌNGQÙ
- CONNECTEURS : SHÌ YĪNWÈI… ; SHÌ WÈILE… ; NÀME

休闲
XIŪXIÁN
DÉTENTE ET LOISIR

男：今天我在这儿上班。
Nán : Jīntiān wǒ zài zhèr shàng bān.
Garçon : Je travaille ici aujourd'hui.

女：你当记者……你为什么在公园上班？
Nǚ : Nǐ dāng jìzhě… nǐ wèi shénme zài gōngyuán shàng bān ?
Fille : Tu es journaliste… pourquoi travailles-tu dans un jardin public ?

男：我打算进行调查。
Wǒ dǎsuàn jìnxíng diàochá.
J'ai l'intention de réaliser une enquête.

女：调查什么呀？
Diàochá shénme ya ?
Sur quoi donc ?

男：要了解不同年龄的人对哪些体育活动感兴趣。
Yào liǎojiě bù tóng niánlíng de rén duì nǎ xiē tǐyù huódòng gǎn xìngqù.
Je voudrais comprendre à quelles activités physiques s'intéressent des gens d'âges différents.

女：那你去问吧，我走了。
Nà nǐ qù wèn ba, wǒ zǒu le.
Alors va interroger les gens, je te laisse.

男：不要走，咱们一块儿调查吧。
Bú yào zǒu, zánmen yíkuàir diàochá ba.
Ne t'en va pas, on n'a qu'à enquêter ensemble.

女：你看，公园里的老年人比年轻人多。一般来说，老年人比较喜欢散步、打太极拳这些户外"运动"是因为他们不愿意待在家中。这是大家都知道的，还用调查吗？
Nǐ kàn, gōngyuán lǐ de lǎoniánrén bǐ niánqīngrén duō. Yìbān lái shuō, lǎoniánrén bǐjiào xǐhuān sàn bù, dǎ tàijíquán zhè xiē huòwài « yùndòng » shì yīnwèi tāmen bú yuànyì dāi zài jiā zhōng. Zhè shì dàjiā dōu zhīdào de, hái yòng diàochá ma?
Regarde, il y a plus de gens âgés que de jeunes dans ce parc. En règle générale, si les séniors aiment plutôt les « sports » de plein air comme la promenade ou le taiji, c'est parce qu'ils n'ont aucune envie de rester chez eux. Ça, tout le monde le sait, à quoi bon enquêter ?

男：你是说老人来参加活动主要是为了交朋友吗？
Nǐ shì shuō lǎorén lái cānjiā huódòng zhǔyào shì wèile jiāo péngyou ma ?
D'après toi, les vieux viennent participer à des activités surtout pour se faire des amis ?

女：当然也是为了健身或者休息一下。
Dāngrán yě shì wèile jiàn shēn huòzhě xiūxi yíxià.
Et aussi pour garder la forme ou se reposer un peu bien sûr.

男：那么，年轻人和中年人来公园的动机是什么？
Nàme, niánqīngrén hé zhōngniánrén lái gōngyuán de dòngjī shì shénme ?
Dans ce cas, quelles sont les motivations des jeunes et des gens d'âge moyen quand ils viennent au jardin public ?

女：转一圈、自拍、跑步减肥……
Zhuàn yī quān, zìpāi, pǎo bù jiǎn féi…
Faire un tour, prendre un selfie, courir pour perdre du poids…

男：我应当调查得更详细一些。
Wǒ yīngdāng diàochá-de gèng xiángxì yìxiē.
Il me faut enquêter un peu plus en détail.

■ COMPRENDRE LE DIALOGUE
OBSERVER LES SIGNES

→ Trouvez les mots de sens proche dans cette liste :

上班	应该	大家	应当	工作
shàng bān	yīnggāi	dàjiā	yīngdāng	gōngzuò
人人	了解	一块	明白	一起
rén-rén	liǎojiě	yíkuài	míngbai	yìqǐ

→ 上班 **shàng bān** et 工作 **gōngzuò** sont proches, mais le premier (= monter équipe) évoque le travail salarié. Le second est plus général : *travail, travailler*.

→ 应该 **yīnggāi** et 应当 **yīngdāng** sont synonymes : *devoir*.

→ 大家 **dàjiā**, *tout le monde* et 人人 **rén-rén**, *chacun* sont souvent interchangeables et tous deux appellent l'adverbe 都 **dōu**. 你的秘密大家都知道。 **Nǐ de mìmì dàjiā dōu zhīdào.** *Ton secret, tout le monde le connaît.* On pourrait dire tout autant : 人人都知道 **rén-rén dōu zhīdào**, 谁都知道 **shéi dōu zhīdào**.

→ 了解 **liǎojiě**, *comprendre, connaître* (en se renseignant) et 明白 **míngbai**, *comprendre* (quelque chose de peu clair ou qui dépasse l'entendement) ne sont guère substituables : 警察来了解情况。 **Jǐngchá lái liǎojiě qíngkuàng.** *La police vient prendre connaissance de la situation* ; 我不明白你的意思。 **Wǒ bù míngbai nǐ de yìsi.** *Je ne saisis pas ce que tu veux dire.*

→ 一块儿 **yíkuàir** et 一起 **yìqǐ**, *ensemble*, sont substituables l'un à l'autre.

NOTE CULTURELLE

Sans doute connaissez-vous cette boxe chinoise qui, pratiquée au ralenti, s'apparente à une gymnastique : le *Taiji Quan* (太极拳 **tàijíquán** = *taiji-poing*). Mais que signifie 太极 **tàijí** au juste ? C'est un concept symbolisé par ☯ 太极图 **tàijítú**. La tradition de pensée chinoise analyse les forces naturelles en une dualité complémentaire et dynamique, dont chaque pôle (阴阳 **yīn yáng**) porte en lui le germe de l'autre.

◆ SENS ET GRAMMAIRE

- 你当记者… **Nǐ dāng jìzhě…** *Tu es journaliste…* Le verbe 当 **dāng**, *avoir le statut de* prédique un métier : 当兵 **dāng bīng**, *être soldat* ; 当工程师 **dāng gōnchéngshī**, *être ingénieur*. Mais il ne permet pas de demander la profession : 你做什么工作? **Nǐ zuò shénme gōngzuò?** *Que fais-tu comme travail ?*

- Dans le dialogue, 当 **dāng** apparaît aussi dans 应当 **yīngdāng**, *devoir* et 当然 **dāngrán**, *bien sûr*. Il peut avoir une dimension temporelle : 当代 **dāngdài**, *contemporain* ; 当时 **dāngshí**, *à cette époque* ; 当⋯的时候 **dāng... de shíhòu**, *au moment où...* (leçon 10).
- 你为什么在公园上班？**Nǐ wèi shénme zài gōngyuán shàng bān ?** *Pourquoi travailles-tu au jardin public ?* L'interrogatif « pourquoi » vient en tête de phrase en français, pas toujours en chinois : 你星期日为什么不休息？ **Nǐ xīnqīrì wèi shénme bù xiūxi ?** *Pourquoi tu ne te reposes pas le dimanche ?*
- 对⋯感兴趣 **duì... gǎn xìngqù**, *s'intéresser à...* Le groupe {对 **duì** + centre d'intérêt} vient avant le verbe 感 **gǎn**, *ressentir, éprouver*. Son COD 兴趣 **xìngqù** signifie *intérêt*. L'ensemble se comprend donc comme *éprouver de l'intérêt pour...* : 她对数学感兴趣。 **Tā duì shùxué gǎn xìngqù.** *Elle s'intéresse aux mathématiques.* 这种记者对社会新闻最感兴趣。 **Zhè zhǒng jìzhě duì shèhuì xīnwén zuì gǎn xìngqù.** *Ce genre de journalistes s'intéressent surtout aux faits de société* (= société informations).
- 我走了。 **Wǒ zǒu le.** *Je m'en vais.* Vous êtes sur le point de partir et vous dites ceci avant même de quitter les lieux, car il s'agit en fait d'un futur immédiat. Sa forme complète est {要⋯了} **yào... le**, *être sur le point de* : 我要走了。 **Wǒ yào zǒu le.** *Je vais partir* ; 孩子要出生了。 **Háizi yào chūshēng le.** *L'enfant est sur le point de naître.* Prenant congé, on dit aussi : 我先走了。 **Wǒ xiān zǒu le**, *Bon, je vous laisse.* (= je d'abord partir)
- 比较喜欢 **bǐjiào xǐhuān**, *aimer plutôt, aimer assez*. Le verbe 比较 **bǐjiào** signifie *comparer* : 你可以比较这两个菜。 **Nǐ kěyǐ bǐjiào zhè liǎng ge cài.** *Tu peux comparer ces deux plats.* Devant un adjectif, l'adverbe 比较 **bǐjiào** se traduit par *relativement, assez* : 假期比较短。 **Jiàqī bǐjiào duǎn.** *Les vacances sont assez courtes.*
- Voici comment nuancer l'inclination ou l'aversion : 最喜欢 **zuì xǐhuān**, *préférer* ; 非常喜欢 **fēicháng xǐhuān**, *aimer énormément* ; 很喜欢 **hěn xǐhuān**, *aimer beaucoup* ; 比较喜欢 **bǐjiào xǐhuān**, *aimer bien, préférer* ; 不太喜欢 **bú tài xǐhuān**, *ne pas tellement aimer* ; 很不喜欢 **hěn bù xǐhuān**, *ne pas aimer du tout* ; 讨厌 **tǎoyàn**, *détester* : 我从小就讨厌游泳。 **Wǒ cóng xiǎo jiù tǎoyàn yóuyǒng.** *Depuis mon enfance, je déteste nager.*
- ⋯ 是因为 ... **shì yīnwèi**, *si... c'est parce que* ; ⋯ 是为了 **shì wèile...**, *c'est dans le but de, c'est pour*. Dans ce dialogue, la cause et le but sont exprimés en deuxième proposition. Dans ce cas, les connecteurs logiques 因为 **yīnwèi** et 为了 **wèile** sont précédés du verbe 是 **shì**, *c'est*, comme en français.

EXERCICES

1. ÉCOUTEZ.

a. Une connaissance vous interroge. Répondez oralement au fur et à mesure de votre compréhension avant de vérifier dans le corrigé.

b. Quelles sont les intentions de ce journaliste et de sa copine ? Vrai ou faux ?

2. DÉCHIFFREZ.

Cherchez à reconnaître ceci :

休闲　　休息　　了解　　感兴趣
主要　　自拍　　健身　　不同年龄

3. ORDONNEZ LES MOTS.

Regarde, il y a moins de jeunes que de gens âgés dans le jardin public.

₁看　₂的　₃里　₄老年人
₅比　₆公园　₇你　₈年轻人　₉少

VOCABULAIRE

休闲 xiūxián *se détendre, prendre du bon temps* (= repos-oisif)
当 dāng *travailler comme, être* (+ profession)
记者 jìzhě *journaliste*
公园 gōngyuán *parc, jardin public* (= public-enclos)
进行 jìnxíng *procéder à, réaliser*; 进行调查 jìnxíng diàochá *faire une enquête*
了解 liǎojiě *se mettre au courant, comprendre*
不同 bù tóng *pas pareil, différent, divers*
感 gǎn *ressentir, éprouver*; 对…感兴趣 duì… gǎn xìngqù *s'intéresser à…*
走 zǒu, *partir, s'en aller; marcher*
老年人 lǎoniánrén *sénior(s)*; 老人 lǎorén *personne âgée, gens âgés*
年轻人 niánqīngrén *jeune(s)* (= année-léger-personne)
一般来说 yìbān lái shuō *en règle générale*
比较 bǐjiào *assez, relativement, plutôt*
散步 sàn bù *se promener, promenade* (= disperser pas)
打太极拳 dǎ tàijíquán *faire du taiji* (taijiquan)
户外 hùwài *en plein air, en extérieur* (= foyer-dehors)
愿意 yuànyì *désirer, souhaiter*; 不愿意 bu yuànyì *n'avoir aucune envie de*
待 dāi *rester, séjourner*; 待在家中 dāi zài jiā zhōng *rester chez soi*
大家都… dàjiā dōu… *tout le monde* (+ verbe)
还用…吗? Hái yòng… ma? *À quoi bon (faire ceci)?*
你是说 nǐ shì shuō *d'après toi, tu veux dire que*
主要 zhǔyào *principal, avant tout, surtout*
健身 jiàn shēn *garder la forme, fitness, se mettre en forme*
休息 xiūxi *se reposer, repos*
中年人 zhōngniánrén *personne d'âge moyen* (= milieu-année-personne)
动机 dòngjī *motivation, motif*
转一圈 zhuàn yī quān *faire un tour*
自拍 zìpāi *prendre un selfie*
跑步 pǎo bù *courir, pratiquer la course à pied, jogging*
减肥 jiǎn féi *perdre du poids* (= réduire graisse)
应当 yīngdāng = 应该 yīnggāi *devoir, falloir*
更…一些 gèng (+ adjectif) yìxiē *un peu plus* (+adjectif)
详细 xiángxì *en détail, précisément*

TRACEZ QUATRE SIGNES.

gōng, *public* – 1, 2 ↙ ↘ ; 3 ∠ ; 4 ↘
yuán, *enclos, jardin* – 1, 2 ↓ ↓ ; 3, 4 → → ; 5, 6 儿 ; 7 → base
公园 **gōngyuán**, *jardin public*

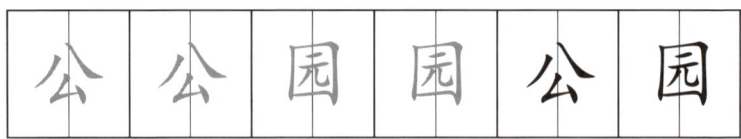

xiū, *repos, pause, arrêt* – 1, 2 亻 (clé de l'homme) ; 3, 4, 5, 6 木 (*bois*)
xián, *oisif, temps libre* – 1, 2, 3 门 (clé de la porte) ; 4, 5, 6, 7 木 (*bois*)
休闲 **xiūxián**, *détente, loisir, prendre du bon temps*

27. PLAISIR DU VOYAGE

旅行的快乐

OBJECTIFS

- DISCUTER D'UN PLAN DE ROUTARD, IMAGINER UN AMI EN VOYAGE
- VOYAGE SPORTIF, CENTRES D'INTÉRÊT, INCONFORT ET FATIGUE
- ADMIRER ET DÉPRÉCIER
- CHANGER DE SUJET DE CONVERSATION
- MENTIONNER LA DÉCOUVERTE D'UN SITE PATRIMONIAL, LÉGENDE OU RÉALITÉ

NOTIONS

- QUESTION RHÉTORIQUE : SHÉI GĂN ?
- PRONOM : NĬMEN LIĂ
- LOCATIFS : YÁN-ZHE ; LĬTOU ; NÀLI ; YĪ LÙ SHÀNG
- ADVERBE : ZHĬ BÚGUO SHÌ
- CONNECTEUR : YÀOSHI... JIÙ
- PRÉPOSITIONS : GĒN/HÉ... YÌQĬ
- TOURNURE : GÈNG BÚ YÒNG SHUŌ
- CLASSIFICATEURS : DUŎ ; GĒN ; KUÀI

旅行的快乐
LǙXÍNG DE KUÀILÈ
PLAISIR DU VOYAGE

女生：你买了新的背包和自助游的手册，是准备远足吗？
Nǚshēng : Nǐ mǎi-le xīn de bēibāo hé zìzhùyóu de shǒucè, shì zhǔnbèi yuǎnzú ma ?
Étudiante : Tu as acheté un nouveau sac à dos et un guide pour routard, tu prépares une randonnée ?

男生：我计划沿着岷江游四川。
Nánshēng : Wǒ jìhuà yán-zhe Mínjiāng yóu Sìchuān.
Étudiant : Je prévois un voyage au Sichuan le long de la rivière Minjiang.

女：你打算背着包徒步旅行吗？
Nǐ dǎsuàn bēi-zhe bāo tú bù lǚxíng ma ?
Tu comptes voyager sac au dos et à pied ?

男：是的。还得捡石子。
Shì de. Hái děi jiǎn shízi.
C'est bien ça. Et forcément en ramassant des cailloux.

女：地质人的爱好！那你一个人去捡石子吗？
Dìzhìrén de àihào ! Nà nǐ yī ge rén qù jiǎn shízi ma ?
Une marotte de géologue ! Et tu pars seul ramasser tes cailloux ?

男：跟生物学专业的一个同学一起去。
Gēn shēngwùxué zhuānyè de yī ge tóngxué yìqǐ qù.
Je pars avec un camarade spécialisé en biologie.

女：可以想象你们俩一路上欣赏每朵花、每根草每块石头。
Kěyǐ xiǎngxiàng nǐmen liǎ yī lù shàng xīnshǎng měi duǒ huā, měi gēn cǎo, měi kuài shítou.
Je vous imagine en chemin tous les deux, admirant chaque fleur, chaque brin d'herbe, chaque pierre.

男：你不喜欢身处大自然吗？
Nǐ bù xǐhuān shēnchǔ dàzìrán ma ?
Tu n'aimes pas te sentir en pleine nature ?

女：说实话，我讨厌不舒服的住宿条件，更不用说在车站过夜。对了，你们要是走累了就可以在岷江水里淘宝，那里发现了明末的沉船，知道吗？
Shuō shíhuà, wǒ tǎoyàn bù shūfu de zhùsù tiáojiàn, gèng bú yòng shuō zài chēzhàn guò yè. Duì le, nǐmen yàoshi zǒu-lèi le jiù kěyǐ zài Mínjiāng shuǐ lǐ táo bǎo, nàli fāxiàn-le Míngmò de chén chuán, zhīdào ma ?
Très franchement, je déteste tout hébergement inconfortable, sans parler de passer la nuit dans une gare. Au fait, si vous êtes fatigués de marcher, vous pourrez toujours chercher le trésor de la rivière Minjiang. On y a découvert une épave de la fin des Ming, tu es au courant ?

男："千船沉银"只不过是个传说。
« Qiān chuán chén yín » zhǐ búguo shì ge chuánshuō.
Ces « mille bateaux coulés avec leurs lingots d'argent » ne sont rien d'autre qu'une légende.

女：前几年这个传说变成了现实，已经出土了不少黄金啊。
Qián jǐ nián zhè ge chuánshuō biàn-chéng-le xiànshí, yǐjīng chū tǔ le bù shǎo huángjīn a.
Il y a quelques années, la légende est devenue réalité après avoir mis à jour quantité d'or.

男：哎哟，谁敢去破坏国宝，抢劫文物？
Āiyō, shéi gǎn qù pòhuài guóbǎo, qiǎngjié wénwù ?
Ouh là, qui oserait aller saboter un trésor national, piller le patrimoine ?

女：太晚了，宝藏已经关在博物馆里头了！
Tài wǎn le, bǎozàng yǐjīng guān zài bówùguǎn lǐtou le !
C'est trop tard, le trésor est déjà enfermé au musée !

COMPRENDRE LE DIALOGUE
OBSERVER LES SIGNES

→ Quel sens vous inspire chaque mot à mot entre parenthèses ?

说话
shuō huà
(= dire-parole)

草药
cǎoyào
(= herbe-médicament)

淘金
táo jīn
(= tamiser-or)

黄金周
huángjīnzhōu
(= jaune-or-semaine)

跑累了
pǎo-lèi le
(= courir-être fatigué)

国宝
guóbǎo
(= pays-trésor)

文物
wénwù
(= culture-entité)

生物
shēngwù
(= vivant-entité)

→ 我会说中国话。 **Wǒ huì shuō Zhōngguóhuà.** *Je sais parler chinois* ; 用草药治病 **yòng cǎoyào zhì bìng**, *soigner par les plantes médicinales* ; 淘金发财 **táo jīn fā cái**, *faire fortune en cherchant de l'or* ; 祝你黄金周快乐！**Zhù nǐ huángjīnzhōu kuàilè！** *Je te souhaite une joyeuse semaine d'or !* (semaine fériée) ; 你跑累了可以慢走。 **Nǐ pǎo-lèi le kěyǐ màn zǒu.** *Si tu es fatigué de courir, tu peux marcher lentement* ; 熊猫是国宝。 **Xióngmāo shì guóbǎo.** *Le panda est un trésor national* ; 保护文物 **bǎohù wénwù**, *protéger les vestiges culturels* ; 有的海洋生物很美。 **Yǒu de hǎiyáng shēngwù hěn měi.** *Certains organismes marins sont superbes.*

NOTE CULTURELLE

明末 **Míngmò** : *la fin de la dynastie Ming* (1368-1644) approche. Zhang Xianzhong fomente (1620) une des révoltes qui précipiteront la chute des Ming et la victoire des Qing (1644-1912). À force de rapines, Zhang Xianzhong parvient à lever une armée pour faire main basse sur le Sichuan. Mais ses lieutenants se montrant déloyaux, il tente de dissimuler ses richesses au sud. Suite à une embuscade, sa flotte 千船 **qiān chuán** (= mille bateaux) coula (沉 **chén**) avec ses lingots d'argent (银 **yín**). Le trésor se dissémina dans les eaux de la rivière Min au sud de la ville de Chengdu, à 江口镇 **Jiāngkǒuzhèn**. Les fouilles ont prouvé la véracité de ce que l'on prenait pour une légende. Un superbe sceau en or – surplombé d'un tigre – a été sauvé des flots… Est-il vrai ou faux ?

◆ SENS ET GRAMMAIRE

- 自助游的手册 zìzhùyóu de shǒucè, *guide de routard*. 自助 **zìzhù**, *libre-service* (= soi-aider) est calqué sur **help yourself** en anglais. 游 **yóu** ou 旅游 **lǚyóu** signifiant *voyage d'agrément*, 自助游 **zìzhùyóu** fait référence à un périple que l'on organise soi-même à l'aide d'un petit *guide de poche* : 手册 **shǒucè**.

- 沿着岷江游四川 yán-zhe Mínjiāng yóu Sìchuān, *voyager au Sichuan le long de la rivière Minjiang*. Le 四川 **Sìchuān** (= quatre-rivière) est une province montagneuse du centre-ouest de la Chine parcourue par quatre affluents du 长江 **Chángjiāng** (Yangtse) dont la rivière Min. Celle-ci prend sa source à 4 000 m dans les monts Min (岷山 **Mínshān**) et irrigue la populeuse plaine de Chengdu. Nous vous suggérons de consulter plusieurs cartes pour repérer les différents espaces chinois, tels que : 内地 **nèidì**, *arrière-pays* (= intérieur-terre) et 沿海地区 **yán hǎi dìqū**, *littoral* (= longer mer région) ; 山区 **shānqū**, *régions de montagnes* et 平原 **píngyuán**, *plaines*. Une carte de densité de *population* (人口 **rénkǒu**) complètera votre vue d'ensemble.

- 是的。 **Shì de.** *C'est bien ça.* Cette réplique affirmative valide les paramètres précités, à savoir que ce voyageur part à pied et sac au dos.

- 还得捡石子。 **Hái děi jiǎn shízi.** *Et forcément en ramassant des cailloux.* Rappel : 还得 **hái děi** signifie *devoir encore, devoir aussi*. Cette phrase aurait pu être traduite en : *Et il faudra aussi ramasser des cailloux.*

- 跟…一起去 **gēn… yìqǐ qù**, *aller avec quelqu'un*. Le géologue aurait également pu dire : 我和一个同学一起去。 **Wǒ hé yī ge tóngxué yìqǐ qù.** *J'y vais avec un camarade.*

- 更不用说在车站过夜 **gèng bú yòng shuō zài chēzhàn guò yè**, *sans parler de passer la nuit dans une gare* (= encore plus inutile de parler de…). La locutrice craint les conditions frustes de l'hébergement montagnard et n'ose même pas envisager de dormir dans un abri de gare (routière ou ferroviaire). S'agissant d'une gare ferroviaire, elle aurait pu préciser : 火车站 **huǒchēzhàn**.

- 对了，… **Duì le, …** *Au fait, … ; À propos, …* La locutrice annonce ainsi qu'elle change de sujet de conversation.

- 里头 **lǐtou**, *dans, à l'intérieur de*. En consultant le vocabulaire locatif (Annexe 4), vous avez sans doute vu que 里 **lǐ**, *dans, à l'intérieur de,* peut se dire 里边 **lǐbian** ou 里面 **lǐmiàn**. 里头 **lǐtou** est simplement un peu plus familier.

EXERCICES

1. ÉCOUTEZ.

a. Les deux voyageurs, après quelques jours d'altitude, redescendent vers la vallée de Jiuzhaigou. Le géologue trouve alors un message sur son téléphone.

b. Il laisse à son tour un message à son amie :
(M1) Merci de… ;
(M2) Les monts Min… ;
(M3) (青青的湖水 **qīng-qīng de húshuǐ**, *eau verte d'un lac*) ;
(M4) Les sacs… ;
(M5) Je te souhaite…

c. Écrivez en pinyin les mots entendus, si possible avec les tons.

2. DÉCHIFFREZ.

Cherchez à reconnaître ceci :

一起去远足吧！　　不要破坏地球！

3. ORDONNEZ LES MOTS.

Ce qu'elle déteste, c'est de ne pas trouver d'hébergement et de dormir dehors.

₁讨厌　　₂她　　₃过夜　　₄的是　　₅在
₆外面　　₇住宿　　₈找不到

VOCABULAIRE

旅行 **lǚxíng** *voyage(r)* ; 徒步旅行 **tú bù lǚxíng** *voyager à pied*
背包 **bēibāo** *sac à dos* ; 背着包 **bēi** *porter un sac sur le dos*
自助 **zìzhù** *libre-service* ; 自助游 **zìzhùyóu** *partir à l'aventure*
手册 **shǒucè** *manuel, le guide* (= main-carnet)
远足 **yuǎnzú** *randonnée, randonner, trek* (= loin-pied)
计划 **jìhuà**, *plan, projet, planifier*
游 **yóu** = 旅游 **lǚyóu** *voyage d'agrément, faire du tourisme*
捡 **jiǎn** *ramasser* (par terre) ; 石子 **shízi** *ramasser des cailloux*
地质 **dìzhì** *géologie* (= sol-matière) ; 地质人 **dìzhìrén** *géologue*
生物 **shēngwù** *organisme vivant* ; 生物学 **shēngwùxué** *biologie*
想象 **xiǎngxiàng** *imaginer* (= penser-forme)
一路上 **yī lù shàng** *en chemin, en route*
你们俩 **nǐmen liǎ** *vous deux* ; 我们俩 **wǒmen liǎ** *nous deux*
欣赏 **xīnshǎng** *admirer, contempler, apprécier*
一朵花 **yī duǒ huā** *une fleur* ; 一根草 **yī gēn cǎo** *un brin d'herbe*
一块石头 **yī kuài shítou** *une pierre*
身处 **shēnchǔ** *se trouver au sein de* (milieu, situation), *être entouré de*
大自然 **dàzìrán** *la nature* ; 自然 **zìrán** *nature, naturel(lement)*
说实话 **shuō shíhuà** *à vrai dire, franchement* (= dire réalité-parole)
讨厌 **tǎoyàn** *détester, avoir horreur de*
住宿 **zhùsù** *logement* ; 住宿条件 **zhùsù tiáojiàn** *condition d'hébergement*
更不用说 **gèng bú yòng shuō** *sans parler de, d'autant plus si*
过夜 **guò yè** *passer la nuit*
淘宝 **táo bǎo** *chercher un trésor* ; 宝藏 **bǎozàng** *trésor*
船 **chuán** *bateau* ; 沉 **chén** *sombrer* ; 沉船 **chén chuán** *épave de bateau*
只不过是 **zhǐ búguo shì** *ce n'est rien d'autre que* (sens dépréciatif)
传说 **chuánshuō** *légende* (= transmettre-dire)
现实 **xiànshí** *réalité*
出土 **chū tǔ** *mettre au jour, exhumer* (= sortir terre) ; 黄金 **huángjīn** *l'or*
敢 **gǎn** *oser* ; 破坏 **pòhuài** *endommager*
文物 **wénwù** *vestige culturel* ; 抢劫文物 **qiǎngjié wénwù** *piller le patrimoine*
关 **guān** *fermer* ; 关在…里 **guān zài… lǐ** *être enfermé dans…*
博物馆 **bówùguǎn** *musée*

TRACEZ QUATRE SIGNES.

shí, *pierre* – 1 →; 2 ╱ ; 3, 4, 5 口 ; **tóu**, *tête* – 1, 2 ˇˇ ; 3, 4, 5 大 *(grand)*
石头 **shítou**, *pierre, rocher*

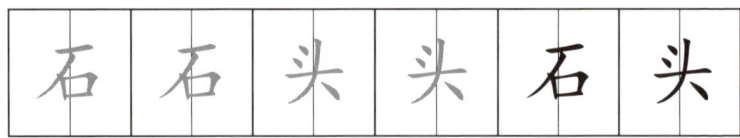

huā, *fleur* – 1 →; 2, 3 ↓↓; 4, 5 亻 ; 6 ╱; 7 ㄴ;
cǎo, *herbe* – 艹 (clé de l'herbe) + 早
花草 **huācǎo**, *les fleurs et les herbes*

28.
FILMER
拍摄

OBJECTIFS

- SE RÉFÉRER À UNE SÉRIE DOCUMENTAIRE CÉLÈBRE : LIEUX RARES DE LA CHINE, LOCALISER PAR PROVINCE
- IMPRESSION ET MÉMOIRE DE PLANS FILMÉS EN SURVOL : VOLCAN, DÉSERT, MONTAGNE, FAUNE SAUVAGE
- COMMENTER L'INTERACTION HOMME-NATURE ET HOMME-ANIMAL

NOTIONS

- DÉTERMINANT NOMINAL : GÈ
- ADVERBES : QUÁNBÙ ; DÀOCHÙ ; LUÀN ; TĬNG ; ZHĒN SHÌ
- TOURNURES : BÙ JĬN… HÁI… ; ZHĬ YŎU… LÌWÀI
- STRUCTURE : GĚI… LIÚ-XIÀ… YÌNXIÀNG
- CLASSIFICATEUR : ZUÒ

拍摄
PĀISHÈ
FILMER

29

王孝生：你看过系列纪录片《航拍中国》吗？
Wáng Xiàoshēng : Nǐ kàn-guo xìliè jìlùpiàn « Hángpāi Zhōngguó » ma ?
Wang Xiaosheng : As-tu déjà vu la série documentaire « La Chine vue du ciel » ?

张悦：只看了第一集，可美啦，网上评分很高的。
Zhāng Yuè : Zhǐ kàn-le dì yī jí, kě měi lā, wǎng shàng píng fēn hěn gāo de.
Zhang Yue : Je n'ai vu que le premier épisode, qui est superbe et très apprécié des internautes.

王：我还没有全部看，一共34集。看看这些画面，你有什么反应？
Wǒ hái méi yǒu quánbù kàn, yígòng sān shí sì jí. Kàn-kan zhè xiē huàmiàn, nǐ yǒu shénme fǎnyìng ?
Je n'ai pas encore vu l'intégralité des 34 épisodes. Comment réagis-tu à la vue de telles images ?

张：就是很想去片子里的这些地方旅游。
Jiù shì hěn xiǎng qù piānzi lǐ de zhè xiē dìfang lǚyóu.
Ça donne très envie d'aller voyager sur les lieux du tournage.

王：那你得乘无人机飞越各省各区！
Nà nǐ děi chéng wúrénjī fēiyuè gè shěng gè qū !
Alors tu vas devoir monter à bord d'un drone pour survoler chaque province et territoire !

张：对啊，片中拍的都是少见的景色。
Duì a, piān zhōng pāi de dōu shì shǎojiàn de jǐngsè.
C'est vrai que tous les paysages filmés dans ce documentaire sont rarement vus.

王：什么镜头给你留下最深刻的印象？
Shénme jìngtóu gěi nǐ liú-xià zuì shēnkè de yìnxiàng ?
Quel plan t'a laissé un souvenir impérissable ?

张：黑龙江一座古老火山的"天池"。
Hēilóngjiāng yī zuò gǔlǎo huǒshān de « Tiānchí ».
Le « lac du Paradis » dans un vieux volcan du Heilongjiang.

王：不是黑龙江的，那座火山在吉林省。
Bú shì Hēilóngjiāng de, nà zuò huǒshān zai Jílínshěng.
Pas du Heilongjiang, ce volcan se trouve dans la province du Jilin.

张：哦。还有天山的白色高峰、绿色草地山坡和黄色沙漠。我也忘不了哈萨克族的牧民，早晨日出就打包准备出发。
Ò. Hái yǒu Tiānshān de báisè gāo fēng, lǜsè cǎodì shānpō hé huángsè shāmò. Wǒ yě wàng -bu-liǎo Hāsàkèzú de mùmín, zǎochén rì chū jiù dǎ bāo zhǔnbèi chūfā.
Ah bon. Il y a aussi les blanches cimes des Monts célestes, les pentes aux vertes prairies et le jaune du désert. Je n'oublierai pas non plus les pasteurs kazakhs qui au lever du jour remballent tout pour lever le camp.

王：新疆野马的画面有没有见过？
Xīnjiāng yě mǎ de huàmiàn yǒu-mei-yǒu jiàn-guò ?
Et la scène des chevaux sauvages au Xinjiang, tu l'as vue ?

张：我记得，野马害怕到处乱跑。
Wǒ jìde, yě mǎ hàipà dàochù luàn pǎo.
Je m'en souviens, ils avaient peur et couraient dans tous les sens.

王：动物挺害怕无人机和直升机的，太吵，只有老虎例外。听说有的老虎不仅不怕，还敢反身盯着天上的怪物。
Dòngwù tǐng hàipà wúrénjī hé zhíshēngjī de, tài chǎo, zhǐ yǒu lǎohǔ lìwài. Tīng-shuō yǒu de lǎohǔ bù jǐn bú pà, hái gǎn fǎn shēn dīng-zhe tiān shàng de guàiwù.
Les animaux craignent beaucoup les drones et les hélicoptères, à cause du bruit. Seul le tigre fait exception. On dit que certains ne manifestent aucune peur et osent même se retourner et fixer les monstres du ciel.

张：真是打扰野生动物了，你不觉得吗？
Zhēn shì dǎrǎo yěshēng dòngwù le, nǐ bù juéde ma ?
On en arrive vraiment à déranger la faune sauvage, tu ne trouves pas ?

■ COMPRENDRE LE DIALOGUE
OBSERVER LES SIGNES

→ Que manque-t-il dans le mot à mot entre parenthèses ?

画画儿	**huà huàr**, *dessiner, peindre*	(= dessiner +…)
画老虎	**huà lǎohǔ**, *dessiner, peindre un tigre*	(=… + vieux-tigre)
山水画	**shānshuǐhuà**, *peinture de paysage*	(= montagne- … -peinture)
怪物	**guàiwù**, *monstre*	(= étrange- …)
少见	**shǎojiàn**, *rare, rarement*	(= peu- …)
无人机	**wúrénjī**, *drone*	(= sans- … -appareil)
飞机	**fēijī**, *avion*	(= voler- …)
可美了！	**Kě měi le !** *C'est superbe !*	(=… + beau + **le**) !

Réponse : (= dessiner + dessin) ou (= peindre + peinture) ; (= dessiner + vieux-tigre : se dit même d'un jeune tigre) ; (= montagne-eau-peinture) ; (= étrange-entité) ; (= peu-voir) ; (= sans-personne-appareil) ; (= voler-appareil) ; (= très + beau + **le**).

NOTE CULTURELLE

黑龙江 **Hēilóngjiāng**, *le Heilongjiang* (= noir-dragon-fleuve) désigne un fleuve et une province du nord-est. Le fleuve trace la frontière avec la Russie. Il charrie des glaces en hiver, mais on y pêche esturgeons et salmonidés, en amont de la pollution industrielle. « Fleuve Noir » est son nom mandchou, « Амур » *(amur)* son nom russe. Andreï Makine lui a dédié un livre : *Au temps du fleuve Amour*. Quant au lac de cratère 天池 **Tiānchí**, il jouxte la Corée du Nord et abriterait une grosse bête, genre Loch Ness… La longue chaîne montagneuse est-ouest du 天山 **Tiānshān** relie la Chine et l'Asie centrale. Ces *Monts célestes* culminent à plus de 7 000 m. En atteignant les neiges éternelles, on y voit par temps clair la blancheur des sommets, les prairies en aval et des dunes au loin. Les oasis de la région du 新疆 **Xīnjiāng** (= nouvelle-frontière) s'abreuvent et se nourrissent de la neige des cimes.

◆ SENS ET GRAMMAIRE

- 拍摄 **pāishè**, *photographier, filmer*. Le vocabulaire de l'image foisonne en chinois : courage ! Le verbe 拍 **pāi** se trouve aussi bien dans 航拍 **hángpāi**, *filmer d'avion*, 拍电影 **pāi diànyǐng**, *tourner un film* ou 拍照片 **pāi zhàopiàn**, *prendre des photos.* 摄像头 **shèxiàngtóu** est une *caméra* et 摄影机 **shèyǐngjī**, *un appareil-photo* ou *une caméra…* tandis que 电影 **diànyǐng** (= électrique-ombre) désigne *le cinéma* en général ou *un film*, et que 影片

yīngpiàn renvoie seulement à un *film*. En outre, les cinéphiles préfèrent dire 片子 **piānzi**, *film (= pellicule)*, 片中 **piān zhōng**, *dans le film*. Ce foisonnement provient peut-être de la cavalcade des techniques… Le cinéma chinois commence en 1905 avec 定军山 **Dìngjūnshān**. Il s'agissait d'un opéra filmé – mais muet ! – au sujet d'une bataille historique narrée dans le roman *Les Trois Royaumes*.

- 网上评分很高的 **wǎng shàng píng fēn hěn gāo de**, *très apprécié des internautes* (= la notation sur Internet est très haute).
- 旅游 **lǚyóu**, *faire du tourisme*. 旅 **lǚ** a été vu dans 旅行 **lǚxíng**, *voyager* et 游 **yóu**, *flâner* par exemple dans 自助游 **zìzhùyóu**, *partir à l'aventure*. En Chine, le tourisme autochtone est florissant, surtout durant les congés. Le voyage individuel s'y développe aussi. À l'étranger, les Chinois préfèrent un 旅游团 **lǚyóutuán**, *groupe touristique*, par crainte de se perdre, de ne rien comprendre ou de se faire dévaliser.
- 各省各区 **gè shěng gè qū**, *chaque province et territoire*. Le locuteur aurait pu dire ici 全国 **quánguó**, *le pays tout entier, tout le pays*. Nous avons vu (leçon 24) la notion de 省 **shěng**, *province(s)*.
- Le terme 区 **qū** s'applique à différents territoires ou régions de RPC : 新疆自治区 **Xīnjiāng zìzhìqū**, *Région autonome du Xinjiang*, ou encore au sud-ouest 广西自治区 **Guǎngxī zìzhìqū**, *Région autonome du Guangxi*. Sont appelés 区 **qū** des territoires à forte diversité ethnique. Au niveau urbain, 区 **qū** est *un arrondissement* sans connotation ethnique.
- 给你留下最深刻的印象 **gěi nǐ liú-xià zuì shēnkè de yìnxiàng**, *t'avoir laissé un souvenir impérissable*. 印象 **yìnxiàng**, *impression, souvenir*, provient de 印 **yìn**, *sceau, graver, imprimer*, par conséquent la métaphore est identique à celle du français. L'adjectif 深刻 **shēnkè** (= profond graver) file la même métaphore. La phrase est construite sur 给…留下…印象 **gěi… liú-xià… yìnxiàng**, *laisser une impression à quelqu'un…*
- 不仅…还… **bù jǐn… hái…** *non seulement… mais encore…* Non seulement ces tigres-là ne craignent rien, mais ils osent même… Bref, le *tigre* (老虎 **lǎohǔ**) est un effronté, comme le *rat* (老鼠 **lǎoshǔ**) qui se rebiffe devant le balai qui l'accule. Un enfant écrit sur Internet : 为什么"老鼠"和"老虎"前面要有个"老"字呢？ **Wèi shénme « lǎoshǔ » hé « lǎohǔ » qiánmiàn yào yǒu ge « lǎo » zì ne ?** *Pourquoi met-on le signe « vieux » devant le « tigre » et la « souris » ?* Quelqu'un lui répond que jadis ces animaux menaçaient l'homme, l'un hors du village, l'autre dans les silos à grain. Comme 老是 **lǎoshi** signifie *toujours*, l'enfant conclut : 它们老是想吃东西！ **Tāmen lǎoshi xiǎng chī dōngxi !** *Ils veulent toujours manger un truc !*

● EXERCICES

1. ÉCOUTEZ.

a. Vous interrogez quelqu'un sur un documentaire animalier.

b. Écoutez ces cinq actions, puis réagissez en les faisant précéder d'une de ces amorces : 不应该 **Bù yīnggāi** ; 我很想 **Wǒ hěn xiǎng** ; 我不愿意 **Wǒ bú yuànyì** ; 现在就要 **Xiànzài jiù yào** ; 我不习惯 **Wǒ bù xíguàn** ; 可能要 **Kě'néng yào**.

c. Notez en pinyin les couleurs entendues, si possible avec les tons.

2. DÉCHIFFREZ.

Cherchez à reconnaître ceci :

全部看   乘飞机   一座火山   又乱又吵

3. ORDONNEZ LES MOTS.

Cet instant-là, je ne pourrai jamais l'oublier.

1永远   2一刻   3忘   4不了
5这   6我

● VOCABULAIRE

拍摄 pāishè *filmer* ; 航拍 hángpāi *filmer d'avion* (= naviguer-filmer)
系列 xìliè *série* ; 纪录片 jìlùpiàn *documentaire*
片子 piānzi *film* ; 片中 piān zhōng *dans le film*
第一集 dì yī jí *le premier épisode, le premier tome*
评分 píng fēn *noter, attribuer une note, notation*
全部 quánbù *la totalité, le tout, en entier*
画面 huàmiàn *une image, une scène* (= image-surface)
反应 fǎnyìng *réaction, réagir, effet produit*
飞 fēi *voler* ; 飞越 fēiyuè *survoler* (= voler-traverser)
景色 jǐngsè *vue, paysage, panorama* (= paysage-couleur)
镜头 jìngtóu *plan* (de cinéma)
留下 liú-xià *laisser, rester*
留下… 印象 liú-xià… yìnxiàng *laisser une impression…*
深刻 shēnkè *profond, marquant*
古老 gǔlǎo *ancien, archaïque*
火山 huǒshān *volcan* (= feu-montagne) ; 一座火山 yī zuò huǒshān *un volcan*
白色 báisè *blanc, de couleur blanche* ; 绿色 lǜsè *vert* ; 黄色 huángsè *jaune*
高峰 gāo fēng *haute cime* ; 草地 cǎodì *prairie*
山坡 shānpō *pente, versant d'une montagne* ; 沙漠 shāmò *désert*
牧民 mùmín *éleveur, pasteur*
哈萨克族 Hāsàkèzú *les Kazakhs* (= Kazakh-ethnie)
早晨 zǎochén *matin* ; 日出 rì chū *lever du soleil*
打包 dǎ bāo *faire les bagages, emballer* ; 出发 chūfā *partir, quitter un lieu*
野马 yě mǎ *cheval sauvage* ; 老虎 lǎohǔ *tigre*
记得 jìde *se souvenir de*
动物 dòngwù *animal* ; 野生动物 yěshēng dòngwù *faune sauvage*
害怕 hàipà *craindre, avoir peur*
到处 dàochù *partout, de partout*
乱 luàn *en désordre, désordonné* ; 吵 chǎo *bruyant*
直升机 zhíshēngjī *hélicoptère* (= droit-monter-appareil)
例外 lìwài *faire exception, contre-exemple*
不仅…还 bù jǐn… hái *non seulement… mais même…*
反身 fǎn shēn *se retourner* (= retourner corps) ; 盯 dīng *fixer du regard*
打扰 dǎrǎo *déranger, importuner*

TRACEZ QUATRE SIGNES.

tián, *champ cultivé* – 1 ↓ à gauche ; 2 ↓ ; 3 → milieu ; 4 ↓ ; 5 → base
水田 **shuĭtián**, *rizière* (irriguée)

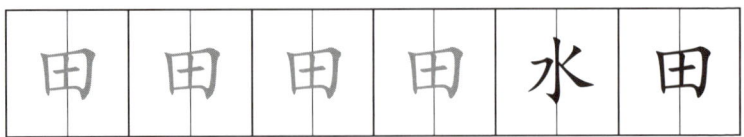

huà, *dessiner, peindre* – 1 → sommet ; 2, 3, 4, 5, 6 田 (clé du champ) ; 7 ↳ ; 8 ↓
mă, *cheval* – 1 ↓ ; 2 ↳ + crochet ; 3 →
画马 **huà mă**, *dessiner, peindre des chevaux*

29. RESTER AU PAYS

留在家乡

OBJECTIFS

- INTERVIEWER DANS UN VILLAGE EN PLEINE RENAISSANCE
- TRISTESSE ET ATTENTE DU JOYEUX RETOUR PRINTANIER DES ENFANTS
- CITER UN SLOGAN, ÊTRE POUR OU CONTRE UNE DÉCISION OFFICIELLE
- RÉCIT DES PROGRÈS OBTENUS, AMBITIONS ET OPTIMISME RADICAL
- RIRE DE BONHEUR ET REMERCIER D'AVANCE

NOTIONS

- REPÈRES TEMPORELS : SHÍ NIÁN QIÁN ; JIĀNGLÁI ; HÒULÁI ; DĀNGSHÍ ; ZHĪDÀO + NOM ; PROPOSITION + YǏHÒU
- ADVERBES : SHÉI DŌU ; YĚXǓ
- COMPARATIF : ADJECTIF + DUŌ LE
- PRÉPOSITION : TÌ
- DÉTERMINANT NOMINAL : QUÁN
- EXCLAMATIONS FINALES : LA ! YO !

# 留在家乡
LIÚ ZÀI JIĀXIĀNG
RESTER AU PAYS

◀ 30

导游：阿姨，您为什么学做西餐，学说英语？
Dǎoyóu : Āyí, nín wèi shénme xué zuò xīcān, xué shuō yīngyǔ ?
Guide touristique : Madame, pourquoi apprenez-vous la cuisine occidentale et l'anglais ?

村民：十年前这里还比较差，村民家里没有年轻人，都是老年人。六七十岁的长辈只能在家里看看小孩，做做饭，等到春节。
Cūnmín : Shí nián qián zhèlǐ hái bǐjiào chà, cūnmín jiā lǐ méi yǒu niánqīngrén, dōu shì lǎoniánrén. Liù qī shí suì de zhǎngbèi zhǐ néng zài jiā lǐ kān-kan xiǎohái, zuò-zuo fàn, děng-dào Chūnjié.
Villageoise : Il y a dix ans, ce n'était pas terrible ici : aucun jeune dans les familles du village, que des vieux. La génération des 60-70 ans n'avait rien de mieux à faire qu'à garder les petits, faire à manger, et attendre la fête du Printemps.

导游：直到春节孩子回家过年，是吧？
Zhídào Chūnjié háizi huí jiā guò nián, shì ba ?
Jusqu'à ce que vos enfants rentrent fêter le Nouvel An, c'est bien ça ?

村民：是的，春节才热闹一些。后来，书记提出了一个好主意，说"绿水青山就是黄金"。
Shì de, Chūnjié cái rènào yìxiē. Hòulái, shūjì tí-chū-le yī ge hǎo zhǔyì, shuō « Lǜ shuǐ qīng shān jiù shì huángjīn ».
Eh oui, on attendait la fête du Printemps pour avoir enfin un peu d'ambiance. Et puis un jour, le secrétaire du Parti a lancé une bonne idée. Il a dit : « Le vert des eaux et des monts, c'est de l'or ».

导游：嗯，"绿水青山就是金山银山"。听说当时县上决定大量投资处理污水和垃圾，有人反对吗？
Ēn, « Lǜ shuǐ qīng shān jiù shì jīn shān yín shān ". Tīng-shuō dāngshí xiàn shàng juédìng dàliàng tóu zī chǔlǐ wūshuǐ hé lājī, yǒu rén fǎnduì ma ?
Ah oui, « Le vert des eaux et des monts est une montagne d'or et d'argent ». On dit qu'à l'époque le district a décidé d'investir massivement dans le traitement des eaux usées et des ordures. Quelqu'un s'y est-il opposé ?

村民：谁都同意啊。小村弄得干净以后，风景也漂亮多了。
Shéi dōu tóngyì a. Xiǎo cūn nòng-de gānjìng yǐhòu, fēngjǐng yě piàoliang duō le.
Tout le monde a été d'accord ! Une fois le petit village récuré et propre, le paysage a beaucoup embelli.

导游：我想问问，您家的院子里为什么挂着这些万国旗呢？
Wǒ xiǎng wèn-wen, nín jiā de yuànzi lǐ wèi shénme guà-zhe zhè xiē wàn guó qí ne ?
Je voudrais vous demander pourquoi ces drapeaux de tous les pays sont suspendus dans votre cour ?

村民：就是让全世界知道我们开民宿啦！哈！
Jiù shì ràng quán shìjiè zhīdào wǒmen kāi mínsù la ! Hā !
C'est pour faire savoir au monde entier que nous avons ouvert un gîte ! Ha !

导游：环保是吸引外来客人的好办法，小村子也许会变成国际村。
Huánbǎo shì xīyǐn wàilái kèrén de hǎo bànfǎ, xiǎo cūnzi yěxǔ huì biànchéng guójìcūn.
Protéger l'environnement est un bon moyen d'attirer des hôtes étrangers. Votre petit village deviendra peut-être un village international.

村民：将来会很热闹的。不过，从来没想到我们这个年纪的老太太还能挣钱哟。谢谢导游先生替我们多招揽游客。
Jiānglái huì hěn rènào de. Búguo, cónglái méi xiǎng-dào wǒmen zhè ge niánjì de lǎo tàitai hái néng zhèng qián yo. Xièxie dǎoyóu xiānsheng tì wǒmen duō zhāolǎn yóukè.
À l'avenir, ça va chauffer ici ! Mais bon, on n'aurait jamais cru que les vieilles dames de notre âge puissent encore gagner de l'argent. Merci, monsieur le guide, de nous envoyer un maximum de touristes.

COMPRENDRE LE DIALOGUE
OBSERVER LES SIGNES

→ Quels caractères manquent dans les carrés vides ?

外国	**wàiguó**, *pays étranger*	→ 外国 ☐ *étranger, personne étrangère*
乡下	**xiāngxià**, *campagne*	→ 乡下 ☐ *campagnard*
汉语	**hànyǔ**, *langue chinoise*	→ 英 ☐ *langue anglaise*
西餐	**xīcān**, *cuisine occidentale*	→ 中 ☐ *cuisine chinoise*
国庆节	**Guóqìngjié**, *fête nationale*	→ 春 ☐ *fête du Printemps*
污染	**wūrán**, *pollution*	→ 空 ☐ 污染 *pollution atmosphérique*

Réponses : 人 rén ; 人 rén ; 语 yǔ ; 餐 cān ; 节 jié ; 气 qì.

NOTE CULTURELLE

书记 **shūjì**, *secrétaire du Parti* est un poste de responsabilité que l'on retrouve à divers niveaux de la hiérarchie du PCC 中国共产党 **Zhōngguó gòngchǎndǎng**. D'après la source de ce dialogue, l'idée fut émise par le 省委书记 **shěngwěi shūjì**, c'est-à-dire *le secrétaire du Comité provincial*. Puis la décision concrète d'investir pour nettoyer le village vint ensuite du niveau inférieur : 县 **xiàn**, *le district*. Les trois niveaux 省县市 **shěng xiàn shì**, *province, district, agglomération*, sont en évolution du fait de l'urbanisation des campagnes.

◆ SENS ET GRAMMAIRE

- 六七十岁的长辈 **liù qī shí suì de zhǎngbèi**, *génération des 60-70 ans*. 岁 **suì**, *an* est utilisé pour l'âge : 你的狗狗几岁了？ **Nǐ de gǒu-gǒu jǐ suì le ?** *Quel âge a ton petit chien ?* On peut aussi demander à un enfant : 小朋友，你几岁？ **Xiǎo péngyou, nǐ jǐ suì ?** Par contre, on demandera à un jeune ou un adulte : 你多大？ **Nǐ duō dà ?** Et plus poliment : 您多大岁数？ **Nín duō dà suìshù ?** (= *toi combien grand an-nombre*).

- 十年前 **shí nián qián**, *il y a dix ans*, et 十岁以前 **shí suì yǐqián**, *avant l'âge de 10 ans*.

- 看看小孩 **kān-kan xiǎohái**, *garder les petits*. 看 **kān** (au premier ton) signifie *garder, surveiller* : 看门的人 **kān mén de rén**, *gardien(ne)*. Il faut distinguer 小孩 **xiǎohái**, *jeunes enfants* et 孩子 **háizi**, *enfants*, qui peuvent être adultes. Donc, 小孩 réfère ici aux *petits-enfants* que ces grands-parents élèvent au village tandis que leurs parents travaillent en ville, parfois très loin de leur village natal.

- 孩子回家 **háizi huí jiā** désigne les enfants déjà adultes qui rentrent à la maison pour certaines occasions : la fête du Printemps, mariage, décès, etc. Ceci s'appelle 回老家看看 **huí lǎojiā kàn-kan**, *rentrer au bercail voir ce qui se passe…* L'exode rural (城市化 **chéngshìhuà**, *urbanisation*) se poursuit en RPC. Le taux de population urbaine est censé atteindre 60 % en 2020.
- 春节才热闹一些。 **Chūnjié cái rènào yìxiē.** *On attendait la fête du Printemps pour avoir enfin un peu d'ambiance.*
  Rappel : l'adverbe 才 **cái**, *pas avant, seulement*, exprime une idée d'attente. L'adjectif 热闹 **rè'nào** décrit l'ambiance festive du Nouvel An printanier, mais 一些 **yìxiē**, *quelque peu* ajoute une nuance importante : la routine était ennuyeuse et seule la fête du Printemps nous égayait un peu. Plus loin, la dame explique que le village a beaucoup embelli en ajoutant après l'adjectif une nuance de degré et de comparaison avec le passé : 漂亮多了 **piàoliàng duō le** (= joli beaucoup **le**).
- 后来 **hòulái**, *par la suite* (il arriva que). Ce repère temporel est propre au récit et au passé : 你说当时很穷，后来怎么样？ **Nǐ shuō dāngshí hěn qióng, hòulái zěnmeyàng ?** *Tu dis qu'avant c'était très pauvre, et ensuite que s'est-il passé ?* Parlant de l'avenir, on emploie 以后 **yǐhòu**, *après* et 将来 **jiānglái**, *dans l'avenir* : 以后有机会再来! **Yǐhòu yǒu jīhuì zài lái!** *Reviens quand tu en auras l'occasion!* 我想知道将来会怎么样？ **Wǒ xiǎng zhīdào jiānglái huì zěnmeyàng ?** *Je voudrais savoir ce qui se passera plus tard.*
- 弄得干净以后 **nòng-de gānjìng yǐhòu**, *une fois récuré et propre, après avoir été nettoyé.* Le verbe **nòng** 弄 a un sens factitif ici : *rendre propre.* 房间弄得很乱。 **Fángjiān nòng-de hěn luàn.** *La chambre est complètement sens dessus dessous.*
- 从来没想到 **cónglái méi xiǎng-dào**, *on n'aurait jamais cru que.* L'idée est qu'on ne s'y attendait pas (= ne jamais avoir pensé que). 想 **xiǎng**, *penser* peut être suivi du verbe de résultat 到 **dào** : 想到了一个好办法 **xiǎng-dào-le yī ge hǎo bànfǎ**, *avoir trouvé une bonne solution.*
- 年纪 **niánjì**, *âge* et 年龄 **niánlíng**, *âge* (Leçon 25) sont des synonymes.
- 替我们多招揽游客 **tì wǒmen duō zhāolǎn yóukè**, (merci d')*attirer pour nous le maximum de touristes.* 替 **tì**, *à la place de, pour* (+ bénéficiaire) se place en amont du verbe : 爷爷替孙子背书包。 **Yéye tì sūnzǐ bēi shūbāo.** *Le grand-père porte le cartable de son petit-fils* (il le porte à sa place). 替 **tì** pourrait être remplacé par 给 **gěi**.

EXERCICES

1. ÉCOUTEZ.

30

a. Le guide a aussi posé des questions plus personnelles à cette grand-mère entreprenante. Repérer les personnes mentionnées vous aidera à comprendre.

b. Quel bilan fait de son côté une responsable du village ?
 (B1) Le paysage est… ;
 (B2) Plus de problèmes avec… ;
 (B3) Moi aussi je pensais… ;
 (B4) Les séniors… ;
 (B5) On a découvert que… ;
 (B6) Au quotidien… ;
 (B7) Les villageois… ;
 (B8) Reviens… !

2. DÉCHIFFREZ.

Cherchez à reconnaître ceci :

弄得干净　　处理问题　　吸引游客
谁同意？谁反对？

3. ORDONNEZ LES MOTS.

Grand-mère, repose-toi un moment, je vais préparer le dîner à ta place.

$_1$你　$_2$一会儿　$_3$晚饭　$_4$做
$_5$奶奶　$_6$我来　$_7$休息　$_8$替你

VOCABULAIRE

家乡 **jiāxiāng** *pays natal* (= famille-campagne) ; 留在 **liú zài** *(+ lieu) rester à*
导游 **dǎoyóu** *guide touristique* (= mener-voyage)
西餐 **xīcān** *cuisine occidentale* (= ouest-repas)
村民 **cūnmín** *villageois* (= village-peuple) ; 小村子 **xiǎo cūnzi** *petit village*
差 **chà** *médiocre, insuffisant*
岁 **suì** *an* (d'âge) ; 长辈 **zhǎngbèi** *aînés, génération précédente*
直到 **zhídào** *jusqu'à* ; 过年 **guò nián** *passer le Nouvel An*
热闹 **rè'nào** *vivant, ambiance animée* (= chaud-faire du bruit)
后来 **hòulái** *par la suite (il arriva que)*
提出 **tí-chū** *proposer, lancer (idée, projet)*
青山 **qīng shān** *vertes montagnes*
当时 **dāngshí** *à l'époque, autrefois*
县上 **xiàn shàng** *au niveau du district, autorités du district*
大量 **dàliàng** *en grande quantité* ; 投资 **tóu zī** *investir des capitaux*
处理 **chǔlǐ** *résoudre, régler, traiter (question, problème)*
污水 **wūshuǐ** *eaux usées* (= polluée-eau) ; 污染 **wūrǎn** *pollution*
垃圾 **lājī** *ordures ménagères*
反对 **fǎnduì** *s'opposer à, être contre*
同意 **tóngyì** *approuver, être d'accord avec*
干净 **gānjìng** *propre* ; 弄得干净 **nòng-de gānjìng** *nettoyer, assainir*
风景 **fēngjǐng** *paysage* (= vent-vue)
院子 **yuànzi** *cour (de maison)*
挂 **guà** *suspendre, accrocher* ; 挂着 **guà-zhe** *être suspendu*
万国旗 **wàn guó qí** *les drapeaux de tous les pays* (= beaucoup-pays-drapeau)
世界 **shìjiè** *le monde* ; 全世界 **quán shìjiè** *le monde entier*
民宿 **mínsù** *gîte* ; 开民宿 **kāi mínsù** *ouvrir un gîte*
环保 **huánbǎo** = 环境保护 **huánjìng bǎohù** *protection de l'environnement*
吸引 **xīyǐn** *attirer, séduire*
外来 **wàilái** *qui vient de l'extérieur, venu d'ailleurs, étranger*
也许 **yěxǔ** *peut-être, il se peut que*
太太 **tàitai** *dame, madame* ; 先生 **xiānshēng** *monsieur*
挣钱 **zhèng qián** *gagner de l'argent*
替 **tì** *à la place de, pour quelqu'un*
招揽 **zhāolǎn** *attirer* ; 游客 **yóukè** *touriste(s)*

TRACEZ CINQ SIGNES.

chūn, *printemps* – 1, 2, 3 →→ → ; 4, 5 人 ; 6, 7, 8, 9 日 (clé du soleil)
jié, *segment, période* (du calendrier) – 1, 2, 3 艹 (clé de l'herbe) ; 4 ⺕ ; 5 ↓
春节 **Chūnjié**, *fête du Printemps*

zài, *se trouver à* – 1 → ; 2 ノ ; 3 ↓ ; 4, 5, 6 土 (clé de la terre)
xiāng, *lieu natal* – 1, 2 ∠ ∠ ; 3 ノ ; 在乡下 **zài xiāngxià**, *à la campagne*

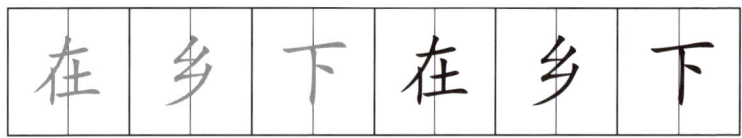

30. FLEUR DE PÉKIN

北京市花

OBJECTIFS

- RETISSER LES LIENS FAMILIAUX
- DISTANCE RESTANTE À PARCOURIR
- REMARQUER UNE CURIOSITÉ, SENTIMENT D'ÉTRANGETÉ : TRADITION, MODERNITÉ, CRÉATIVITÉ
- ÉVOQUER UN MOTIF ANCIEN, UNE PÉRIODE HISTORIQUE, UNE GUERRE ET SES EFFETS
- RESSEMBLANCE ET DIFFÉRENCE
- CHANCE ET MALCHANCE
- VÉRIFIER SUR SON TÉLÉPHONE

NOTIONS

- REPÈRES TEMPORELS : NÀ TIĀN ; BĚNLÁI ; ÈR SHÍ SHÌJÌ ZHŌNGYÈ ; NÀ SHÍHOU
- ADVERBES : XIĀN ; ZÀI ; KUÀI ; YÒU ; ZHÈME ; HÁISHI ; BÚ TÀI
- PRÉPOSITIONS : WĂNG ; CÓNG… DÀO… ;
- CLASSIFICATEUR : BĀNG
- PLURIEL NOMINAL : RÉNMEN
- TOURNURE : BÀN… BÀN…
- AMORCES ARGUMENTATIVES : KĚXĪ ; HĂOZÀI ; SHUŌ SHÍHUÀ

北京市花
BĚIJĪNG SHÌHUĀ
FLEUR DE PÉKIN

🔊 31

姐姐：我知道你上次来北京参观过天坛。
Jiějie : Wǒ zhīdào nǐ shàng cì lái Běijīng cānguān-guò Tiāntán.
Grande sœur : Je sais que tu as visité le temple du Ciel quand tu es venu à Pékin la dernière fois.

弟弟：可惜那天来不及游览公园。
Dìdi : Kěxī nà tiān lái-bu-jí yóulán gōngyuán.
Petit frère : Malheureusement, je n'ai pas eu le temps de me promener dans le parc ce jour-là.

姐：所以今天只买了公园门票。先去月季园好吗？再往前五十米你就可以自己发现什么是月季。
Suǒyǐ jīntiān zhǐ mǎi-le gōngyuán ménpiào. Xiān qù Yuèjìyuán hǎo ma ? Zài wǎng qián wǔ shí mǐ nǐ jiù kěyǐ zìjǐ fāxiàn shénme shì yuèjì.
C'est pourquoi je n'ai acheté aujourd'hui que des tickets d'entrée pour le parc. Commençons par le jardin Yueji, d'accord ? Encore 50 m dans la même direction et tu pourras découvrir par toi-même ce que sont les « yueji ».

弟：瞧这帮人，在跳什么舞？好怪。
Qiáo zhè bāng rén, zài tiào shénme wǔ ? Hǎo guài.
Regarde ces gens-là, qu'est-ce que c'est que cette danse ? Incroyable.

姐：他们在练什么武术？半传统半现代的……
Tāmen zài liàn shénme wǔshù ? Bàn chuántǒng bàn xiàndài de…
Ils pratiquent un art martial, mais lequel ? C'est mi-traditionnel mi-moderne…

弟：北京户外的团体活动越来越丰富。快到了吧？从这儿闻得到轻轻的香味。
Běijīng hùwài de tuántǐ huódòng yuè lái yuè fēngfù. Kuài dào-le ba ? Cóng zhèr wén-de-dào qīng-qīng de xiāngwèi.
Les activités collectives de plein air sont de plus en plus variées à Pékin. On est presque arrivés, non ? D'ici, je sens une très légère odeur.

姐：咱们靠近闻一闻。
Zánmen kào jìn wén-yi-wén.
Allons sentir de plus près.

弟：嗯，玫瑰花的香气，玫瑰花的样子。
Ēn, méiguīhuā de xiāngqì, méiguīhuā de yàngzi.
Mais oui, elles ont le parfum des roses et l'aspect des roses.

姐：月季本来是中国的花朵，古代的丝织品上是常见的。从鸦片战争到二十世纪中叶，可以说是战争的年代，人们哪有工夫养花？那时候，月季出洋去了欧洲，后来又回归故土了。
Yuèjì běnlái shì Zhōngguó de huāduǒ, gǔdài de sīzhīpǐn shàng shì chángjiàn de. Cóng Yāpiàn zhànzhēng dào èr shí shìjì zhōngyè, kěyǐ shuō shì zhànzhēng de niándài, rénmen nǎ yǒu gōngfu yǎng huā ? Nà shíhòu, yuèjì chū yáng qù-le Ōuzhōu, hòulái yòu huíguī gùtǔ le.
Le « yueji » est une fleur originaire de Chine et un motif fréquent dans les soieries anciennes. Des guerres de l'Opium jusqu'au milieu du XXᵉ siècle, disons que ce fut un âge de guerres, comment veux-tu que les gens aient le loisir de cultiver des fleurs ? C'est alors que le « yueji » est parti sur les océans jusqu'en Europe et que, plus tard, il a fini par regagner son ancien terroir.

弟：这么说，月季是"老海归"，像我。
Zhème shuō, yuèjì shì « lǎo hǎi guī », xiàng wǒ.
Ainsi le « yueji » serait un « vieux rapatrié », comme moi.

姐：好在回国了！
Hǎozài huí guó le !
Bon retour au pays !

弟：说实话，我还是不太了解洋玫瑰和本土月季的区别。咱们坐一会儿百度一下吧。
Shuō shíhuà, wǒ hái shì bú tài liǎojiě yáng méiguī hé běntǔ yuèjì de qūbié. Zánmen zuò yíhuìr bǎidù yíxià ba.
À vrai dire, je ne comprends pas bien la différence entre la rose d'outre-mer et le « yueji » endémique. Asseyons-nous un instant pour chercher sur Internet.

COMPRENDRE LE DIALOGUE
OBSERVER LES SIGNES

Le bout du chemin approche : bravo ! Voici le programme du jour que la sœur a prévu pour son frère de retour à Pékin. Essayez d'en capter les points essentiels… avant de vérifier dans le corrigé.

我经常去天坛公园看看书或者做英语练习。
Wǒ jīngcháng qù Tiāntán gōngyuán kàn-kan shū huòzhě zuò yīngyǔ liànxí.

今天，弟弟在公园门口等我。
Jīntiān dìdi zài gōngyuán ménkǒu děng wǒ.

他刚回国, 好久没见, 所以我很高兴见到他。
Tā gāng huí guó, hǎo jiǔ méi jiàn, suǒyǐ wǒ hěn gāoxìng jiàn-dào tā.

我们可以游览三个小时, 然后一起去市场买菜,
Wǒmen kěyì yóulán sān ge xiǎoshí, ránhòu yì-qǐ qù shìchǎng mǎi cài,

回家以后给他做晚饭。这次应该非 常非常好吃！
huí jiā yǐhòu gěi tā zuò wǎnfàn. Zhè cì yīnggāi fēi-cháng fēicháng hǎochī !

晚饭后可能让他在线观看有关"中国天眼"的纪录片，因为弟弟从小对高科技感兴趣。
Wǎnfàn hòu kě'néng ràng tā zài xiàn guānkàn yǒu guān « Zhōng guó tiān yǎn » de jìlùpiàn, yīnwèi dìdi cóng xiǎo duì gāo kējì gǎn xìngqù.

"中国天眼"也叫FAST*, 有没有听说过？
« Zhōngguó tiān yǎn » yě jiào FAST, yǒu-mei-yǒu tīng-shuō-guò ? »

* Five hundred meter Aperture Spherical Telescope (un gigantesque radiotélescope).

NOTE CULTURELLE

Achevé en 1420 et restauré en 2005, le temple du Ciel – ou plus exactement le 祈年殿 **Qíniándiàn**, *Salle des prières pour la moisson* – forme une rotonde au toit élancé. Il faut savoir que l'alliance franco-britannique occupa les lieux pendant la seconde guerre de l'Opium (1856-1860). Ce « promontoire céleste » (天坛 **Tiāntán**) a bien sûr perdu sa fonction cultuelle à la chute de l'empire. Les *cerfs-volants* (风筝 **fēngzhēng**) du parc alentour (poissons, papillons, dragons…) voient-ils cette prouesse d'architecture ? Sa *forme ronde* (圆形 **yuánxíng**) et le lien *ciel-terre* (天地 **tiāndì**) se seraient-ils réincarnés dans le radiotélescope géant du Guizhou, appelé « œil céleste » (天眼 **tiānyǎn**) ?

◆ SENS ET GRAMMAIRE

- 那天 **nà tiān**, *ce jour-là* ; 那时候 **nà shíhòu**, *à ce moment-là, à cette époque-là*. Notez l'emploi du démonstratif 那 **nà** dans ces deux repères temporels.
- 再往前五十米 **zài wǎng qián wǔ shí mǐ**, *encore 50 m dans la même direction*. L'adverbe 再 **zài** exprime tantôt la répétition projetée, tantôt la continuation : 再见 **zài jiàn**, *au revoir* ; 再高一点 **zài gāo yìdiǎn**, *encore un peu plus haut*. 往 **wǎng**, *vers, en direction de*, est synonyme de 向 **xiàng**, (Leçon 21). 再往前 **zài wǎng qián**, signifie donc qu'il faut *continuer tout droit devant soi*.
- 瞧 **qiáo**, *regarder*. Ce verbe est apparu en Leçon 9. Peut-être l'avez-vous oublié… ce n'est pas grave. Remarquez juste sa clé de l'œil 目 **mù**, comme dans 看 **kàn**, *regarder* ou dans les deux caractères 眼睛 **yǎnjing**, *œil, yeux*.
- 这帮人 **zhè bāng rén**, *cette bande de gens, ces gens-là*. 帮 **bāng** a une connotation assez louche, car jadis il pouvait désigner un gang ceint d'un même « bandeau » afin de se reconnaître, éviter de s'entraider, s'entretuer etc. Remarquez la clé du tissu 巾 **jīn**. Cependant 帮 **bāng** est positif dans 帮助 **bāngzhù**, *aider, aide* (Leçon 3). Si un jour vous demandez de l'aide à un inconnu, dites juste : 能不能请您帮个忙？**Néng-bu-néng qǐng nín bāng ge máng ?** *Puis-je vous demander un petit coup de main ?*
- 快到了吧？**Kuài dào-le ba ?** *On est presque arrivés, non ?* 快 **kuài**, *vite, bientôt*, suivi de la particule finale de changement 了 **le** produit un futur proche : 警察快来了。 **Jǐngchá kuài lái le.** *La police va venir*. Rappel : l'interrogatif 吧？**ba ?** exprime une supposition à vérifier : *On devrait être bientôt arrivés ? Je suppose qu'on va arriver.*
- 老海归 **lǎo hǎiguī**, *vieux rapatrié*. On appelle ainsi (= vieux mer-regagner) les gens formés à l'étranger de retour au pays. Mais **hǎiguī** peut s'écrire comme ici 海归 (= mer-retour) ou bien 海龟 (= mer-tortue). Autour des années 2010, les « vieilles tortues de mer », rapatriées, mais déconnectées, peinaient à trouver un emploi…
- 好在回国了！**Hǎozài huí guó le !** *Bon retour au pays !* 好在 **hǎozài**, *heureusement que*, fait pendant à 可惜 **kěxī**, *c'est dommage que, malheureusement*. Cette réplique peut se traduire : *heureusement que toi-même et le yueji êtes rentrés au pays*.
- 百度 **bǎidù**, *chercher sur Internet*. Le nom (= cent-passage) du moteur de recherche chinois est devenu un verbe courant.

● EXERCICES

 1. ÉCOUTEZ.

a. La fratrie poursuit sa promenade tout en bavardant.

b. Comprenez-vous ces actions ?
Laquelle concerne le jardinage (A_ _) ; la direction à prendre (A_ _) ; l'exercice physique (A_ _) ; une sensation olfactive (A_ _) ; un grand voyage (A_ _) ; la recherche d'un emploi (A_ _) ; la curiosité des badauds (A_ _) ; la proximité (A_ _)

2. DÉCHIFFREZ.

Cherchez à reconnaître ceci :

参观游览 非常丰富
常见问题 传统文化

3. ORDONNEZ LES MOTS.

Dans les grandes villes, il y a des jeunes qui aiment danser dans la rue.

₁跳舞　₂有些　₃人　₄在街上
₅喜欢　₆大城市　₇里　₈年轻

TRACEZ QUATRE SIGNES.

gǔ, *ancien* – 1 → ; 2 ↓ ; 3, 4, 5 口 (clé de la bouche)
dài, *époque* – 1, 2 亻 (clé de l'homme) ; 3 → ; 4 ↘ incurvé + crochet ; 5 ˇ point
古代 **gǔdài,** *ancien temps*

fēng, *abondance* – 1, 2 → → ; 3 → ; 4 ↓
丰年 **fēngnián,** *année de bonne récolte, année prometteuse*

VOCABULAIRE

市花 **shìhuā** *fleur emblématique d'une ville* (= ville-fleur)
姐姐 **jiějie** *grande sœur* ; 弟弟 **dìdi** *petit frère*
参观 **cānguān** *visiter* (un lieu)
天坛 **Tiāntán** *le temple du Ciel* (= ciel-esplanade)
来不及 **lái-bu-jí** *ne pas avoir le temps de* (Leçon 7)
游览 **yóulán** *visiter en se promenant* (= flâner-regarder)
门票 **ménpiào** *ticket d'entrée* (=porte-ticket)
月季园 **Yuèjìyuán** *le jardin des Yueji* (*Rosa chinensis*) (= lune-saison-jardin)
往 **wǎng** *vers, en direction de* ; 往前 **wǎng qián** *en avant, plus loin* (devant)
帮 **bāng** *bande, gang* ; 这帮人 **zhè bāng rén** *ce groupe de gens, ces gens-là*
跳舞 **tiào wǔ** *danser* (= sauter et remuer les bras)
练 **liàn** *pratiquer, s'entraîner, s'exercer à*
半…半… **bàn… bàn…** *mi-… mi-…, moitié… moitié…*
传统 **chuántǒng** *tradition(nel)* (= transmettre-unité)
团体 **tuántǐ** *collectif, en groupe*
丰富 **fēngfù** *varié, riche* (= abondant-riche)
闻到 **wén-dào** *sentir* (une odeur)
香味 **xiāngwèi** *parfum, odeur, arôme* ; 香气 **xiāngqì** *parfum, fragrance*
靠近 **kào jìn** *approcher* (= s'appuyer-près)
一朵玫瑰花 **yī duǒ méiguīhuā** *une rose* ; 花朵 **huāduǒ** *fleur(s)*
本来 **běnlái** *à l'origine* ; 本土 **běntǔ** *du pays, d'ici, endémique* (= racine-terre)
古代 **gǔdài** *ancien, temps jadis* (= ancien-époque)
丝织品 **sīzhīpǐn** *soierie* (= soie-tisser-produit)
常见 **chángjiàn** *fréquent, courant* (= souvent-voir)
鸦片战争 **Yāpiàn zhànzhèng** *guerres de l'Opium* (1839-1842) (1856-1860)
世纪 **shìjì** *siècle* ; 中叶 **zhōngyè** *au milieu du (siècle)*
年代 **niándài** *époque, années, décennie*
工夫 **gōngfu** *énergie, temps*
哪有工夫 **nǎ yǒu gōngfu** *comment trouver le temps ?*
养花 **yǎng huā** *cultiver des fleurs, horticulture*
出洋 **chū yáng** *prendre la mer* (= sortir océan)
回归故土 **huíguī gùtǔ** *revenir à son ancien terroir, regagner ses pénates*
好在… **hǎozài…** *heureusement que…*
区别 **qūbié** *différence, distinction*

LES CORRIGÉS DES EXERCICES

NOTE

Vous trouverez dans les pages qui suivent tous les corrigés des exercices proposés dans les modules qui précèdent. Les exercices enregistrés sont signalés par le pictogramme 🔊 accompagné du n° de piste en *streaming*. Ils se trouvent sur la même piste que le dialogue de la leçon, à la suite de celui-ci ; ils portent donc le même numéro de piste.

1. COMPTER JUSQU'À TROIS

1. a. 我说 **wǒ shuō**, *je dis* ; 你数 **nǐ shǔ**, *tu comptes* ; 你看。 **Nǐ kàn**. *Regarde* ; 我不买这个。 **Wǒ bù mǎi zhè ge**. *Je n'achète pas ça* ; 你懂吗? **Nǐ dǒng ma?** *Tu comprends ?* 谢谢你。 **Xièxie nǐ**. *Merci à toi*.
b. (Q1, question 1) : 你买吗? **Nǐ mǎi ma?** *Tu achètes ?* (R1, réponse 1) : 我不买。 **Wǒ bù mǎi** ; Q2 : 你懂吗? **Nǐ dǒng ma?** *Tu comprends ?* R2 : 我不懂。 **Wǒ bù dǒng** ; Remerciement : 谢谢你。 **Xièxie nǐ**. *Je te remercie*. Réaction : 不谢。 **Bú xiè**. *De rien*.
c. 一百块 **yī bǎi kuài**, *cent kuai* ; 两百块 **liǎng bǎi kuài**, *deux cents kuai* ; 三百快 **sān bǎi kuài**, *trois cents kuai* ; 三块 **sān kuài** *trois kuai*.
d. 两百块好吗? **Liǎng bǎi kuài hǎo ma?** *Vous êtes d'accord et vous répondez :* 好。 **Hǎo**. *D'accord*.
2. 好 **hǎo**, *bon* ; 百 **bǎi**, *cent* ; 看 **kàn**, *regarder* ; 谢 **xiè**, *remercier*.
3. L'ordre est 213 : 你懂吗? **Nǐ dǒng ma?** *Comprends-tu ?*

2. C'EST DIFFICILE OU PAS ?

1. a. 他学 **tā xué**, *il apprend* ; 你问我 **nǐ wèn wǒ**, *tu me demandes, tu me poses la question* ; 别笑 **bié xiào**, *ne ris pas* ; 上大学 **shàng dàxué**, *aller à l'université* ; 要学 **yào xué**, *vouloir apprendre*.
b. 我 **wǒ**, *moi, je* ; 你 **nǐ**, *tu, toi* ; 他 **tā**, *il, lui* ; 你们 **nǐmen**, *vous*.
c. 慢 **màn**, *lent* ; 不对 **bú duì**, *inexact, faux* ; 不好 **bù hǎo**, *pas bien* ; 难 **nán**, *difficile*.
d. (Q1) 你在学中文吗? **Nǐ zài xué zhōngwén ma?** *Est-ce que tu apprends le chinois en ce moment ?* (R1) 对，我在学中文。 **Duì, wǒ zài xué zhōngwén**. *C'est exact, je suis en train d'apprendre le chinois*. Réponse brève (R1) 对。 **Duì**. *C'est exact*.
(Q2) 中文难吗? **Zhōngwén nán ma?** *Est-ce que le chinois est difficile ?* (R2) 中文难。 **Zhōngwén nán**. *Oui, le chinois est difficile*. / 中文不难。 **Zhōngwén bù nán**. *Non, le chinois n'est pas difficile*. Réponse brève (R2) 难。 **Nán**. *Oui*. / 不难。 **Bù nán**. *Non*.
2. 中文不难。 **Zhōngwén bù nán**. *Le chinois n'est pas difficile*.
3. L'ordre est 561423 : 你在学中文吗? **Nǐ zài xué zhōngwén ma?**

3. QUE CHERCHEZ-VOUS ?

1. a. 中国 **Zhōngguó**, *Chine* ; 法国 **Fǎguó**, *France* ; 外国 **wàiguó**, *pays étrangers* ; 书店 **shūdiàn**, *librairie* ; 这里 **zhèlǐ**, *ici* ; 那边 **nàbiān**, *là-bas*.
b. 大卫是法国人吗? **Dàwèi shì fǎguórén ma?** *David est français ?* 店员是中国人吗? **Diànyuán shì zhōngguórén ma?** *La vendeuse est-elle chinoise ?* 大卫的爸爸是中国人吗? **Dàwèi de bàba shǐ zhōnguórén ma?** *Le père de David est-il chinois ?* 这里是书店吗? **Zhèlǐ shì shūdiàn ma?** *C'est bien une librairie ici ?* Réponse : 是啊。 **Shì a**. *Oui, oui*. Ou bien : 不是。 **Bú shì**. *Non*.
c. 这里有中国书店吗? **Zhèlǐ yǒu Zhōngguó shūdiàn ma?** *Est-ce qu'il y a une librairie chinoise ici ?* 这里有外国小说吗? **Zhèlǐ yǒu wàiguó xiǎoshuō ma?** *Y a-t-il des romans étrangers ici ?* Réponse : 有，在那边。 **Yǒu, zài nàbiān**. *Oui, il y en a, elle se trouve/ils se trouvent là-bas*.
d. (S1) 这是我爸爸。 **Zhè shì wǒ bàba**. 这是他的中文书。 **Zhè shì tā de zhōngwén shū**. (S2) 这是我的电话。 **Zhè shì wǒ de diànhuà**.
2. 您也是法国人吗 ? **Nín yě shi fǎguórén ma ?**, *Vous êtes aussi français(e) ?* **Wǒ yě shì**., *Oui, moi aussi*.
3. a. L'ordre est 415326 : 我在找中国小说。 **Wǒ zài zhǎo Zhōngguó xiǎoshuō**.
b. L'ordre est 214365 : 好，我来帮你找。 **Hǎo, wǒ lái bāng nǐ zhǎo**.

4. ELLE S'APPELLE COMMENT ?

1. a. 您姓什么? **Nín xìng shénme ?** 我姓李。 **Wǒ xìng Lǐ**.
b. 您叫什么名字? **Nín jiào shénme míngzi ?**
c. 用你的笔好吗? **Yòng nǐ de bǐ hǎo ma?**
d. 这叫什么? **Zhè jiào shénme ?** *Comment ça s'appelle ?* ; 我家 **wǒ jiā**,

ma famille;再见 **zàijiàn**, *au revoir*;写信 **xiě xìn**, *écrire une lettre*;寄一封信 **jì yī fēng xìn**, *envoyer une lettre*;请签字。 **Qǐng qiān zì**. *Veuillez signer s'il vous plaît*;谢谢 **xièxie**, *merci*.
2. 你找谁? **Nǐ zhǎo shéi?** *Qui cherches-tu?* 我找一位姓李的女士。 **Wǒ zhǎo yī wèi xìng Lǐ de nǚshì**. *Je cherche une dame qui s'appelle Li*. 这里写的是什么? **Zhèlǐ xiě de shì shénme?** *Qu'est-ce qui est écrit ici?* 我不知道。 **Wǒ bù zhīdào**. *Je ne sais pas*.
3. a. 4132:请在这儿签字。 **Qǐng zài zhèr qiān zì.** *Veuillez signer ici*.
b. 251346:请问您是哪一位? **Qǐng wèn nín shì nǎ yī wèi?**

5. TU HABITES OÙ?

06 **1. a.** 你是哪里人? **Nǐ shì nǎli rén?** *Tu es d'où?* 你老家是哪里的? **Nǐ lǎojiā shì nǎli de?** *D'où es-tu originaire?* 你住在上海吗? **Nǐ zhù zài Shànghǎi ma?** *Tu habites à Shanghai?*
06 **b.** (Q1) 你去过泰山吗? **Nǐ qù-guo Tàishān ma?** *Es-tu déjà allé au mont Taishan?* (R1) 去过。 **Qù-guo**. *Oui*. (Q2) 他学过中文吗? **Tā xué-guo zhōngwén ma?** *Est-ce qu'il a déjà étudié le chinois?* (R2) 学过。 **Xué-guo**. *Oui*. (Q3) 你听说过吗? **Nǐ tīng-shuō-guo ma?** *En as-tu déjà entendu parler?* (R3) 听说过。 **Tīng-shuō-guo**. *Oui*.
06 **c.** 你去过巴黎吗? **Nǐ qù-guo Bālí ma?** *Tu es déjà allé à Paris?* 没去过。 **Méi qù-guo**. *Non jamais*.
06 **d.** 山东人 **Shāndōngrén**, *les gens du Shandong*;上海人 **Shànghǎirén**, *les Shanghaïens*;北京人 **Běijīngrén**, *les Pékinois*;巴黎人 **Bālírén**, *les Parisiens*;老人 **lǎorén**, *les personnes âgées*.
06 **e.** 家 **jiā** / 假 **jià** dans 我家 **wǒ jiā** / 度假 **dù jià**;东 **dōng** / 懂 **dǒng** dans 山东 **Shāndōng** / 我懂 **wǒ dǒng**
2. 你去过山东吗? **Nǐ qù-guo Shāndōng ma?** *Es-tu déjà allé au Shandong?* 你想去泰山吗? **Nǐ xiǎng qù Tàishān ma?** *Tu as envie d'aller au mont Taishan?*
3. a. 5217346: **Wǒ bù xiǎng hé bàmā yìqǐ zhù.**
b. 41523: **Tīng-shuō shì yī ge hǎo dìfang.**

6. ARRIVER À L'AÉROPORT

07 **1. a.** 很高兴 **hěn gāoxìng**, *très content*;太好了 **tài hǎo le**, *c'est parfait, c'est très gentil*;很顺利 **hěn shùnlì**, *tout s'est bien passé*;不要客气 **bú yào kèqi**, (= il ne faut pas être poli) *je vous en prie, c'est bien normal*.
07 **b.** 我不认识马丁。 **Wǒ bù rènshi Mǎ Dīng**. *Je ne connais pas Martin*;我们来接您。 **Wǒmen lái jiē nín**. *Nous venons vous chercher*;我拿行李。 **Wǒ ná xínglǐ**. *Je prends les bagages*;小王开车。 **Xiǎo Wáng kāi chē**. *Xiao Wang conduit* (la voiture);咱们不用打的。 **Zánmen bú yòng dǎ dī**. *On n'a pas besoin de prendre un taxi*.
07 **c.** (Q1) 马丁有行李吗? **Mǎ Dīng yǒu xínglǐ ma?** *Est-ce que Martin a des bagages?* (R1) 有行李。 **Yǒu xínglǐ**. *Oui, il en a*.
(Q2) 这边有电梯吗? **Zhèbiān yǒu diàntī ma?** *Y a-t-il des ascenseurs par ici?* (R2) 有电梯。 **Yǒu diàntī**. *Oui, il y en a*. (Q3) 楼下有出租车吗? **Lóu xià yǒu chūzūchē ma?** *Est-ce qu'il y a des taxis en bas?* (R3) 有出租车。 **Yǒu chūzū chē**. *Oui, il y en a*. (Q4) 地下有停车场吗? **Dì xià yǒu tíngchēchǎng ma?** *Il y a un parking en sous-sol?* (R4) 有停车场 **Yǒu tíngchēchǎng**. *Oui, il y en a un*.
07 **d.** (Q1) 您是白玉吧? **Nín shì Bái yù ba?** *Vous êtes bien Bai Yu?* (R1) 是我,您好。 **Shì wǒ, nín hǎo**. *Oui, c'est moi, bonjour*. (Q2) 能推车出机场吗? **Néng tuī chē chū jīchǎng ma?** *On peut sortir de l'aéroport avec le chariot?* (R2) 先不要出门。 **Xiān bú yào chū mén**. *Pour l'instant on ne sort pas*. (Q3) 去几层? **Qù jǐ céng?** *On va à quel étage?* (R3) 去地下三层。 **Qù dìxià sān céng**. *On va au troisième sous-sol*.
2. 这是马先生的行李。 **Zhè shì Mǎ xiānsheng de xínglǐ**. *Ce sont les bagages de M. Ma*.
3. 261354:我一个人不能拿这些行李。 **Wǒ yī ge rén bù néng ná zhè xiē xínglǐ**.

7. PETITES COURSES

08 **1. a.** 我买一斤水果,再买三包方便面。

Wǒ mǎi yī jīn shuǐguǒ, zài mǎi sān bāo fāngbiàn miàn. *Je vais prendre une livre (500 g) de fruits, et aussi trois sachets de nouilles instantanées.* 我买这三个橙子和一个苹果。 **Wǒ mǎi zhè sān ge chéngzi hé yī ge píngguǒ.** *Je vais prendre ces trois oranges et une pomme.*

b. 阿姨，橙子有吗？ **Āyí, chéngzi yǒu ma**？ *S'il vous plaît madame, vous avez des oranges ?* 阿姨，几点了？ **Āyí, jǐ diǎn le**？ *S'il vous plaît, quelle heure est-il ?* 阿姨，葡萄卖完了吗？ **Āyí, pútao mài-wán le ma**？ *S'il vous plaît, vous avez vendu tous vos raisins ?* 麻烦您，这里有厕所吗？ **Máfan nín, zhèlǐ yǒu cèsuǒ ma**？ *Excusez-moi, y aurait-il des toilettes ici ?* 小朋友，你住在这儿吗？ **Xiǎo péngyou, nǐ zhù zài zhèr ma**？ *Tu habites ici, mon garçon ?*

c. (Q1) 这条街上有大超市吗？ **Zhè tiáo jiē shàng yǒu dà chāoshì ma**？ *Il y a un supermarché dans cette rue ?* (R1) 没有。 **Méi yǒu.** *Non.* (Q2) 这是红烧肉吗？ **Zhè shì hóngshāoròu ma**？ *C'est du porc braisé ?* (R2) 不是。 **Bú shì.** *Non.* (Q3) 这个东西修好了吗？ **Zhè ge dōngxi xiū-hǎo le ma**？ *Cet objet a été réparé ?* (R3) 没有。 **Méi yǒu.** *Non.* Ou aussi : 还没有。 **Hái méi yǒu.** *Non, pas encore.* (Q4) 他是你的孩子吧？ **Tā shì nǐ de háizi ba**？ *C'est bien ton enfant ?* (R4) 不是。 **Bú shì.** *Non.*

d. 你去吧。 **Nǐ qù ba**；你买吧。 **Nǐ mǎi ba**；咱们买西瓜吧。 **Zánmen mǎi xīguā ba**；你尝吧。 **Nǐ cháng ba**；你随便挑吧。 **Nǐ suíbiàn tiāo ba.**

2. 水果 **shuǐguǒ**, *fruits* ; 一点 **yī diǎn**, *une heure* / **yìdiǎn**, *un peu* ; 买卖 **mǎi-mài**, (= acheter-vendre) *faire du commerce* ; 一斤多少钱？ **Yī jīn duōshao qián**？ *Combien fait le demi-kilo ? La livre est à combien ?*
3. 321546 : 还要别的吗？ 你随便挑。 **Hái yào bié de ma? Nǐ suíbiàn tiāo.**

8. DEUX TASSES DE THÉ VERT

1. a. 喝茶吧。 **Hē chá ba.** *Prends du thé.* 喝杯水吧。 **Hē bēi shuǐ ba.** *Bois un verre d'eau.* 别喝自来水。 **Bié hē zìláishuǐ.** *Ne bois pas l'eau du robinet.* 别买这种水。 **Bié mǎi zhè zhǒng shuǐ.** *N'achète pas cette eau-là.*

b. (Q1) 你最喜欢喝什么茶？ **Nǐ zuì xǐhuān hē shénme chá**？ *Quel thé préfères-tu ?* (Q2) 妹妹在厨房干什么？ **Mèimei zài chúfáng gàn shénme**？ *Que fait ta sœur dans la cuisine ?* (Q3) 应该选择什么水？ **Yīnggāi xuǎnzé shénme shuǐ**？ *Quelle eau faut-il choisir ?* (Q4) 烧开的自来水可不可以喝？ **Shāo-kāi de zìláishuǐ kě-bu-kěyǐ hē**？ *L'eau du robinet, une fois bouillie, on peut la boire ?* Réponses possibles : (R1) : 我最喜欢喝绿茶。 **Wǒ zuì xǐhuān hē lǜ chá.** *Je préfère le thé vert.* (R2) 她准备沏茶。 **Tā zhǔnbèi qī chá.** *Elle prépare du thé* (= se prépare à faire infuser du thé). (R3) 应该选择天然水。 **Yīnggāi xuǎnzé tiānránshuǐ.** *Il faut choisir une eau naturelle.* (R4) 可以喝。 **Kěyǐ hē.** *Oui, on peut la boire.*

c. 我记得。 **Wǒ jìde.** *Je m'en souviens.* 好主意。 **Hǎo zhǔyi.** *Bonne idée.* 你在干什么呢？ **Nǐ zài gàn shénme ne**？ *Qu'est-ce que tu es en train de faire ?* 那我马上就下去。 **Nà wǒ mǎshang jiù xià-qù.** *Alors je descends tout de suite.* 可不可以用？ **Kě-bu-kěyǐ yòng**？ *On peut s'en servir ?* 不是这个意思。 **Bú shì zhè ge yìsi.** *Tu n'y es pas / Tu n'as pas compris ce que je voulais dire.*

d. 我跟你学学中文吧。 **Wǒ gēn nǐ xué-xué zhōngwén ba.**
2. 这里 **zhèlǐ**, *ici* ; 什么？ *Quoi ? Qu'est-ce que ? Pardon ?* (je n'ai pas compris) ; 可以 **kěyǐ**, *pouvoir, être possible* ; 一瓶水 **yī píng shuǐ**, *une bouteille d'eau.*
3. Deux solutions : 436521 : 我昨晚买了一盒绿茶。 **Wǒ zuówǎn mǎi-le yī hé lǜ chá.** Et aussi 346521 : 我昨晚买了一盒绿茶。 **Zuówǎn wǒ mǎi-le yī hé lǜ chá.**

9. SANS COUTEAU NI FOURCHETTE

1. a. 喂？ **Wéi**？ *Allo ?* 很好，你呢？ **Hěn hǎo, nǐ ne**？ *Très bien et toi ?* 你在哪儿？ **Nǐ zài nǎr**？ *Tu es où ?* 我们在饭馆。 **Wǒmen zài fànguǎn.** *Nous sommes au restaurant.* 我请你吃饭，你过来吧。 **Wǒ**

10 🔊 qǐng nǐ chī fàn, nǐ guò-lái ba. *Je t'invite à manger, viens nous rejoindre.* 还没有，我们等你点菜。 **Hái méi yǒu, wǒmen děng nǐ diǎn cài.** *Pas encore, on t'attend pour commander.* 一会儿见。 **Yíhuìr jiàn.** *À tout de suite.*

10 🔊 **b.** (Q1) 你去干什么？**Nǐ qù gàn shénme?** *Qu'est-ce que tu vas faire?* (R1) 我去洗手。**Wǒ qù xǐ shǒu.** *Je vais me laver les mains.* (Q2) 你想喝什么？**Nǐ xiǎng hē shénme?** *Que voudrais-tu boire?* (R2) 我想喝果汁。**Wǒ xiǎng hē guǒzhī.** *Je voudrais un jus de fruits.* (Q3) 你忘了吗？**Nǐ wàng le ma?** *Tu as oublié?* (R3) 我记得，没有忘。**Wǒ jìde, méi yǒu wàng.** *Je m'en souviens, je n'ai pas oublié.* (Q4) 我不吃辣的，你呢？**Wǒ bù chī lā de, nǐ ne?** *Je ne mange pas pimenté, et toi?* (R4) 我也不吃辣的。**Wǒ yě bù chī lā de.** *Moi non plus je ne mange pas pimenté.*

10 🔊 **c.** (Q1) 马克刚到上海的时候会用筷子吗？**Mǎ Kè gāng dào Shànghǎi de shíhou huì yòng kuàizi ma?** *En arrivant à Shanghai Mark savait-il manger avec des baguettes?* (R1) 不会。**Bú huì.** *Non.* (Q2) 这里做的鱼新鲜吗？**Zhèli zuò de yú xīnxiān ma?** *Le poisson servi ici est-il frais?* (R2) 还好。**Hái hǎo.** *Ça va.* (Q3) 他是谁？我不认得。**Tā shì shéi? Wǒ bú rènde.** *Qui est-ce? Je ne le reconnais pas.* (R3) 他是我们公司的会计。**Tā shì wǒmen gōngsī de kuàijì.** *C'est le comptable de notre entreprise.* (Q4) 马克，我们点的菜好吃吗？**Mǎ Kè, wǒmen diǎn de cài hǎochī ma?** *Mark, ils sont bons les plats qu'on a commandés?* (R4) 很好吃。**Hěn hǎochī.** *Oui, très bons.*

10 🔊 **d.** (D1) 请坐。**Qǐng zuò.** (D2) 请看菜单。**Qǐng kàn càidān.** *Regardez la carte s'il vous plaît.* (D3) 请等一等。**Qǐng děng-yi-děng.** *Un instant s'il vous plaît.* (D4) 你吃猪肉吗？**Nǐ chī zhūròu ma?** *Tu manges du porc?* (D5) 刀叉有吗？**Dāo chā yǒu ma?** *Vous auriez un couteau et une fourchette?* (D6) 服务员，买单。**Fúwùyuán, mǎi dān.** *L'addition s'il vous plaît.*

2. 中午 **zhōngwǔ**, *midi*; 洗手 **xǐ shǒu**, *se laver les mains*; 菜单 **càidān**, *carte de restaurant*; 啤酒 **píjiǔ**, *bière*
3. 613245 : 你点了什么菜？**Nǐ diǎn le shénme cài?**

10. DÉPENSER DE L'ARGENT

11 🔊 **1. a.** 周日 **zhōurì**, *dimanche* (= semaine-soleil); 周一 **zhōu yī**, *lundi* (= semaine jour-un); 周二 **zhōu èr**, *mardi*; 周三 **zhōu sān**, *mercredi*; 周四 **zhōu sì**, *jeudi*; 周五 **zhōu wǔ**, *vendredi*; 周六 **zhōu liù**, *samedi* (= semaine jour-six).

11 🔊 **b.** ● 有问题吗？**Yǒu wèntí ma?** ◆ 还有。**Hái yǒu.** ● 现在呢？**Xiànzài ne?** ◆ 没问题了。**Méi wèntí le.** ● 好！**Hǎo!**

11 🔊 **c.** (R1) 我所有的钱都花光了。**Wǒ suǒyǒu de qián dōu huā-guāng le.** *J'ai dépensé tout mon argent.* (R2) 这里的生活费太贵了。**Zhèlǐ de shēnghuófèi tài guì le.** *Les frais courants coûtent trop cher ici.* (R3) 我所有的朋友都在上海… **Wǒ suǒyǒu de péngyǒu dōu zài Shànghǎi…** *Tous mes copains sont à Shanghai…*

11 🔊 **d.** (Q1) 你周二能来吗？**Nǐ zhōu èr néng lái ma?** *Tu peux venir mardi?* (Q2) 你周三有没有时间？**Nǐ zhōu sān yǒu-méi-yǒu shíjiān?** *Mercredi, tu as le temps?* (Q3) 那周四可以吗？**Nà zhōu sì kěyǐ ma?** *Alors jeudi, c'est possible?* (Q4) 周四你的朋友会不会来？**Zhōu sì nǐ de péngyou huì-bu-huì lái?** *Jeudi, ton ami viendra ou pas?* Réponses possibles (R1) 周二不能来。**Zhōu èr bù néng lái.** *Je ne peux pas venir mardi.* (R2) 对不起，周三也没有时间。**Duì-bu-qǐ, zhōu sān yě méi yǒu shíjiān.** *Désolée, mercredi je n'ai pas le temps non plus.* (R3) 周四可以。**Zhōu sì kěyǐ.** *Jeudi, c'est possible.* (R4) 会来的。**Huì lái de.** *Oui, il/elle viendra.*

2. 周二 **zhōu èr**, *mardi*; 手机 **shǒujī**, *mobile, téléphone portable*; 扫码 **sǎo mǎ**, *flasher un code*; 欧元 **ōuyuán**, *euro*; 人民币 **rénmínbì**, *RMB*.
3. 142365 : 叔叔每次买东西都是扫码付钱。**Shūshu měi cì mǎi dōngxi dōu shì sǎo mǎ fù qián.**

11. CHANGER DE CARTE SIM

1. a. 宾馆的餐厅一定有咖啡。 **Bīnguǎn de cāntīng yídìng yǒu kāfēi.** Je suis sûr qu'il y a du café au restaurant de l'hôtel. 早餐已经开始了。 **Zǎocān yǐjīng kāishǐ le.** Le petit déjeuner est déjà servi (= commencé). 我的手机没电了，一定要充电。 **Wǒ de shǒujī méi diàn le, yídìng yào chōng diàn.** Mon téléphone est déchargé (= n'a plus d'électricité), il faut absolument que je le recharge. 今天你一定要给你女朋友打电话。 **Jīntiān nǐ yídìng yào gěi nǐ nǚ péngyou dǎ diànhuà.** Tu dois absolument téléphoner à ta copine aujourd'hui.

b. 几点了？ **Jǐ diǎn le？** Quelle heure est-il ? (H1) 三点半 **sān diǎn bàn**, trois heures et demie ; (H2) 四点一刻 **sì diǎn yī kè**, quatre heures et quart ; (H3) 一点二十分 **yī diǎn èr shí fēn**, une heure vingt ; (H4) 八点三刻 **bā diǎn sān kè**, huit heures quarante-cinq ; (H5) 差十分九点 **chà shí fēn jiǔ diǎn**, neuf heures moins dix.

c. 多少时间？ **Duōshao shíjiān？** Combien de temps ? (D1) 一个小时 **yī ge xiǎoshí**, une heure ; (D2) 两个半小时 **liǎng ge bàn xiǎoshí**, deux heures et demie ; (D3) 三天 **sān tiān**, trois jours ; (D4) 五分钟 **wǔ fēnzhōng**, cinq minutes ; (D5) 一周 **yī zhōu**, une semaine.

d. (Q1) 附近有商店吗？ **Fùjìn yǒu shāndiàn ma？** Il y a des magasins par ici ? (Q2) 离宾馆远不远？ **Lí bīnguǎn yuǎn-bu-yuǎn？** C'est loin de l'hôtel ? (Q3) 你上网了吗？ **Nǐ shàng wǎng le ma？** Tu es allé sur Internet ? (Q4) 几点开门？ **Jǐ diǎn kāi mén？** Ils ouvrent à quelle heure ? Q5) 房间里有电话吗？ **Fángjiān lǐ yǒu diànhuà ma？** Il y a le téléphone dans la chambre ? (Q6) 可以用服务台的电话吗？ **Kěyǐ yòng fúwùtái de diànhuà ma？** C'est possible d'utiliser le téléphone de la réception ? (Q7) 今天是什么节日？ **Jīntiān shì shénme jiérì？** Qu'est-ce que c'est comme fête aujourd'hui ?

Réponses possibles (R1) 有。 **Yǒu.** Oui. (R2) 不远。 **Bù yuǎn.** Non. (R3) 上网了。 **Shàng wǎng le.** Oui. (R4) 八点半开门。 **Bā diǎn bàn kāi mén.** À 8 h 30. (R5) 那当然。 **Nà dāngrán.** Mais bien sûr. (R6) 您有急事吗？ **Nín yǒu jíshì ma？** Vous avez une urgence ? (R7) 今天是腊八节。 **Jīntiān shì Làbājié.** C'est la fête du Laba.

2. 开门 **kāi mén**, ouvrir la porte ; 上网 **shàng wǎng**, aller sur Internet ; 生日 **shēngrì**, anniversaire ; 小时 **xiǎoshí**, heure (durée) ; 快乐 **kuàilè**, joyeux.

3. 31254 : 祝你生日快乐！ **Zhù nǐ shēngrì kuàilè！**

12. TROP COMPLIQUÉ

1. a. 冯：你在商场还见到了什么衣服？ **Féng : Nǐ zài shāngchǎng hái jiàn-dào le shénme yīfu？** Qu'est-ce que tu as vu d'autre comme habit dans cette allée marchande ? 叶：你喜欢穿什么颜色？ **Yè : Nǐ xǐhuān chuān shénme yánsè？** Qu'est-ce que tu aimes porter comme couleur ? 叶：这种裤子一定会适合你。 **Yè : Zhè zhǒng kùzi yídìng huì shìhé nǐ.** Ce genre de pantalon t'ira bien, j'en suis sûre. 冯：你这几天在忙什么？ **Féng : Nǐ zhè jǐ tiān zài máng shénme？** Et tu es occupée à quoi ces jours-ci ? 冯：我不会迟到的。 **Féng : Wǒ bú huì chí-dào de.** Mais non, je ne serai pas en retard.

b. 昨天上午 **zuótiān shàngwǔ**, hier matin, hier dans la matinée ; 今天下午 **jīntiān xiàwǔ**, cet après-midi ; 周日中午一点 **zhōurì zhōngwǔ yī diǎn**, dimanche à 13 h ; 下周星期五下午 **xià zhōu xīngqī wǔ xiàwǔ**, la semaine prochaine, vendredi après-midi ; 下星期三四点半 **xià xīngqī sān sì diǎn bàn**, mercredi prochain à 16 h 30.

c. 约个时间 **yuē ge shíjiān**, fixer un rendez-vous ; 上街买衣服 **shàng jiē mǎi yīfu**, sortir pour s'acheter des vêtements ; 走过商场 **zǒu-guò shāngchǎng**, passer par une allée marchande ; 穿男人的衣服 **chuān nánrén de yīfu**, porter des habits d'homme ; 等了一个钟头 **děng-le yī ge zhōngtou**, avoir attendu une heure ; 陪你去这家商店 **péi nǐ qù zhè jiā shāngdiàn**, t'accompagner à ce

13 🔊 *magasin*; 买了一条时尚的裤子 **mǎi-le yī tiáo shíshàng de kùzi**, *avoir acheté un pantalon à la mode.*
d. (R1) 我这几天都没空。**Wǒ zhè jǐ tiān dōu méi kòng.** *Je ne suis pas libre ces jours-ci.* (R2) 样式不错。**Yàngshì bú cuò.** *Pas mal comme style.* (R3) 让我想一想…… **Ràng wǒ xiǎng-yi-xiǎng...** *Laisse-moi réfléchir...* Questions possibles (Q1) 你哪一天有空？**Nǐ nǎ yī tiān yǒu kòng?** *Quel jour es-tu libre?* (Q2) 样式怎么样？**Yàngshì zěnmeyàng?** *Comment est le style?* (Q3) 能不能另约个时间？**Néng-bu-néng lìng yuē ge shíjiān?** *On pourrait trouver un autre moment?*
2. 昨天 **zuótiān**, *hier*; 男女 **nán nǚ**, *hommes et femmes*; 周末 **zhōumò**, *week-end*; 有点复杂 **yǒudiǎn fùzá**, *un peu compliqué.*
3. 5617234 : 你喜欢穿什么颜色的衣服？**Nǐ xǐhuān chuān shénme yánsè de yīfu?**

13. BUS OU MÉTRO ?

14 🔊 **1. a.** 你平日喜欢乘地铁还是坐公交车？**Nǐ píngrì xǐhuān chéng dìtiě háishi zuò gōngjiāochē?** *En temps normal tu aimes prendre le métro ou le bus?* 今天你想打的还是走路？**Jīntiān nǐ xiǎng dǐ dī háishi zǒu lù?** *Aujourd'hui tu as envie de prendre un taxi ou d'aller à pied* (= marcher route)?
14 🔊 **b.** 请问，去天安门怎么坐车？**Qǐng wèn, qù Tiān'ānmén zěnme zuò chē?** *S'il vous plaît, comment aller en bus à Tian'anmen?* 547路车的终点站叫什么？**Wǒ sì qī lù chē de zhōngdiǎnzhàn jiào shénme?** *Comment s'appelle le terminus du bus 547?* 这附近有地铁站吗？**Zhè fùjìn yǒu dìtiězhàn ma?** *Il y a une station de métro dans le coin?* 从这儿到地铁站得走几分钟？远不远？**Cóng zhèr dào dìtiězhàn děi zǒu jǐ fēnzhōng? Yuǎn-bu-yuǎn?** *Il faut marcher combien de minutes d'ici à la station de métro? C'est loin?* 打的的话，路上会不会堵车？**Dǎ dī de huà, lù shàng huì-bu-huì dǔ chē?** *Si je prends un taxi, est-ce qu'on tombera sur des embouteillages?*
14 🔊 **c.** (R1) 车站呢？就在那边的十字路口。**Chēzhàn ne? Jiù zài nàbian de shízì lùkǒu.** *L'arrêt du bus? Il est juste au croisement là-bas.* (R2) 堵车呢？今天还行。**Dǔ chē ne? Jīntiān hái xíng.** *Les embouteillages? Aujourd'hui ça peut aller.* (R3) 箱子呢？有点重。**Xiāngzi ne? Yǒudiǎn zhòng.** *La valise? Elle est un peu lourde.* (R4) 什么广告？我看不见。**Shénme guǎnggào? Wǒ kàn-bu-jiàn.** *Quelle pub? Je n'arrive pas à voir.* (R5) 然后再换2号线。**Ránhòu zài huàn èr hào xiàn.** *Et ensuite tu changes de métro et tu prends la ligne 2.* Questions possibles (Q1) 车站在哪儿？**Chē zhàn zài nǎr?** *Où est l'arrêt du bus?* (Q2) 路上会不会堵车？**Lù shàng huì-bu-huì dǔ chē?** *On aura des embouteillages en chemin?* (Q3) 你的箱子重不重？**Nǐ de xiāngzi zhòng-bu-zhòng?** *Ta valise est lourde?* (Q4) 那个蓝色的广告你看得见吗？**Nà ge lánsè de guǎnggào nǐ kàn-de-jiàn ma?** *Tu la vois cette pub bleue?* (Q5) 然后呢？**Ránhòu ne?** *Et après?*
2. 很近 **hěn jìn**, *tout près*; 空调 **kōngtiáo**, *climatisation*; 容易 **róngyì**, *facile, facilement*; 直接 **zhíjiē**, *direct, directement*; 快点儿 **kuài diǎnr**, *un peu plus vite.*
3. 651432 : 车上有空调的话容易着凉。**Chē shàng yǒu kōngtiáo de huà róngyì zháo liáng.**

14. DEUX CHAUFFARDS

15 🔊 **1. a.** (T1) 灯 **dēng**, *lampe* / 等 **děng**, *attendre* → 闯红灯 **chuǎng hóngdēng**, *brûler un feu rouge* / 等一下。**Děng yíxià.** *Attends un peu.* (T2) 马 **mǎ**, *cheval* / 吗 **ma**, *est-ce que?* → 过马路 **guò mǎlù**, *traverser la rue*; 你知道吗？**Nǐ zhīdào ma?** *Tu le sais?*
(T3) 区 **qū**, *zone* / 去 **qù**, *aller* → 我们郊区 **wǒmen jiāoqū**, *notre quartier de banlieue*; 你去哪儿？**Nǐ qù nǎr?** *Où vas-tu?* (T4) 有 **yǒu**, *avoir* / 又 **yòu**, *et aussi* → 有地铁站吗？**Yǒu dìtiězhàn ma?** *Il y a une station de métro?* 又大又

红的苹果 **yòu dà yòu hóng de pīngguǒ**, *une grosse pomme rouge*; (T5) 满 **mǎn**, *plein* / 慢 **màn**, *lent* → 满街都是车。**Mǎn jiē dōu shì chē.** *Les rues sont pleines de voitures.* 开车请慢点儿。**Kāi chē qǐng màn diǎnr.** *Roulez plus lentement s'il vous plaît.*

b. (D1) 别着急。**Bié zháojí.** *Ne t'énerve pas.* (D2) 不要紧。**Bú yào jǐn.** *Ce n'est pas grave.* (D3) 小心！**Xiǎo xīn！** *Attention!* (D4) 都是你的错。**Dōu shì nǐ de cuò.** *Tout est de ta faute.* (D5) 安静点儿。**Ānjìng diǎnr.** *Taisez-vous un peu.*

c. 老公说：你经常超速，你知道吗？**Lǎogōng shuō : Nǐ jīngcháng chāo sù, ni zhīdào ma ?** *Le mari dit : Tu es souvent en excès de vitesse, tu sais ?* 你要注意行人。**Nǐ yào zhùyì xíngrén.** *Il faut que tu fasses attention aux piétons.* 老婆说：你经常闯红灯，每次都扣你不少分。**Lǎopó shuō : Nǐ jīngcháng chuǎng hóngdēng, měi cì dōu kòu nǐ bù shǎo fēn ?** *La femme dit : Tu brûles souvent les feux et ça te retire pas mal de points à chaque fois.* 你怎么买了车就后悔。**Nǐ zěnme mǎi-le chē jiù hòuhuǐ ?** *Pourquoi avoir acheté une voiture pour le regretter ensuite ?*

2. 马路 **mǎlù**, *rue, route*; 注意 **zhùyì**, *être attentif à*; 小心 **xiǎo xīn**, *attention danger*; 慢点 **màn diǎn**, *plus lentement*; 行人 **xíngrén**, *piéton*.

3. 43152：这里经常发生事故。**Zhèlǐ jīngcháng fāshēng shìgù.**

15. MOYENS DE TRANSPORT

1. a. (T1) 王 **wáng**, *roi* / 网 **wǎng**, *filet* → 王宁 **Wáng Níng** (nom du pianiste, Níng est un autre nom pour Nankin) / 网上 **wǎng shàng**, *sur Internet*. (T2) 待 **dāi**, *rester, demeurer* / 带 **dài**, *emporter, porter sur soi* → 待一个星期 **dāi yī ge xīngqī**, *rester une semaine* / 带司机的车 **dài sījī de chē**, *une voiture avec chauffeur*. (T3) 雨 **yǔ**, *pluie* / 预 **yù**, *au préalable, d'avance* → 带雨伞 **dài yǔsǎn**, *avoir un parapluie avec soi* / 预订飞机票 **yùdìng fēijīpiào**, *réserver un billet d'avion*. (T4) 哪儿？**nǎr？** *où ?* / 那儿 **nàr**, *là-bas* → 你去哪儿？**Nǐ qù nǎr？** *Où vas-tu ?* / 到了那儿很方便。**Dào-le nàr hěn fāngbiàn.** *Une fois là-bas, ce sera pratique.* (T5) 高速 **gāosù**, *grande vitesse* / 告诉 **gàosù**, *prévenir, informer* → 高速铁路 **gāosù tiělù**, *chemin de fer à grande vitesse* / 我告诉你。**Wǒ gàosù nǐ.** *Je te préviens.*

b. (D1) 您下周一去哪儿？**Nín xià zhōu yī qù nǎr？** (D2) 去几天？**Qù jǐ tiān？** (D3) 您知道几号回来吗？**Nín zhīdào jǐ hào huí-lái ma？** (D4) 您要乘飞机吗？**Nín yào chéng fēijī ma？** (D5) 您需要订房间吗？**Nín xūyào dìng fángjiān ma？**

c. (Q1) 你是不是去南京？**Nǐ shì-bu-shì qù Nánjīng？** *C'est à Nankin que tu vas ?* (Q2) 你什么时候回来？**Nǐ shénme shíhòu huí-lái？** *Quand reviens-tu ?* (Q3) 交通怎么样？方便吗？**Jiāotōng zěnmeyàng？ Fāngbiàn ma？** *Comment sont les transports ? C'est pratique ?* (Q4) 值得租车吗？**Zhíde zū chē ma？** *Ça vaut le coup de louer une voiture ?* (Q5) 打听了没有？**Dǎtīng-le méi yǒu？** *Tu t'es renseigné ou pas ?* (Q6) 决定了没有？**Juédìng-le méi yǒu？** *C'est décidé ou non ?* (Q7) 工作安排好了没有？**Gōngzuò ānpái hǎo le méi yǒu？** *Le programme de travail est fixé ?* (Q8) 能不能帮我们买三张来回票？**Néng-bu-néng bāng wǒmen mǎi sān zhāng lái-huí piào？** *Tu pourrais nous aider à acheter trois billets aller-retour ?* (Q9) 订票太晚了吗？**Dìng piào tài wǎn le ma？** *C'est trop tard pour réserver les billets ?* (Q10) 现在就上火车吗？**Xiànzài jiù shàng huǒchē ma？** *On monte tout de suite dans le train ?*

2. 什么？**Shénme？** *Quel ?*; 时候 **shíhòu**, *moment*; 飞机 **fēijī**, *avion*; 音乐 **yīnyuè**, *musique*; 租金 **zūjīn**, *montant d'une location*.

3. 324651：今天上午才决定去武汉开音乐会。

16. PRINTEMPS, ÉTÉ, AUTOMNE, HIVER

1. a. (Q1) 天气怎么样？**Tiānqì zěnmeyàng？** *Quel temps fait-il ?* (Q2) 热不热？**Rè-bu-rè？** *Est-ce qu'il fait très* chaud ? (Q3) 今天中午多少度？ **Jīntiān zhōngwǔ duōshao dù ?** *Il fera/a fait quelle température en milieu de journée ?* (Q4) 晚上会凉快吗？ **Wǎnshang huì liángkuài ma ?** *Il fera plus frais ce soir ?* (Q5) 明天会不会下雨？ **Míngtiān huì-bu-huì xià yǔ ?** *Il va pleuvoir demain ?* Réponses possibles à plusieurs questions : 还好。 **Hái hǎo.** *Ça peut aller.* 还可以。 **Hái kěyǐ.** *Ça va encore.* 不太热。 **Bú tài rè.** *Pas trop chaud.* 一定很热，四十多度！ **Yídìng hěn rè, sì shí duō dù !** *C'est sûr qu'il va faire chaud, plus de 40 °C.* 不一定。 **Bù yídìng.** *Pas forcément.* 不会吧。 **Bú huì ba.** *Je ne crois pas. J'espère que non.* 我不知道。 **Wǒ bù zhīdào.** *Je ne sais pas.*

17. **b.** (T1) 我在看电视的天气预报。 **Wǒ zài kàn diànshì de tiānqì yùbào.** (T2) 今天下午要下雨了。 **Jīntiān xiàwǔ yào xià yǔ le.** (T3) 外边的树都开花了。 **Wàibiàn de shù dōu kāi huā le.** (T4) 后天会凉快一点。 **Hòutiān huì liángkuài yìdiǎn.**
(T5) 刮不刮风？ **Guā-bu-guā fēng ?**
c. (C1) 开心 **kāi xīn**, *être content* / 不开心 **bù kāi xīn**, *être mécontent* ou 伤心 **shāng xīn**, *être triste* ; (C2) 挺舒服 **tǐng shūfu**, (physiquement) *très agréable* / 不太舒服 **bú tài shūfu**, *pas très confortable* (不舒服 **bù shūfu**, *être un peu malade*) ; (C3) 闷热 **mènrè**, *faire horriblement chaud* / 凉快 **liángkuài**, *faire frais* ; (C4) 太冷 **tài lěng**, *trop froid* / 太热 **tài rè**, *trop chaud* ; (C5) 我爸爱你。 **Wǒ bà ài nǐ.** *Mon père t'aime.* / 我爸不爱你。 **Wǒ bà bú ài nǐ.** *Mon père ne t'aime pas.* (C6) 要是下雨 我就不来。 **Yàoshi xià yǔ, wǒ jiù bù lái.** *S'il pleut, (alors) je ne viens pas.* / 要是不下雨，我就来。 **Yàoshi bú xià yǔ, wǒ jiù lái.** *S'il ne pleut pas, (alors) je viens.*

2. 天气 **tiānqì**, *le temps, la météo* ; 门外 **ménwài**, *dehors, devant la maison* (= porte-dehors) ; 开花 **kāi huā**, *fleurir, faire des fleurs* ; 花草 **huācǎo**, *les fleurs et les herbes* ; 树木 **shùmù**, *les arbres*.

3. 5172436 : 今天还会刮风，明天早上要下雨了。 **Jīntiān hái huì guā fēng, míngtiān zǎoshang yào xià yǔ le.**

17. TEMPS DE NEIGE

18. **1. a.** 去年一整个春天都没有下雨。 **Qùnián yī zhěng ge chūntiān dōu méi yǒu xià yǔ.** *L'an dernier il n'a pas plu du tout au printemps.* 北方一般几月份刮风？ **Běifāng yìbān jǐ yuèfèn guā fēng ?** *À quel mois y a-t-il du vent dans le nord ?* 太阳还没出来呢。 **Tàiyáng hái méi chū-lái ne ?** *Le soleil n'est pas encore sorti.* 广州很少下雪。 **Guǎngzhōu hěn shǎo xià xuě.** *Il neige très rarement à Canton.* 中国大城市处处可见高楼大厦。 **Zhōngguó dà chéngshì chù-chù kě jiàn gāo lóu dà shà.** *On voit partout de grands immeubles et des tours dans les grandes villes chinoises.*

18. **b.** 今天上午你们可以在附近逛逛。 **Jīntiān shàngwǔ nǐmen kěyǐ zài fùjìn guàng-guàng.** *Ce matin, vous pouvez aller vous balader dans le quartier.* 中午一点回宾馆一起吃午饭。 **Zhōngwǔ yī diǎn huí bīnguǎn yìqǐ chī wǔfàn.** *Retour à 13 h à l'hôtel pour déjeuner ensemble.* 下午两点半咱们去天安门和故宫。 **Xiàwǔ liǎng diǎng bàn zánmen qù Tiān'ānmén hé Gùgōng.** *À 14 h 30, nous allons à Tian'anmen et à l'ancien palais impérial.* 然后可以去买东西。 **Ránhòu kěyǐ qù mǎi dōngxi.** *Ensuite on pourra aller faire des courses.* 等到晚上才有机会谈谈中国历史。 **Děng-dào wǎnshang cái yǒu jīhuì tán-tan Zhōngguó lìshǐ.** *On attendra ce soir pour avoir l'occasion de discuter de l'histoire de Chine.*

18. **c.** (S1) 赶快准备吧。 **Gǎnkuài zhǔnbèi ba.** (S2) 少谈气候变化吧。 **Shǎo tán qìhòu biànhuà ba.** (S3) 你要戴上口罩出门。 **Nǐ yào dài-shàng kǒuzhào chū mén.** (S4) 能不能借给我一个帽子？ **Néng-bu-néng jiè gěi wǒ yī ge màozi ?** (S5) 准备好了吗？ **Zhǔnbèi hǎo le ma ?**

2. 高楼 **gāo lóu**, *grand immeuble* (= haut immeuble) ; 出去 **chū-qù**, *sortir* ; 出来 **chū-lái**, *sortir* ; 去年 **qù nián**, *l'an passé* ; 太阳 **tàiyáng**, *soleil*.

3. 6172453. 喂？ 你赶快出来，下雪了外边多好看！ **Wei ? nǐ gǎnkuài chū-lái,**

xià xuě le, wàibiān duō hǎokàn!

18. SOIS PLUS PRUDENT

1. a. 您家人都好吗？ **Nín jiārén dōu hǎo ma?** *Tout le monde va bien chez vous (dans votre famille)?* 你的新女朋友叫什么？ **Nǐ de xīn nǚ péngyou jiào shénme?** *Comment s'appelle ta nouvelle copine?* 你的母亲做什么工作？ **Nǐ de mǔqīn zuò shénme gōngzuò?** *Qu'est-ce qu'elle fait comme travail ta mère?* 我给你介绍一个老朋友。 **Wǒ gěi nǐ jièshào yī ge lǎo péngyou.** *Je te présente un vieil ami.* 你的平板电脑里有没有我的照片？ **Nǐ de píngbǎn diànnǎo lǐ yǒu-mei-yǒu wǒde zhàopiàn?** *Tu as ma photo dans ta tablette?* 你们上个周末去哪儿了？ **Nǐmen shàng ge zhōumò qù nǎr le?** *Où êtes-vous allés le week-end dernier?*
b. (C1) 别这么说。 **Bié zhème shuō.** *Ne dis pas ça.* (C2) 她很可爱。 **Tā hěn kě'ài.** *Elle est adorable.* (C3) 他是个好人。 **Tā shì ge hǎo rén.** *C'est quelqu'un de bien.* (C4) 你说得很清楚。 **Nǐ shuō-de hěn qīngchu.** *Tu as dit clairement les choses.* (C5) 你不要生气。 **Nǐ bú yào shēng qì.** *Ne te mets pas en colère.* (C6) 你这样做很危险。 **Nǐ zhèyàng zuò hěn wēixiǎn.** *Si tu fais comme ça, c'est très dangereux.* (C7) 你怎么不懂？ **Nǐ zěnme bù dǒng?** *Comment se fait-il que tu ne comprennes pas?* (C8) 还不给我看看？ **Hái bù gěi wǒ kàn-kan?** *Qu'est-ce que tu attends pour me montrer?* (C9) 你的儿子是个好学的男孩，你放心吧。 **Nǐ de érzi shì ge hào xué de nánhái, nǐ fàng xīn ba.** *Ton fils est très studieux, rassure-toi.*
c. (T1) 母 **mǔ** / 木 **mù** dans : 母亲 **mǔqīn**, *mère* / 木头 **mùtou**, *en bois*; (T2) 七 **qī** / 其 **qí** dans : 七八 **qī bā**, *sept huit* / 其他 **qí tā**, *autre*; (T3) 好 **hǎo** / 好 **hào** dans : 好人 **hǎo rén**, *quelqu'un de bien* / 好学 **hào xué**, *studieux*; (T4) 小 **xiǎo** / 笑 **xiào**, dans : 小脸 **xiǎo liǎn**, *petit visage* / 笑脸 **xiàoliǎn**, *visage souriant*; (T5) 学 **xué** / 雪 **xuě** dans : 学中文 **xué zhōngwén**, *apprendre le chinois* / 下雪 **xià xuě**, *neiger*.
2. 工作 **gōngzuò**, *travail, travailler*; 电脑 **diànnǎo**, *ordinateur*; 必须 **bìxū**, *devoir absolument*; 妈妈 **māma**, *mère, maman*; 爸爸 **bàba**, *père, papa*
3. 615243 : 请问，您的父母做什么工作？ **Qǐng wèn, nín de fùmǔ zuò shénme gōngzuò?**

19. CAMARADE DE CLASSE

1. a. (Q1) 你是哪国人？ **Nǐ shì nǎ guó rén?** *Quelle est ta nationalité?* Ou bien : 你是哪个国家的？ **Nǐ shì nǎ ge guójiā de?** *Tu viens de quel pays?* (Q2) 你是什么时候到的？ **Nǐ shì shénme shíhòu dào de?** *Quand est-ce que tu es arrivé?* (Q3) 你去过台湾吗？ **Nǐ qù-guo Táiwān ma?** *Es-tu déjà allé à Taiwan?* (Q4) 你今天上中文课吗？ **Nǐ jīntiān shàng zhōngwén kè ma?** *Tu as un cours de chinois aujourd'hui?* (Q5) 你的中文课有意思吗？ **Nǐ de zhōngwén kè yǒu yìsi ma?** *Tes cours de chinois sont intéressants?*
b. Réponses possibles (R1) 我是加拿大人。 **Wǒ shì Jiānádárén.** *Je suis canadien(ne).* (R2) 我是前天到的。 **Wǒ shì qiántiān dào de.** *Je suis arrivé(e) avant-hier.* (R3) 我没去过，你呢？ **Wǒ méi qù-guo, nǐ ne?** *Non, je n'y suis jamais allé(e).* (R4) 今天下午上中文课。 **Jīntiān xiàwǔ shàng zhōngwén kè.** *J'ai cours de chinois cet après-midi.* (R5) 挺有意思。 **Tǐng yǒu yìsi.** *Super intéressants.*
c. 对不起，没有空座位。 **Duì-bu-qǐ, méi yǒu kōng zuòwèi.** *Désolé, il n'y a pas de place libre.* 对不起，我明天不能来上课。 **Duì-bu-qǐ, wǒ míngtiān bù néng lái shàng kè.** *Excusez-moi, je ne peux pas venir en cours demain.* 对不起，我没记住你的姓名。 **Duì-bu-qǐ, wǒ méi jì-zhù nǐ de xìngmíng.** *Pardon, je n'ai pas retenu votre nom.* 对不起，我都听不懂。 **Duì-bu-qǐ, wǒ dōu tīng-bu-dǒng.** *Excusez-moi, je ne comprends rien du tout (à ce que j'écoute).* 对不起，我不会说英文。 **Duì-bu-qǐ, wǒ bú huì shuō yīngwén.** *Excusez-moi, je ne sais pas parler anglais.*

2. 关系 guānxi, *relation*; 男女 nán'nǚ, *garçons et filles*; 上课 shàng kè, *avoir cours*; 姓名 xìngmíng, *nom et prénom*; 出生 chūshēng, *naître*.
3. 54127-36 : 听上去你是美国人。猜对了。

20. LE VENTRE VIDE

1. a. 我早上六点半起来就去洗个澡。 **Wǒ zǎoshang liù diǎn bàn qǐ-lái jiù qù xǐ ge zǎo.** *Le matin, je me lève à 6 h 30 et vais faire ma toilette.* 然后跟妈妈吃早饭，吃得很饱。 **Ránhòu gēn māma chī zǎofàn, chī-de hěn bǎo.** *Ensuite, je prends le petit déjeuner avec ma mère et je mange bien.* 我七点一刻赶快去上学。 **Wǒ qī diǎn yī kè gǎnkuài qù shàng xué.** *À 7 h 15, je me dépêche d'aller à l'école.* 因为学校离家有点远，所以每天都坐车去上课。 **Yīnwèi xuéxiào lí jiā yǒudiǎn yuǎn, suǒyǐ měi tiān dōu zuò chē qù shàng kè.** *Comme l'école est assez loin de la maison, (donc) je prends le bus pour aller en cours.* 我们班一共有四十名同学。 **Wǒmen bān yígòng yǒu sì shí míng tóngxué.** *Nous sommes 40 élèves dans notre classe.* 可惜的是学校的午饭不太好吃…… **Kěxī de shì xuéxiào de wǔfàn bú tài hǎochī…** *Ce qui est dommage, c'est qu'à l'école le repas de midi n'est pas fameux…* 下午五点回我家，我平日走路回家，走路对身体好。 **Xiàwǔ wǔ diǎn huí wǒ jiā, wǒ píngrì zǒu lù huí jiā, zǒu lù duì shēntǐ hǎo.** *L'après-midi à 5 h je rentre chez moi, en général je rentre à pied, c'est bon pour la santé de marcher.* 下雨的话，当然坐车回家。 **Xià yǔ de huà, dāngrán zuò chē huí jiā.** *S'il pleut, je prends le bus bien sûr.*

b. (Q1) 什么事？ **Shénme shì？** *Qu'est-ce qu'il y a (qui ne va pas) ?* (Q2) 你为什么担心儿子？ **Nǐ wèi shénme dān xīn érzi？** *Pourquoi tu t'inquiètes pour ton fils ?* (Q3) 饿着肚子上课会不会影响学习？ **È-zhe dùzi shàng kè huì-bu-huì yǐngxiǎng xuéxí？** *Aller en cours le ventre vide, ça n'est pas mauvais pour tes études ?* (Q4) 你要不要一杯酸奶？ **Nǐ yào-bu-yào yī bēi suānnǎi？** *Veux-tu un yaourt ?* (Q5) 这个菜不太咸吗？ **Zhe ge cài bú tài xián ma？** *Ce plat n'est pas trop salé ?* (Q6) 你身体好吗？ **Nǐ shēntǐ hǎo ma？** *La santé est bonne ?* Réponses négatives possibles (R1) 没事。 **Méi shì.** *Rien, tout va bien.* (R2) 我不担心。 **Wǒ bú dàn xīn.** *Non, je ne m'inquiète pas.* (R3) 不会吧，我习惯了。 **Bú huì ba, wǒ xíguàn le.** *Je ne crois pas, je suis habitué.* (R4) 不要，谢谢。 **Bú yào, xièxie.** *Non merci.* (R5) 不咸，很好吃。 **Bù xián, hěn hǎochī.** *Non, c'est très bon.* Réponse positive possible (R6) 很好，谢谢，你呢？ **Hěn hǎo, xièxie, nǐ ne？** *Très bonne, merci, et toi ?*

2. 我肚子饿了。 **Wǒ dùzi è le.** *J'ai très faim.* 你身体好吗？ **Nǐ shēntǐ hǎo ma？** *Tu es en bonne santé ?* 你吃得不够。 **Nǐ chī-de bú gòu.** *Tu ne manges pas assez.* 很可惜！ **Hěn kěxī！** *C'est très dommage!*

3. 264135 : 你吃什么最有胃口？ **Nǐ chī shénme zuì yǒu wèikǒu？**

21. CONGÉ MALADIE

1. a. 阿公在医院取药, **Ā Gōng zài yīyuàn qǔ yào,** *A. Gong est à l'hôpital pour retirer des médicaments,* 护士小姐说药效24小时。 **hùshi xiǎojie shuō yàoxiào èr shí sì xiǎoshí.** *La jeune infirmière dit que l'effet du remède durera 24 heures.* 阿公回家就一直笑， **Ā Gōng huí jiā jiù yìzhí xiào,** *A. Gong rentre à la maison et rigole sans arrêt,* 孙子问："阿公，你为什么一直笑啊？" **Sūnzi wèn：« Ā Gōng, nǐ wèi shénme yìzhí xiào a？»,** *son petit-fils lui demande : « A. Gong, pourquoi tu ris tout le temps ? »* 阿公回答："护士小姐说 '要笑' 24小时啊！" **Ā Gōng huídá：« Hùshi xiǎojie shuō 'yào xiào' èr shí sì xiǎoshí！»** *A. Gong répond : « Mademoiselle l'infirmière a dit qu'il « fallait rire » pendant 24 heures ! »*

b. (Q1) 你病了吗？ **Nǐ bìng le ma？** *Tu es malade ?* (R1) 病了。 **Bìng le.** (Q2) 是不是感冒了？ **Shì-bu-shì gǎnmào le？** *C'est un rhume ?* (R2) 感冒了。 **Gǎnmào le.**

(Q3) 你看病了没有？ **Nǐ kàn bìng le méi yǒu?** *Tu as vu un médecin?* (R3) 看病了。 **Kàn bìng le.** (Q4) 吃药了吗？ **Chī yào le ma?** *Tu as pris des médicaments?* (R4) 吃了。 **Chī le.** (Q5) 喉咙痛不痛？ **Hóulong tòng-bu-tòng?** *Tu as mal à la gorge?* (R5) 很痛。 **Hěn tòng.** *Oui, très mal.*

🔊 **c.** (Q1) 你怎么了？ **Nǐ zěnme le?** *Qu'est qui ne va pas?* (R1) 我病了。 **Wǒ bìng le.** *Je suis malade.* (Q2) 你病了几天了？ **Nǐ bìng le jǐ tiān le?** *Tu es malade depuis combien de jours?* (R2) 病了两天了。 **Bìng le liǎng tiān le.** *Depuis deux jours.* (Q3) 你病了为什么不请假？ **Nǐ bìng le wèishénme bù qǐng jià?** *Si tu es malade, pourquoi ne prends-tu pas un congé?* (R3) 因为我不想请假。 **Yīnwèi wǒ bù xiǎng qǐng jià.** *Parce que je n'ai pas envie de prendre un congé.* (Q4) 什么是"四诊法"？ **Shénme shì « sì zhěn fǎ »?** *Qu'est-ce que c'est « les quatre examens »?* (R4) 就是医生用的四种方法。 **Jiù shì yīshēng yòng de sì zhǒng fāngfǎ.** *Ce sont quatre méthodes de diagnostic utilisées par les médecins.*

2. 医院 **yīyuàn**, *hôpital, clinique*; 门诊 **ménzhěn**, *consultation médicale*; 急诊 **jízhěn**, *les urgences*; 药房 **yàofáng**, *service pharmaceutique*; 病人 **bìngrén**, *le(s) malade(s)*; 医生 **yīshēng**, *le(s) médecin(s)*; les deux homophones de caractères différents: 药效 **yàoxiào**, *l'effet d'un médicament* et 要笑 **yào xiào**, *il faut rire…*

3. 5136247: 对不起，我没听懂护士小姐的解释。 **Duì-bu-qǐ, wǒ méi tīng-dǒng hùshi xiǎojie de jiěshì.** Ou aussi 5247136: 对不起，护士小姐的解释我没听懂。 **Duì-bu-qǐ, hùshi xiǎojie de jiěshì wǒ méi tīng-dǒng.**

22. IL Y A DE L'ESPOIR

🔊 **1. a.** (Q1) 你的父母是中国人还是华裔？ **Nǐ de fùmǔ shì Zhōngguórén háishi Huáyì?** *Tes parents sont-ils chinois ou d'origine chinoise?* (Q2) 你的母语是什么？ **Nǐ de mǔyǔ shì shénme?** *Quelle est ta langue maternelle?* (Q3) 你会写多少汉字？ **Nǐ huì xiě duōshao hànzì?** *Combien de caractères sais-tu écrire?* (Q4) 你会查手机字典吗？ **Nǐ huì chá shǒujī zìdiǎn ma?** *Sais-tu chercher dans un dictionnaire de téléphone?* (Q5) 你要不要跟国内的男孩结婚？ **Nǐ yào-bu-yào gēn Zhōngguó nánhái jié hūn?** *Veux-tu te marier avec un jeune ressortissant chinois?*

Réponses possibles (R1) 我的父母也是华裔。 **Wǒ de fùmǔ yě shi Huáyì.** *Mes parents sont aussi d'origine chinoise.* (R2) 我的母语是英语。 **Wǒ de mǔyǔ shì yīngyǔ.** *Ma langue maternelle est l'anglais.* (R3) 我会写差不多一百个汉字。 **Wǒ huì xiě chà-bu-duō yī bǎi ge zì.** *Je sais écrire à peu près cent caractères.* (R4) 我不会，你让我看看怎么查手机字典，好吗？ **Wǒ bú huì, nǐ rang wǒ kàn-kan zěnme chá shǒujī zìdiǎn, hǎo ma?** *Non, je ne sais pas faire, peux-tu me montrer comment chercher dans un dictionnaire de téléphone?* (R5) 不一定。 **Bù yídìng.** *Pas sûr.*

🔊 **b.** 我工作忙，每天很晚才回家。 **Wǒ gōngzuò máng, měi tiān hěn wǎn cái huí jiā.** *J'ai beaucoup de travail et je rentre très tard à la maison.* 我从小就喜欢写字。 **Wǒ cóng xiǎo jiù xǐhuān xiě zì.** *Depuis mon enfance j'ai toujours aimé écrire les caractères.* 我从小习惯跟陌生人交往。 **Wǒ cóng xiǎo xíguàn gēn mòshēngrén jiāowǎng.** *Depuis mon enfance j'ai toujours eu l'habitude d'entrer en contact avec des inconnus.* 我从来没想过结婚的事。 **Wǒ cónglái méi xiǎng-guo jié hūn de shì.** *Je n'ai jamais pensé au mariage (= au fait de se marier).* 我将来打算去美国。 **Wǒ jiānglái dǎsuàn qù Měiguó.** *Dans l'avenir, j'ai l'intention d'aller aux États-Unis.* 希望你在这里玩得开心。 **Xīwàng nǐ zài zhèlǐ wán-de kāixīn.** *J'espère que tu t'amuseras bien ici.* 欢迎你下次再来玩玩。 **Huānyíng nǐ xià cì lái wán-wan.** *Reviens me voir (= bienvenue toi prochaine fois revenir se distraire).*

2. 回家 **huí jiā**, *rentrer à la maison*; 坐车 **zuò chē**, *prendre le bus*; 买票 **mǎi piào**, *acheter un billet*; 文化 **wénhuà**, *culture*; 文字 **wénzì**, *écriture, signes écrits*; 欢迎 **huānyíng**, *accueillir, bienvenue*; 结婚

jié hūn, *se marier* ; 国内 guónèi, *du pays, en Chine même*
3. 4176235 : 你学中文多久了？ Nǐ xué zhōngwén duō jiǔ le ?

23. LA CHINE QUI SE LÈVE TÔT

24 🔊 **1. a.** 起床 qǐ chuáng, *se lever* ; 洗澡 xǐ zǎo, *se laver* ; 穿衣服 chuān yīfu *s'habiller* ; 和妹妹吃早饭 hé mèimei chī zǎofàn, *prendre le petit déjeuner avec sa sœur* ; 开车去上班 kāi chē qù shàng bān, *aller en voiture au travail* ; 工作 gōngzuò, *travailler* ; 给顾客打电话 gěi gùkè dǎ diànhuà, *téléphoner aux clients* ; 跟同事吃午饭 gēn tóngshì chī wǔfàn, *déjeuner avec des collègues* ; 玩手机 wán shǒujī, *jouer sur son téléphone* ; 用电脑工作 yòng diànnǎo gōngzuò, *travailler avec un ordinateur* ; 下班 xià bān, *finir le travail* ; 买东西回家 mǎi dōngxi huí jiā, *faire des courses et rentrer à la maison* ; 上网 shàng wǎng, *aller sur Internet* ; 等家人回家 děng jiārén huí jiā, *attendre que sa famille rentre à la maison* ; 看天气预报 kàn tiānqì yùbào, *regarder le bulletin météo* ; 跟妹妹做饭 gēn mèimei zuò fàn, *cuisiner avec sa sœur* ; 吃晚饭 chī wǎnfàn, *dîner* ; 看 DVD kàn dividi, *regarder un DVD* ; 想着女朋友 xiǎng-zhe nǚ péngyou, *penser à sa copine* ; 睡觉 shuì jiào, *dormir*.

24 🔊 **b.** (Q1) 你为什么不起床？ Nǐ wèi shénme bù qǐ chuáng ? *Pourquoi tu ne te lèves pas ?* (Q2) 你病了吗？ Nǐ bìng le ma ? *Tu es malade ?* (Q3) 你是不是想在家躺一天？ Nǐ shì-bu-shì xiǎng zài jiā tǎng yī tiān ? *Est-ce que tu as envie de rester couché à la maison toute la journée ?*
(Q4) 你这样说的话，人家会不会相信？ Nǐ zhè yàng shuō de huà, rénjiā huì-bu-huì xiāngxìn ? *Si tu dis ça, les gens te croiront ou pas ?* (Q5) 哥哥，你今天睡了八个小时！你的"懒病"治好了吗？ Gēge, nǐ jīntiān shuì-le bā ge xiǎoshí ! Nǐ de « lǎn bìng » zhì hǎo le ma ? *Grand frère, tu as dormi huit heures aujourd'hui ! Est-ce que ta flemme (= maladie de paresse) est guérie ?*

Réponses possibles (R1) 因为我想打电话请假。 Yīnwèi wǒ xiǎng dǎ diànhuà qǐng jià. *Parce que j'ai envie de téléphoner pour prendre un congé.* (R2) 我没有病 Wǒ méi yǒu bìng. *Non, je ne suis pas malade.* (R3) 有时候我也需要放松一下。 Yǒu shíhou wǒ yě xuyào fàngsōng yíxià. *Moi aussi, j'ai besoin de décrocher un peu parfois.* (R4) 可能会相信。 Kě'néng huì xiāngxìn. *Peut-être qu'ils me croient.* (R5) 好了一点。 Hǎo le yìdiǎn. *Oui, ça va un peu mieux.*
2. 昨天 zuótiān, *hier* ; 晚上 wǎnshàng, *soir* ; 昨晚 zuówǎn, *hier soir* ; 晚饭 wǎnfàn, *dîner* ; 头痛 tóu tòng, *avoir mal à la tête* ; 腿疼 tuǐ téng, *avoir mal aux jambes* ; 躺下 tǎng-xià, *s'allonger* ; 睡觉 shuì jiào, *dormir*.
3. 35142 : 你昨晚睡得好吗？ Nǐ zuówǎn shuì-de hǎo ma ?

24. RAVIOLIS TECHNOLOGIQUES

25 🔊 **1. a.** ◆ 我刚毕业。 Wǒ gāng bì yè. *Je viens de passer mon diplôme.* ◆ 你是什么专业？ Nǐ shì shénme zhuānyè ? *Qu'est-ce que tu as fait comme études ?* ◆ 我是国际贸易专业。 Wǒ shì guójì màoyì zhuānyè. *Des études de commerce international.*
● 已经工作吗？ Yǐjīng gōngzuò ma ? *Tu travailles déjà ?* ◆ 还没有，正在找实习。 Hái méi yǒu, zhèng zài zhǎo shíxí. *Pas encore, je suis en train de chercher un stage.*

25 🔊 **b.** (R1) 我包的饺子大小都不一样，不好看！ Wǒ bāo de jiǎozi dàxiǎo dōu bù yíyàng, bù hǎokàn ! *Les raviolis que je fais n'ont pas la même grosseur, ils sont moches !* (R2) 我不知道什么是包子，好吃吗？ Wǒ bù zhīdào shénme shì bāozi, hǎochī ma ? *Je ne sais ce que c'est les baozi, c'est bon ?* (R3) 不清楚，我没吃过法国香肠。 Bù qīngchu, wǒ méi chī-guo Fǎguó xiāngcháng. *Je ne sais pas trop, je n'ai jamais mangé de saucisson français.* (R4) 我们公司生产美味食品。 Wǒmen gōngsī shēngchǎn měiwèi shípǐn. *Notre compagnie produit des aliments gastronomiques.* (R5) 当然吃起来很安

全，公司得奖了，工厂先进，卫生合格，产品质量是我负责。 *Dāngrán chī-qǐ-lái hěn ānquán, gōngsī dé jiǎng le, gōngchǎng xiānjìn, wèishēng hégé, chǎnpǐn zhìliàng shì wǒ fùzé. Bien sûr qu'ils sont très sains (sûrs) à manger, notre société a été primée, l'usine est moderne, l'hygiène réglementaire et c'est moi qui suis chargée de la qualité des produits.* Questions possibles (Q1) 你会包饺子吗？**Nǐ huì bāo jiǎozi ma？** *Tu sais faire (enrober) les raviolis？* (Q2) 你吃过包子吗？**Nǐ chī-guo bāozi ma？** *Tu as déjà mangé des baozi？* (Q3) 你喜欢吃法国香肠吗？**Nǐ xǐhuān chī Fǎguó xiāngchǎng ma？** *Tu aimes le saucisson français？* (Q4) 你们的公司生产什么产品？**Nǐmen de gōngsī shēngchǎn shénme chǎnpǐn？** *Que produit votre société？* (Q5) 你们的产品安全吗？**Nǐmen de chǎnpǐn ānquán ma？** *Est-ce que vos produits sont sûrs？*
2. 生意越来越火。**Shēngyì yuè lái yuè huǒ.** *Les affaires tournent de mieux en mieux.* 我们公司得奖了。**Wǒmen gōngsī dé jiǎng le.** *Notre compagnie a reçu un prix.* 这些食品不卫生。 **Zhè xiē shípǐn bù wèishēng.** *Ces denrées alimentaires ne sont pas saines.* 要招聘实习生吗？**Yào zhāopìn shíxīshēng ma？** *Il faudrait recruter un stagiaire？*
3. 3156472 : 你有没有这方面的经验？**Nǐ yǒu-méi-yǒu zhè fāngmiàn de jīngyàn？**

25. S'INSCRIRE POUR PARTICIPER

🔊 **1.** Aide (A1) 先写您的姓名。 **Xiān xiě nín de xìngmíng.** *Vous écrivez d'abord vos nom et prénom.* (A2) La dame montre où cocher : 这个字是"男"，"男女"的"男"。**Zhè ge zì shì « nán », « nán nǚ » de « nán ».** *Ce caractère, c'est « nán », (= homme), comme dans « nán nǚ », (= homme et femme).* (A3) 您是哪一年出生的？**Nín shì nǎ yī nián chūshēng de？** *Vous êtes né en quelle année？* 您的生日几月几号？**Nín de shēngrì jǐ yuè jǐ hào？** *Quelle est votre date de naissance？* (A4) 您在哪里出生的？

Nín zài nǎli chūshēng de？ *Où êtes-vous né？* (A5) 您是哪个国家的？**Nín shì nǎ ge guójiā de？** *De quel pays êtes-vous？* (A6) 这个父母国籍不用填吧，没关系。**Zhè ge fùmǔ guójí bú yòng tián ba, méi guānxi.** *La nationalité des parents, inutile de remplir, peu importe.* (A7) 没有身份证的话就写护照的号码。**Méi yǒu shēnfènzhèng de huà jiù xiě hùzhào de hàomǎ.** *Si vous n'avez pas de carte d'identité, écrivez votre numéro de passeport.* (A8) 这里要写地址，那就是您住在哪儿？**Zhèlǐ yào xiě dìzhǐ, nà jiù shì nín zhù zài nǎr？** *Ici il faut écrire l'adresse, c'est-à-dire là où vous habitez.* (A9) 这里可以写家里的电话或者手机的号码。**Zhèlǐ kěyǐ xiě jiā lǐ de diànhuà huòzhě shǒujī de hàomǎ.** *Ici, vous pouvez écrire votre téléphone fixe ou votre numéro de portable.* (A10) 下边是您的 email。**Xiàbian shì nín de email.** *En dessous, c'est votre adresse mail.* (A11) 您做什么工作？您的专业是什么？**Nín zuò shénme gōngzuò？Nín de zhuānyè shì shénme？** *Quel est votre travail？Votre domaine de spécialité？* (A12) 业余活动和爱好，意思就是您平常喜欢做什么？比如，您喜欢什么运动？**Yèyú huódòng hé àihào, yìsi jiù shì nín píngcháng xǐhuān zuò shénme？Bǐrú, nín xǐhuān shénme yùndòng？** *Loisirs et centres d'intérêt, c'est-à-dire ce que vous aimez faire régulièrement, par exemple, quel sport aimez-vous？* (A13) 这里问的是：您身体好吗？保险公司嘛，英语是……Insurance company，懂吗？**Zhèlǐ wèn de shì : nín shēntǐ hǎo ma？Bǎoxiǎn gōngsī ma, yīngyǔ shì… insurance company, dǒng ma？** *Ici on demande : êtes-vous en bonne santé？La compagnie d'assurance, euh, en anglais c'est « insurance company », vous comprenez？* (A14) 这个非常重要：如果您病了或者发生了什么问题，应该给谁打电话？**Zhè ge fēicháng zhòngyào : rúguǒ nín bìng le huòzhě fāshēng-le shénme wèntí, yīnggāi gěi shéi dǎ diànhuà？** *Ça, c'est extrêmement important : si vous* *tombez malade ou s'il vous arrive quelque chose, à qui faut-il téléphoner ?* (A15) 最后要写的是今天几月几日。 **Zuì hòu yào xiě de shì jīntiān jǐ yuè jǐ rì.** *En dernier ce qu'il faut écrire c'est la date d'aujourd'hui.* (A16) 都填好了，不简单！ **Dōu tián-hǎo le, bù jiǎndān!** *Bon, tout est rempli, bravo (= pas simple) !*

2. 青年人 **qīngniánrén**, *les jeunes* ; 很简单 **hěn jiǎndān**, *très simple* ; 非常好 **fēicháng hǎo**, *extrêmement bien* ; 特别重要 **tèbié zhòngyào**, *particulièrement important* ; 时间表 **shíjiānbiǎo**, *tableau horaire, emploi du temps* ; 收费表 **shōufèibiǎo**, *liste des tarifs* ; 写地址 **xiě dìzhǐ**, *écrire son adresse, une adresse* ; 中文水平 **zhōngwén shuǐpíng**, *niveau de chinois*

3. 17 (ou 71) 26453 : 今年你打算参加哪项业余活动？(ou 你今年……)

26. DÉTENTE ET LOISIR

27 🔊 **1. a.** 你对什么活动感兴趣？ **Nǐ duì shénme huódòng gǎn xìngqù ?** *À quelle activité t'intéresses-tu ?* 你喜欢运动吗？ **Nǐ xǐhuān yùndòng ma ?** *Tu aimes le sport ?* 你比较喜欢哪些运动？ **Nǐ bǐjiào xǐhuān nǎ xiē yùndòng ?** *Quels sports préfères-tu ?*
你经常跑步吗？ **Nǐ jīngcháng pǎo bù ma ?** *Tu cours souvent ?* 你常去健身房吗？ **Nǐ cháng qù jiànshēnfáng ma ?** *Vas-tu souvent dans une salle de sport ?* 你见过人打太极拳吗？ **Nǐ jiàn-guò rén dǎ tàijíquán ma ?** *As-tu déjà vu quelqu'un pratiquer le taiji ?*
你对减肥感兴趣吗？ **Nǐ duì jiǎn féi gǎn xìngqù ma ?** *Tu veux perdre du poids ?* 为什么大家都喜欢自拍 **Wèi shénme dàjiā dōu xǐhuān zìpāi ?** *Pourquoi tout le monde aime-t-il faire des selfies ?* 你现在为什么不愿意休息？ **Nǐ xiànzài wèishénme bú yuànyì xiūxi ?** *Pourquoi ne souhaites-tu pas te reposer maintenant ?*

27 🔊 **b.** (I1) 记者打算在公园转一圈。 **Jìzhě dǎsuàn zài gōngyuán zhuàn yī quān.** *Le journaliste veut faire un tour dans le jardin public.* (I2) 他是来散步的。 **Tā shì lái sàn bù de.** *Il est venu pour se promener.* (I3) 他应当进行调查。 **Tā yīngdāng jìnxíng diàochá.** *Il doit faire une enquête.* (I4) 他来公园主要是为了了解不同年龄的休闲活动。 **Tā lái gōngyuán zhǔyào shì wèile liǎojiě bù tóng niánlíng de xiūxián huódòng.** *S'il vient au jardin public, c'est surtout pour se renseigner sur les activités de loisir selon les âges.* (I5) 记者的女朋友对调查很感兴趣。 **Jìzhě de nǚ péngyou duì diàochá hěn gǎn xìngqù.** *La copine du journaliste s'intéresse beaucoup aux enquêtes.* Vrai ou faux ? 对不对 ? **Duì-bu-duì ?** (I1) 对 ; (I2) 不对 ; (I3) 对 ; (I4) 对 ; (I5) 不对 !

2. 休闲 **xiūxián**, *se détendre et se distraire* ; 休息 **xiūxi**, *se reposer, faire une pause* ; 了解 **liǎojiě**, *se renseigner, connaître et comprendre* ; 感兴趣 **gǎn xìngqù**, *être intéressé* ; 主要 **zhǔyào**, *principal* ; 自拍 **zìpāi**, *faire un selfie* ; 健身 **jiàn shēn**, *garder la forme physique, se mettre en forme* ; 不同年龄 **bù tóng niánlíng**, *âges différents*

3. 716328549 : 你看，公园里的年轻人比老年人少。 **Nǐ kàn, gōngyuán lǐ de niánqīngrén bǐ lǎoniánrén shǎo.**

27. PLAISIR DU VOYAGE

28 🔊 **1. a.** 你们好！ **Nǐmen hǎo !** *Bonjour !* 身体都好吗？ **Shēntǐ dōu hǎo ma ?** *Vous allez bien ?* 你们在哪儿？ **Nǐmen zài nǎr ?** *Où êtes-vous ?* 累不累？ **Lèi-bu-lèi ?** *Vous êtes fatigués ?* 还在欣赏大自然吗？ **Hái zài xīnshǎng dàzìrán ma ?** *Vous continuez à apprécier la nature ?* 你们昨晚在哪儿过夜？ **Nǐmen zuówǎn zài nǎr guò yè ?** *Où avez-vous passé la nuit dernière ?* 背包里的石子重不重？ **Bēibāo lǐ de shízi zhòng-bu-zhòng ?** *Les cailloux sont lourds dans le sac à dos ?* 祝你们俩一路顺利。 **Zhù nǐmen liǎ yī lù shùnlì.** *Je vous souhaite bonne route à tous les deux.* 等我回电话。 **Děng nǐ huí diànhuà.** *J'attends ton appel.* 再见。 **Zàijiàn.** *Au revoir.*

28 🔊 **b.** (M1) 谢谢你打电话来。 **Xièxie nǐ dǎ diànhuà lái.** *Merci de ton appel.* (M2) 岷山真美呀！ **Mínshān zhēn měi ya !** *Les monts Min sont superbes !* (M3) 我们正在

慢慢下山，从这儿看得到青青的湖水…… **Wǒmen zhèng zài màn-màn xià shān, cóng zhèr kàn-de-dào qīng-qīng de húshuǐ.** *Nous redescendons lentement et pouvons voir d'ici les eaux vertes d'un lac.* (M4) 背包里除了一些石子还有高山草药，不太重。**Bēibāo lǐ chúle shízi hái yǒu gāoshān cǎoyào, bú tài zhòng.** *Dans les sacs à dos, à part quelques cailloux on a aussi des herbes médicinales de haute montagne, non ce n'est pas trop lourd.* (M5) 祝你黄金周快乐！**Zhù nǐ huángjīnzhōu kuàilè！** *Je te souhaite une joyeuse « semaine d'or » !*

c. 徒步旅行 **tú bù lǚxíng**, *voyager à pied* ; 自助餐厅 **zìzhù cāntīng**, *cafétéria self-service, buffet* ; 可以想象 **kěyǐ xiǎngxiàng**, *pouvoir imaginer* ; 传说和现实 **chuánshuō hé xiànshí**, *légende et réalité* ; 去博物馆 **qù bówùguǎn**, *aller au musée*

2. 一起去远足吧！**Yìqǐ qù yuǎnzú ba！** *Partons ensemble en randonnée !* 不要破坏地球！**Bú yào pòhuài dìqiú！** *Il ne faut pas détruire la planète !*

3. 21487563 : 她讨厌的是找不到住宿在外面过夜。**Tā tǎoyàn de shì zhǎo-bu-dào zhùsù zài wàimiàn guò yè.**

28. FILMER

1. a. 你看过这个纪录片吗？**Nǐ kàn-guò zhè ge jìlùpiàn ma？** *Tu as vu ce documentaire ?* 你记得哪些画面？**Nǐ jìde nǎ xiē huàmiàn？** *De quelles scènes te souviens-tu ?* 哪个画面给你留下最深刻的印象？**Nǎ ge huàmiàn gěi nǐ liú-xià zuì shēnkè de yìnxiàng？** *Quelle image t'a fait la plus forte impression ?* 你想看片子里的这些地方吗？**Nǐ xiǎng kàn piānzi lǐ de zhè xiē dìfāng ma？** *Tu aimerais voir les lieux du film ?* 你也喜欢拍野生动物？**Nǐ yě xǐhuān pāi yěshēng dòngwù？** *Tu aimes aussi filmer les animaux sauvages ?* 你见到老虎会有什么反应？**Nǐ jiàn-dào lǎohǔ huì yǒu shénme fǎnyìng？** *Comment réagirais-tu si tu voyais un tigre ?*

29. b. (A1) 参加旅游团 **cānjiā lǚyóutuán**, *participer à un voyage organisé* ; (A2) 打包出发 **dǎ bāo chūfā**, *plier bagage et partir* ; (A3) 去看日出 **qù kàn rì chū**, *aller voir le lever du soleil* ; (A4) 玩无人机 **wán wúrénjī**, *jouer avec un drone* ; (A5) 打扰人家 **dǎrǎo rénjiā**, *déranger les gens*. Réactions possibles (R1) 我很想参加…… **Wǒ hěn xiǎng cānjiā…** *J'ai très envie de participer à…* ; (R2) 现在就要打包…… **Xiànzài jiù yào dǎ bāo…** *Il faut plier bagage tout de suite…* ; (R3) 可能要去看…… **Kěnéng yào qù kàn…** *On ira peut-être voir…* ; (R4) 我不习惯玩…… **Wǒ bù xíguàn wán…** *Je n'ai pas l'habitude de jouer avec…* ; ou 我不愿意玩…… **Wǒ bù yuànyì wán…** *Je n'ai aucune envie de jouer avec…* ; (R5) 不应该打扰…… **Bù yīnggāi dǎrǎo…** *Il ne faut pas déranger…*

29. c. 白色高峰 **báisè gāo fēng**, *hautes cimes blanches* ; 黑龙江 **Hēilóngjiāng** (= noir-dragon-fleuve) ; 绿色山坡 **lǜsè shānpō**, *pentes vertes d'une montagne* ; 黄色沙漠 **huángsè shāmò**, *désert jaune* ; 蓝色毛衣 **lánsè máoyī**, *pull bleu* ; 青青的湖水 **qīng-qīng de húshuǐ**, *l'eau verte d'un lac* ; 火红的鞋子 **huǒ hóng de xiézi**, *des chaussures rouge feu*.

2. 全部看 **quánbù kàn**, *voir, lire en entier* ; 乘飞机 **chéng fēijī**, *prendre l'avion* ; 一座火山 **yī zuò huǒshān**, *un volcan* ; 又乱又吵 **yòu luàn yòu chǎo**, *désordonné et bruyant*

3. 526134 : 这一刻我永远忘不了。**Zhè yī kè wǒ yǒngyuǎn wàng-bu-liǎo.** Ou 613452 : 我永远忘不了这一刻。**Wǒ yǒngyuǎn wàng-bu-liǎo zhè yī kè.**

29. RESTER AU PAYS

1. a. 阿姨，您的孙女几岁了？**Āyí, nín de sūnnǚ jǐ suì le？** *Madame (= tante), quel âge a votre petite-fille ?* 小孩的爸爸妈妈在城里工作吗？**Xiǎohái de bàba māma zài chéng lǐ gōngzuò ma？** *Les parents des petits travaillent en ville ?* 他们为什么不愿意留在家乡生活？**Tāmen wèi shénme bú yuànyì liú zài jiāxiāng shēnghuó？** *Pourquoi ne veulent-ils pas rester chez eux au pays ?*

大儿子会不会回家过年？**Dà érzi huì-bu-huì huí jiā guò nián？** *Votre fils aîné reviendra-t-il passer le Nouvel An？* 明年春节是几月几号？**Míngnián Chūnjié shì jǐ yuè jǐ hào？** *À quelle date tombe la fête du Printemps l'an prochain？*
b. (B1) 这里的风景比十年前漂亮多了。**Zhèlǐ de fēngjǐng bǐ shí nián qián piàoliang duō le.** … *beaucoup plus joli qu'il y a dix ans ici.* (B2) 污水和垃圾都没问题了。**Wūshuǐ hé lājī dōu méi wèntí le.** …. *les eaux usées et les ordures.* (B3) 当时我也认为开民宿是个好主意。**Dāngshí wǒ yě rènwéi kāi mínsù shì ge hǎo zhǔyi.** … *à l'époque c'était une bonne idée d'ouvrir des gîtes.* (B4) 现在村里的老年人都在学说英语！**Xiànzài cūn lǐ de lǎoniánrén dōu zài xué shuō yīngyǔ！** … *du village sont tous en train d'apprendre à parler anglais！* (B5) 我们发现外来游客不一定要吃西餐。**Wǒmen fāxiàn wàilái yóukè bù yídìng yào chī xīcān.** … *les touristes étrangers ne veulent pas forcément manger à l'occidentale.* (B6) 村子平日很安静，周末挺热闹。**Cūnzi píngrì hěn ānjìng, zhōumò tǐng rè'nào.** … *le village est très calme, le week-end ça chauffe.* (B7) 村民原来没想到可以挣那么多钱。**Cūnmín yuánlái méi xiǎng-dào kěyǐ zhèng nàme duō qián.** … *ne s'attendaient pas à gagner autant d'argent.* (B8) 你有机会再来！祝你新年快乐！**Nǐ yǒu jīhuì zài lái！Zhù nǐ xīnnián kuàile！** *Reviens à l'occasion！Je te souhaite Bonne Année！*
2. 弄得干净 **nòng-de gānjìng,** *nettoyer, faire que ce soit propre；* 处理问题 **chǔlǐ wèntí,** *résoudre les problèmes；* 吸引游客 **xīyǐn yóu kè,** *attirer des touristes；* 谁同意？谁反对？**Shéi tongyì？Shéi fǎnduì？** *Qui est pour？Qui est contre？*
3. 51726843：奶奶，你休息一会儿，我来替你做晚饭。**Nǎinai, nǐ xiūxi yíhuìr, wǒ lái tì nǐ zuò wǎnfàn.**

30. FLEUR DE PÉKIN

1. a. 这次来得及游览天坛公园。**Zhè cì lái-de-jí yóulán Tiāntán gōngyuán.** *Cette fois-ci j'ai le temps de visiter le parc du temple du Ciel.* 好在我家离公园不远。**Hǎozài wǒ jiā lí gōngyuán bù yuǎn.** *Heureusement que je n'habite pas loin du parc.* 门票多少钱？**Ménpiào duōshao qián？** *Combien coûte le ticket d'entrée？* 这两种花有什么区别？**Zhè liǎng zhǒng huā yǒu shénme qūbié？** *Quelle est la différence entre ces deux espèces de fleurs？* 你靠近点看看：这朵花半红半黄。**Nǐ kàojìn diǎn kàn-kan：zhe duǒ huā bàn hóng bàn huáng.** *Approche-toi un peu：cette fleur est moitié rouge moitié jaune.*
b. (A1) 再往前走 **zài wǎng qián zǒu,** *continuer d'avancer tout droit；* (A2) 练武术 **liàn wǔshù,** *pratiquer les arts martiaux；* (A3) 养花养草 **yǎng huā yǎng cǎo,** *cultiver des fleurs et des plantes；* (A4) 闻到香味 **wén-dào xiāngwèi,** *sentir un parfum；* (A5) 看热闹 **kàn rè'nào,** *regarder ce qui se passe sans participer, être curieux et attiré par toute scène insolite；* (A6) 出洋过海 **chū yáng guò hǎi,** *prendre la mer, partir bourlinguer；* (A7) 回国找工作 **huí guó zhǎo gōngzuò,** *revenir au pays et chercher du travail；* (A8) 快到家了 **kuài dào jiā le,** *être presque arrivé à la maison*
2. 参观游览 **cānguān yóulán,** *visite touristique；* 非常丰富 **fēicháng fēngfù,** *extrêmement varié；* 常见问题 **chángjiàn wèntí,** *problème courant；* 传统文化 **chuántǒng wénhuà,** *culture traditionnelle*
3. 67283541：大城市里有些年轻人喜欢在街上跳舞。**Dà chéngshì lǐ yǒu xiē niánqīngrén xǐhuān zài jiē shàng tiào wǔ.**

BILAN (OBSERVER LES SIGNES) :

Je vais souvent au parc du temple du Ciel pour lire ou faire mes exercices d'anglais. Aujourd'hui, mon jeune frère m'attend à l'entrée du parc. Il vient de rentrer au pays, nous ne nous sommes pas vus depuis très longtemps, donc je suis ravie de le retrouver. Nous pourrons flâner trois heures, ensuite nous irons ensemble au marché acheter des légumes, et une fois à la maison je lui préparerai un dîner. Cette fois il faut que ce soit absolument délicieux ! Après le diner peut-être que je lui montrerai un documentaire en ligne sur « l'œil céleste » parce qu'il s'intéresse depuis son enfance aux technologies de pointe. Cet « œil céleste » s'appelle aussi FAST, en as-tu déjà entendu parler ?

ANNEXES

ANNEXE 1 : LA TRANSCRIPTION PINYIN

Prudence ! Cette transcription – officielle à l'ONU – est très inattendue pour les francophones. Vous la maîtriserez en écoutant les dialogues et en évitant de lire spontanément à la française. Pour vos débuts, aidez-vous de l'approximation pour francophone entre crochets [ ] qui est donnée ici. L'apostrophe ' indique qu'il faut souffler. Le point · indique une diphtongue.

1. Il faut souffler fort après la série **P-T-K-H** :

p	s'entend	[p']	胖	**pàng**	[p'ang]	*gros, corpulent*
t	s'entend	[t']	汤	**tāng**	[t'ang]	*soupe*
k	s'entend	[k']	口	**kǒu**	[k'o·ou]	*bouche*
h	s'entend	[h']	好	**hǎo**	[h'ao]	*bon*

2. Aucun souffle après **B-D-G** :

b	entre	[b] et [p]	巴黎	**Bālī**	[ba/pa]	*Paris*
d	entre	[d] et [t]	到	**dào**	[d/tao]	*arriver*
g	entre	[g] et [k]	高	**gāo**	[g/kao]	*haut*

3. Dans la série **ZH-Z**, **CH-C**, **SH-S**, seul **S** ressemble au français :

zh	[dj]	周	**zhōu**	[djo·ou]	*semaine*
z	[dz]	走	**zǒu**	[dzo·ou]	*marcher*
ch	[tch]	处	**chù**	[tchou]	*lieu*
c	[ts]	醋	**cù**	[tsou]	*vinaigre*
sh	[ch]	山	**shān**	[chann]	*montagne*
s	[s]	三	**sān**	[sann]	*trois*

4. La voyelle I est neutralisée en [eu] dans **ZHI-ZI**, **CHI-CI**, **SHI-SI**, et **RI** :

zhi	[djeu]	果汁	**guǒzhī**	[gou·o-djeu]	*jus de fruit*
zi	[dzeu]	自由	**zìyóu**	[dzeu-yo·ou]	*liberté, libre*
chi	[tcheu]	吃饭	**chī fàn**	[tcheu fann]	*manger*
ci	[tseu]	一次	**yī cì**	[yi-ts'eu]	*une fois*
shi	[cheu]	是啊	**shì a**	[cheu a]	*c'est bien ça*
si	[seu]	四号	**sì hào**	[seu h'ao]	*numéro quatre*
ri	[jeu]	日历	**rìlì**	[jeu-li]	*calendrier*

Mais **l** se prononce comme en français après les autres consonnes :
离开 **líkāi**, *quitter* ; 比一比 **bǐ-yi-bǐ**, *comparer* ; 秘密 **mìmì**, *secret*, etc.
Dans la diphtongue **Ul**, le **l** devient [é] :
对 **duì**, [dou·é] *être exact* ; 腿 **tuǐ**, [t'ou·é] *jambe* ; 贵 **guì**, *cher, onéreux*

5. Le **R** se lit [j] à l'initiale, mais ressemble au [r] américain en finale :

太热	**tài rè**	[t'aï je]	*trop chaud*
日期	**rìqī**	[jeu-tch'i]	*date*
二	**èr**	[eer]	*deux*
那儿	**nàr**	[nar]	*là-bas*

6. Dans la série **JI-QI-XI-YI**, seul **YI** ressemble au français :

ji	[tyi]	我家	**wǒ jiā**	[wo tyia]	*ma famille*
qi	[tch'i]	骑车	**qí chē**	[tch'i tche]	*rouler à vélo*
xi (chuintant)	[ssi]	西方	**Xīfāng**	[ssi-fang]	*Occident*
yi	[yi]	椅子	**yǐzi**	[yi-dzeu]	*chaise*

7. La voyelle **U** s'entend [ü] dans **JU-QU-XU-YU** :

ju	[tyü]	工具	**gōngjù**	[gong-tyü]	*outil*
qu	[tch'ü]	地区	**dìqū**	[di-tch'ü]	*région*
xu (chuintant)	[ssü]	必须	**bìxū**	[bi-ssü]	*obligatoire*
yu	[yü]	云	**yún**	[yünn]	*nuage*

Mais **U** s'entend [ou] devant les autres consonnes :
不 **bù**, *ne pas* [bou] ; 读书 **dú shū**, *lire, faire des études* [dou chou] ;
哭 **kū**, [k'ou] *pleurer* ; 目 **mù**, [mou] *œil* ; 塑料 **sùliào**, [sou-liao] *plastique* ;
土 **tǔ**, [t'ou] *terre* ; 五 **wǔ**, [wou] *cinq* ; 住 **zhù**, [djou] *habiter*, etc.

Remarquez la différence **U/Ü** après les consonnes **L** et **N** :
路 **lù**, [lou] *route* ; 绿 **lǜ**, [lü]*vert* ; 怒 **nù**, [nou] *colère* ; 女 **nǚ**, [nü] *féminin*

8. Dans les diphtongues et triphtongues, chaque voyelle s'entend :

道别	**dào bié**	[dao bié]	dire au revoir
多嘴	**duō zuǐ**	[dou·o dzou·é]	trop bavard, indiscret
飞碟	**fēidié**	[feï-dié]	ovni
画鸟	**huà niǎo**	[h'ou·a niao]	peindre des oiseaux
解决	**jiějué**	[tyié-tyüé]	résoudre
买邮票	**mǎi yóupiào**	[maï yo·ou-p'iao]	acheter des timbres
学校	**xuéxiào**	[ssüé-ssiao]	école
牛奶	**niúnǎi**	[niou-naï]	lait de vache
小猫	**xiǎo māo**	[ssiao mao]	chaton
妖怪	**yāoguài**	[yao-gou·aï]	fantôme
左右	**zuǒ yòu**	[dzou·o yo·ou]	gauche et droite

9. Le **N** final s'entend distinctement :

谈谈	**tán-tan**	[t'ann-t'ann]	discuter un peu
怎么办？	**zěnme bàn ?**	[dzenn-me bann]	comment faire ?
很困	**hěn kùn**	[h'enn k'ounn]	avoir très sommeil
森林	**sēnlín**	[senn-linn]	forêt

10. La finale **NG** indique que la voyelle se nasalise peu à peu, mais le **G** ne s'entend pas :

帮忙	**bāng máng**	[baan_g maan_g]	donner un coup de main
冰箱	**bīngxiāng**	[biin_g-ssian_g]	frigo
开灯	**kāi dēng**	[k'aï deun_g]	allumer la lampe
中心	**zhōngxīn**	[djon_g-ssinn]	centre

11. Il faut distinguer les finales **N** et **NG**. Comparez horizontalement :

半	**bàn**	[bann]	moitié	棒	**bàng**	[baan_g]	formidable
谈	**tán**	[t'ann]	discuter	糖	**táng**	[t'aan_g]	sucre
尘	**chén**	[tchenn]	poussière	城	**chéng**	[tcheun_g]	rempart
闷	**mèn**	[meunn]	étouffant	梦	**mèng**	[meun_g]	rêve
脸	**liǎn**	[lienn]	visage	两	**liǎng**	[liaan_g]	deux

12. Le **W** se prononce comme dans « wifi » :
我 **wǒ**, *je* ; 五 **wǔ**, [wou] *cinq* ; 未来 **wèilái**, *avenir* ; 问 **wèn**, *demander*

13. La prononciation de **A-E-I-U** varient selon les consonnes initiales.
La voyelle **A** s'entend [è] après **I-Y** :

天天	tiān-tiān	[t'ienn-t'ienn]	*tous les jours*
吃面	chī miàn	[tcheu mienn]	*manger des nouilles*
语言	yǔyán	[yü-yenn]	*une langue*

La voyelle **E** s'entend [é] après **I-Y-U** :

铁路	tiělù	[t'ié-lou]	*chemin de fer*
夜里	yè lǐ	[yé li]	*dans la nuit*
决定	juédìng	[tyüé-ding]	*décider*

On entend plutôt [è] dans la diphtongue **EI** :

累	lèi	[lèï]	*fatigué*

Le **E** s'entend comme en français dans les syllabes suivantes :
de ; **ce** [tse] ; **che** [tche] ; **he** [h'e] ; **le** ; **me** ; **ne** ; **re** [je] ; **se** ; **she** [che] ; **ze** [dze] ; **zhe** [dje]

Le **U** s'entend [ou] dans :
bu ; **cu** [tsou] ; **chu** [tchou] ; **du** ; **fu** ; **gu** ; **hu** ; **ku** [k'ou] ; **lu** ; **mu** ; **nu** ; **pu** [p'ou] ; **ru** [jou] ; **su** ; **shu** ; **tu** [t'ou] ; **wu** ; **zu** [dzou] ; **zhu** [djou].
Mais il s'entend [ü] après **j-q-x-y**, selon la règle 7.

Le **I** s'entend comme en français dans :
bi ; **di** ; **ji** [tyi] ; **li** ; **mi** ; **ni** ; **pi** [p'i] ; **qi** [tch'i] ; **ti** [t'i] ; **xi** [ssi].
Mais il est neutralisé en [eu] après zh-z, ch-c, sh-s et r, selon la règle 4.

14. En écoutant les dialogues, prenez le temps de capter chaque syllabe dans les mots longs. En fait, apprendre à reconnaître des caractères aide à découper les syllabes et à naviguer au sens :

长城	Cháng-chéng	[tchang-tcheung]	*Grande Muraille* (= long-rempart)
自行车	zìxíngchē	[dzeu-ssing-tche]	*vélo* (= soi-avancer-véhicule)

LE QUATUOR DES TONS

Le chinois est une langue à tons. La notation des *quatre tons* (四声 **sì shēng**) sur les voyelles ne les affecte pas comme les accents du français, elle indique la mélodie de la syllabe entière. Les *tons* (声调 **shēngdiào**) s'acquièrent naturellement en écoutant surtout le rythme de la phrase et… sans trop y penser !
- Le premier ton est haut, plat et constant, comme le son du diapason. On le note (–).
- Le deuxième ton se trace en montant (/), car la voix monte un peu vers l'aigu.
- Le troisième ton est bas (v). Vous l'entendrez et le reproduirez dans les graves, mais il remonte légèrement sur la fin.
- Le quatrième ton (\) est descendant et bref.

Le 1ᵉʳ ton est haut et continu
Le 2ᵉ ton monte vers le 1ᵉʳ
Le 3ᵉ est bas et remonte un peu vers la fin
… et le 4ᵉ ton plonge vers les graves

Une syllabe sans ton est très allégée, par exemple la deuxième syllabe de 什么 **shénme ?** *quoi ?* ou de 爸爸 **bàba** [ba-ba], *père*. Cet allègement est très important. Il permet parfois de différencier deux mots de prononciation proche : 眼睛 **yǎnjing**, *yeux* ; 眼镜 **yǎnjìng**, *lunettes*.

En pinyin, la voyelle sur laquelle est écrit le ton est la plus sonore, par exemple 要 **yào**, *vouloir* s'entend de fait [ya₀].

En déchiffrant les dialogues, vous vous apercevrez que les tons du numératif 一 **yī**, *un*, et de la négation 不 **bù** varient. Pour faire simple, nous avons noté ces variations : 一点 **yìdiǎn**, *un peu* [yi-dienne] mais 一定 **yídìng**, *certainement* ; 不好 **bù hǎo**, *pas bien* mais 不对 **bú duì** [bou doué] *ce n'est pas exact*.

Comptez surtout sur vos oreilles et les voix enregistrées pour vous faciliter la tâche !

1	2	3	4
八	拔	把	爸爸
bā	**bá**	**bǎ**	**bàba**
huit	*tirer*	*saisir*	*père*

◆ ANNEXE 2 : COMPTER

Compter jusqu'à 13

0	零	líng	5	五	wǔ	10	十	shí [cheu]
1	一	yī	6	六	liù	11	十一	shí yī (10 + 1)
2	二	èr	7	七	qī [tch'i]	12	十二	shí èr (10 + 2)
3	三	sān	8	八	bā	13	十三	shí sān
4	四	sì [seu]	9	九	jiǔ [tyo·ou]			etc.

Traduire un et deux

Pour dire 1 dans un numéro, on dit plutôt **yāo** que **yī**. Par exemple : 115号房间 **yāo yāo wǔ hào fángjiān**, *la chambre n° 115*.

Pour dire 2 dans un numéro, on emploie 二 **èr**. Par exemple : 二月 **èr yuè**, *février (mois n° 2)*.

Mais, s'agissant d'une somme, on emploie 两 **liǎng**, par exemple : 两个月 **liǎng ge yuè**, *deux mois*, 两个人 **liǎng ge rén**, *deux personnes*.

Compter de 20 à 1 000

20	二十	èr shí (2 × 10)	42	四十二	sì shí èr (4 × 10 + 2)
30	三十	sān shí (3 × 10)	101	一百零一	yī bǎi líng yī (1 × 100 + 01)
100	一百	yī bǎi (1 × 100)	1 380	一千三百八十	yī qiān sān bǎi bā shí
1 000	一千	yī qiān (1 × 1 000)			
21	二十一	èr shí yī (2 × 10 + 1)			

Grands nombres

On utilise les numératifs 万 **wàn**, *dix mille* et 亿 **yì**, *cent millions* :

10 000	一万	**yī wàn**, (1 × 10 000) *dix mille*	Cent millions	一亿	**yī yì**
100 000	十万	**shí wàn**, (10 × 10 000) *cent mille*	Un milliard	十亿	**shí yì**
Un million	一百万	**yī bǎi wàn**	1,3 milliard	十三亿	**shí sān yì**, (13 × 100 000 000)
Dix millions	一千万	**yī qiān wàn**			

Nombres ordinaux

On emploie le marqueur 第 **dì** :

第一 **dì yī**, *le premier*

第二 **dì èr**, *le deuxième, le second ;* 第二天 **dì èr tiān**, *le lendemain*

第三年 **dì sān nián**, *la troisième année*

第四个人 **dì sì ge rén**, *la quatrième personne*

◆ ANNEXE 3 : MONNAIE, MESURES ET CLASSIFICATEURS

La monnaie chinoise est le RMB (人民币 **rénmínbì**), littéralement la monnaie du peuple. Les prix courants sont indiqués en 元 **yuán** et, pour les petites sommes, c'est 块 **kuài**, *morceau* qui est couramment entendu.

Unités monétaires et mesures usuelles

五块	wǔ kuài	*5.00 yuan* (= 5 kuai)
五百元	wǔ bǎi yuán	*500 yuan* (= 5 × 100 yuan)
一块五(毛)	yī kuài wǔ (máo)	*1,50 yuan* (= 1 kuai 5 mao)
六毛	liù máo	*0,6 yuan* (= 6 mao)
六毛五(分)	liù máo wǔ (fen)	*0,65 yuan* (= 6 mao 5 fen)
一公斤面	yī gōngjīn miàn	*1 kg de farine* (= 1 kilo farine)
一斤蔬菜	yī jīn shūcài	*500 g de légumes* (= 1 livre légume)
半斤肉	bàn jīn ròu	*250 g de viande* (= demi livre viande)
四两米饭	sì liǎng mǐfàn	*200 g de riz* (= 4 × 50 g riz)
一克黄金	yí kè huángjīn	*1 g d'or* (= 1 gramme or)
一米高	yì mǐ gāo	*1 m de haut* (= 1 mètre haut)
三公里	sān gōnglǐ	*3 km* (= 3 kilomètre)

Quelques classificateurs courants

Le classificateur annonce le nom en ajoutant une nuance de sens. Il s'emploie pour singulariser, compter et classer les êtres animés et inanimés. La colonne 2 indique l'idée globale de chaque classificateur, par exemple une forme, une propriété, un statut, un usage, etc.

bǎ	poignée	一把刀	yī bǎ dāo	un couteau
bāng	entraide	一帮人	yī bāng rén	une bande de gens
bāo	sac	一包烟	yī bāo yān	un paquet de cigarettes
bēi	tasse	一杯水	yī bēi shuǐ	un verre d'eau
běn	liasse	一本书	yī běn shū	un livre
bù	œuvre	一部电影	yī bù diànyǐng	un film

→ Si vous ne connaissez pas le classificateur spécifique, osez le classificateur général 个 **ge**, les gens vous comprendront et corrigeront naturellement…

→ Le classificateur s'emploie après un numératif : 两本书 **liǎng běn shū**, *deux livres* ; après un interrogatif : 哪本书? **nǎ běn shū?** *quel livre ?* ; après un démonstratif : 这本书 **zhè běn shū**, *ce livre-ci* ; 这三本书 **zhè sān běn shū**, *ces trois livres* ; 那本书 **nà běn shū**, *ce livre-là*.

→ Au pluriel non quantifié, le classificateur est remplacé par 些 **xiē** ou 一些 **yìxiē** : 这些书 **zhè xiē shū**, *ces livres-ci* ; 那些书 **nà xiē shū**, *ces livres-là* ; 哪一些书? **nǎ yìxiē shū?** *quels livres ?*

→ 天 **tiān**, *jour* et 年 **nián**, *année* ne sont pas précédés d'un classificateur : 三年前 **sān nián qián**, *il y a trois ans* ; 过三天 **guò sān tiān**, *dans trois jours*.

→ Attention de ne pas confondre contenant et contenu : 一杯茶 **yī bēi chá**, *une tasse de thé*, et 一个茶杯 **yī ge chábēi**, *une tasse à thé*.

→ Un mot « brut » sans indication de quantité peut être ressenti et traduit comme singulier ou pluriel selon le bon sens, le contexte ou la situation : 包饺子 **bāo jǎozi**, *faire des raviolis* ; 生孩子 **shēng háizi**, *donner naissance à un enfant/des enfants* ; 用毛笔写字 **yòng máobǐ xiě zì**, *écrire les caractères au pinceau* ; 我小时放过羊，养过鸡。 **Wǒ xiǎo shí fàng-guo yáng, yǎng-guo jī.** *Quand j'étais petite, je gardais les moutons et j'élevais des poulets.*

Le signe 羊 **yáng**, *mouton* sur un vase antique en bronze.

chǎng	aire	一场雪	yī chǎng yǐ	une pluie, une averse
cì	fois	一次旅行	yī cì lǚxíng	un voyage
duǒ	arrondi	一朵花	yī duǒ huā	une fleur
fèn	portion	一份面条	yī fèn miàntiáo	une part de nouilles
fēn	division	一分钱	yī fēn qián	un sou
fēng	scellé	一封信	yī fēng xìn	une lettre, un courrier
fú	double	一副眼镜	yī fú yǎnjìng	une paire de lunettes
ge	individu	一个人	yī ge rén	une personne
gēn	racine	一根头发	yī gēn tóufà	un cheveu
huí	section	一回事	yī huí shì	une affaire
jiā	famille	一家商店	yī jiā shāngdiàn	un magasin
jiān	pièce	一间卧室	yī jiān wòshì	une chambre
jiàn	unité	一件衣服	yī jiàn yīfu	un vêtement
kē	plant	一棵树	yī kē shù	un arbre
kǒu	bouchée	一口气	yī kǒu qì	un souffle, d'un coup
kuài	morceau	一块面包	yī kuài miànbāo	un bout de pain
liàng	véhicule	一辆车	yī liàng chē	un véhicule
mén	porte	一门艺术	yī mén yìshù	un art
míng	nom	一名演员	yī míng yǎnyuán	un acteur, une actrice
pán	plat	一盘白菜	yī pán báicài	un plat de chou
shǒu	main	一手好字	yī shǒu hǎo zì	une belle écriture
shǒu	tête	一首诗	yī shǒu shī	un poème
shuāng	paire	一双鞋子	yī shuāng xiézi	une paire de chaussures
suǒ	lieu	一所学校	yī suǒ xuéxiào	une école
tiáo	allongé	一条鱼	yī tiáo yú	un poisson
tóu	tête	一头牛	yī tóu niú	un bovin
wǎn	bol, coupe	一碗饭	yī wǎn fàn	un bol de riz
wèi	(politesse)	一位老人	yī wèi lǎorén	une personne âgée
xiàng	catégorie	一项任务	yī xiàng rènwù	une tâche, un travail
yàng	aspect	一样东西	yī yàng dōngxi	un type d'objet
zhāng	surface	一张纸	yī zhāng zhǐ	une feuille de papier
zhǒng	sorte	一种方法	yī zhǒng fāngfǎ	un type de méthode
zuò	dressé	一座楼	yī zuò lóu	un bâtiment

◆ ANNEXE 4 : LEXIQUE LOCATIF ET TOPONYMES

Locatifs usuels

→ Le locatif – y compris temporel – se place après le nom : 家里 **jiā lǐ**, *à la maison* ; 国外 **guó wài**, *à l'étranger* ; 我们当中 **wǒmen dāngzhōng**, *parmi nous* ; 夜间 **yè jiān**, *pendant la nuit* ; 饭后 **fàn hòu**, *après le repas* ; 十年前 **shí nián qián**, *il y a 10 ans*.

→ Le complément de lieu est souvent précédé de 在 **zài**, *se trouver à, être à*, et se place en position préverbale : 他在北京工作。 **Tā zài Běijīng gōngzuò.** *Il travaille à Pékin.* Mais certains verbes de position ou localisation sont suivis de 在 **zài** : 住在北京 **zhù zài Běijīng**, *habiter à Pékin* ; 坐在这儿 **zuò zài zhèr**, *être assis ici*, etc.

→ Quand on indique une présence en un lieu défini (il y a… à tel endroit), c'est le groupe {nom + locatif} qui amorce la phrase : 桌子上有一瓶酒。 **Zhuōzi shàng yǒu yī píng jiǔ.** *Il y a une bouteille de vin sur la table.*

→ Beaucoup de locatifs sont formés avec 边 **biān**, *côté, bord*, ou 面 **miàn**, *surface, face*. Ces deux suffixes sont substituables l'un à l'autre dans ce tableau :

里边 / 里面	lǐbiān/lǐmiàn	dans, dedans, à l'intérieur de
外边 / 外面	wàibiān/wàimiàn	dehors, à l'extérieur de
上边 / 上面	shàngbiān/miàn	dessus, sur, au-dessus de
下边 / 下面	xiàbiān/miàn	dessous, sous, en dessous de
左边 / 左面	zuǒbiān/miàn	à gauche (de)
右边 / 右面	yòubiān/miàn	à droite (de)
前边 / 前面	qiánbiān/miàn	devant, à l'avant de, plus loin
后边 / 后面	hòubiān/miàn	derrière, à l'arrière de
东边 / 东面	dōngbiān/miàn	à l'est (de)
西边 / 西面	xībiān/miàn	à l'ouest (de)
北边 / 北面	běibiān/miàn	au nord (de)
南边 / 南面	nánbiān/miàn	au sud (de)

→ Autres locatifs courants : 中间 **zhōngjiān**, *au milieu* (de), *entre* ; 旁边 **pángbiān**, *à côté* (de) ; 对面 **duìmiàn**, *en face* (de)

Points cardinaux

→ Dans la rose des vents, les intercardinaux ne sont pas faciles à mémoriser, car l'ordre des mots chinois-français est inverse. Partant du Nord, dans le sens des aiguilles d'une montre, on peut retenir spatialement la suite « **běi-dōng-dōng-dōng, nán-xī-xī-xī** » :

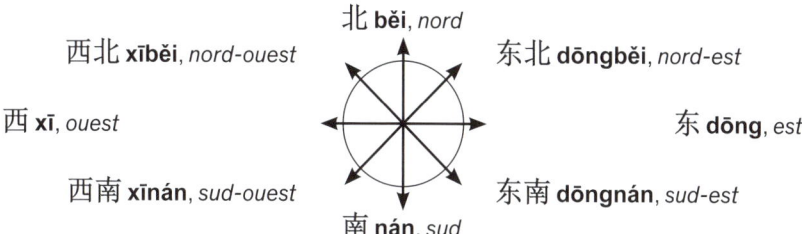

Les toponymes chinois de la méthode

→ Pour mieux les retenir, servez-vous de la traduction littérale en colonne 4.

北京	**Běijīng**	Pékin, Beijing	(= nord-capitale)
北平	**Běipíng**	(un ancien nom de Pékin)	(= nord-paix)
东北	**Dōngběi**	le Nord-Est chinois	(= est-nord)
长城	**Chángchéng**	Grande Muraille	(= long-rempart)
长江	**Chángjiāng**	Yang Tse	(= long-fleuve)
成都	**Chéngdū**	(ville)	(= devenir-ville)
广州	**Guǎngzhōu**	Canton (ville)	(= large-delta)
广东	**Guǎngdōng**	(province)	(= large-est)
广西	**Guǎngxī**	(région autonome)	(= large-ouest)
故宫	**Gùgōng**	Palais impérial (Pékin)	(= ancien-palais)
杭州	**Hángzhōu**	(ville)	(= Hang-préfecture)
黑龙江	**Hēilóngjiāng**	(province)	(= noir-dragon-fleuve)
黄海	**Huánghǎi**	Mer Jaune	(= jaune-mer)
黄河	**Huánghé**	Fleuve Jaune	(= jaune-fleuve)

湖南	Húnán	(province)	(= lac-sud)
吉林	Jílín	(province)	(= favorable-forêt)
九寨沟	Jiǔzhàigōu	(au Sichuan)	(= 9-fortin-ravin)
岷江	Mínjiāng	(rivière)	(= Min-rivière)
南京	Nánjīng	Nankin, Nanjing	(= sud-capitale)
青岛	Qīngdǎo	(ville)	(= vert-île)
上海	Shànghǎi	Shanghai	(= monter-mer)
山东	Shāndōng	(province)	(= montagne-est)
山西	Shānxī	(province)	(= montagne-ouest)
四川	Sìchuān	(province)	(= 4-rivières)
泰山	Tàishān	(montagne)	(= éminent-mont)
天安门	Tiān'ānmén	(place centrale de Pékin)	(= ciel-paix-porte)
天津	Tiānjīn	(ville)	(= ciel-gué)
天山	Tiānshān	Monts célestes	(= ciel-montagne)
天坛	Tiāntán	temple du Ciel	(= ciel-autel)
武汉	Wǔhàn	(ville)	(= militaire-Han)
西湖	Xīhú	lac de l'Ouest	(= ouest-lac)
西部	Xībù	l'Ouest chinois	(= ouest-partie)
新疆	Xīnjiāng	(région autonome)	(= nouveau-frontière)
烟台	Yāntái	(ville)	(= fumée-terrasse)
紫禁城	Zǐjīnchéng	Cité Interdite (de Pékin)	(= grenat-interdit-cité)

◆ ANNEXE 5 : LEXIQUE TEMPOREL

Année et siècle

→ L'année s'énonce en suite de chiffres : 1949 年 **yī jiǔ sì jiǔ nián** (fondation de la RPC) ; 2030 年 **èr líng sān líng nián** ; 公元前221年 **gōngyuán qián èr èr yī nián**, *-221 avant notre ère* (victoire de Qin sur les autres royaumes et fondation de l'empire) ; 十八世纪的法国 **shí bā shìjì de Fǎguó**, *la France du XVIIIe siècle*.

→ Traditionnellement, la Chine avait sa propre méthode pour désigner les années (年号 **niánhào**). Par exemple : 清朝宣统三年 **Qīng cháo** (*dynastie Qing*) **Xuāntǒng** (nom de l'ère impériale) **sān nián** (*année 3*), ou simplement 宣统三年 **Xuāntǒng sān nián**, c'est-à-dire *1911* (soit la chute de l'empire).

Saisons

春天 **chūntiān** ou 春季 **chūnjì**, *printemps* ; 夏天 **xiàtiān** ou 夏季 **xiàjì**, *été* ; 秋天 **qiūtiān** ou 秋季 **qiūjì**, *automne* ; 冬天 **dōngtiān** ou 冬季 **dōngjì**, *hiver*.

Mois

Ils sont numérotés : 一月 **yī yuè**, *janvier* ; 二月 **èr yuè**, *février* ; 三月 **sān yuè**, *mars* ; 四月 **sì yuè**, *avril* ; 五月 **wǔ yuè**, *mai* ; 六月 **liù yuè**, *juin* ; 七月 **qī yuè**, *juillet* ; 八月 **bā yuè**, *août* ; 九月 **jiǔ yuè**, *septembre* ; 十月 **shí yuè**, *octobre* ; 十一月 **shí yī yuè**, *novembre* ; 十二月 **shí èr yuè**, *décembre*. Attention : 一个月 **yī ge yuè**, *un mois*.

Date

→ On procède de la plus grande unité à la plus petite : 明年五月一日 **míngnián wǔ yuè yī rì**, *le 1er mai de l'an prochain*. Les dates s'écrivent souvent en chiffres arabes : 他生于2009年12月5日。 **Tā shēng yú èr líng líng jiǔ nián shí èr yuè wǔ rì**. *Il est né le 5/12/2009*.

→ À l'oral, on emploie 号 **hào**, *numéro* à la place de 日 **rì** pour la date du jour : 今天是六号。 **Jīntiān shì liù hào**. *On est le 6 aujourd'hui*.

Pour demander une date : 哪一年？**Nǎ yī nián ?** *En quelle année ?* 九月？**Jǐ yuè ?** *Quel mois ?* 几号？**Jǐ hào ?** *À quelle date ?*

Jours de la semaine

Ils sont numérotés après **xīngqī** ou **zhōu**, deux synonymes pour *semaine* :

星期几?	**xīngqī jǐ ?**	周几?	**zhōu jǐ ?**	*quel jour ?*
星期天 星期日	**xīngqītiān/ xīngqīrì**	周日	**zhōurì**	*dimanche*
星期一	**xīngqī yī**	周一	**zhōu yī**	*lundi*
星期二	**xīngqī èr**	周二	**zhōu èr**	*mardi*
星期三	**xīngqī sān**	周三	**zhōu sān**	*mercredi*
星期四	**xīngqī sì**	周四	**zhōu sì**	*jeudi*
星期五	**xīngqī wǔ**	周五	**zhōu wǔ**	*vendredi*
星期六	**xīngqī liù**	周六	**zhōu liù**	*samedi*
		周末	**zhōumò**	*week-end*

Repères temporels

Les repères temporels sont d'autant plus importants que le chinois n'a pas de temps verbaux.

Passé	Présent	Futur
昨天 **zuótiān**, *hier*	今天 **jīntiān**, *aujourd'hui*	明天 **míngtiān**, *demain*
前天 **qiántiān**, *avant-hier*		后天 **hòutiān**, *après-demain*
去年 **qùnián**, *l'année dernière*	今年 **jīnnián**, *cette année*	明年 **míngnián**, *l'année prochaine*
前年 **qiánnián**, *il y a deux ans*		后年 **hòunián**, *dans deux ans*
上次 **shàng cì**, *la dernière fois*	这次 **zhè cì**, *cette fois-ci*	下次 **xià cì**, *la prochaine fois*
上个月 **shàng (ge) yuè**, *le mois dernier*	这个月 **zhè ge yuè**, *ce mois-ci*	下个月 **xià (ge) yuè**, *le mois prochain*
上个星期 **shàng (ge) xīngqī**, *la semaine dernière*	这个星期 **zhè ge xīngqī**, *cette semaine*	下个星期 **xià (ge) xīngqī**, *la semaine prochaine*

上个周二 **shàng (ge) zhōu'èr**, *mardi dernier*	这个周二 **zhè ge zhōu'èr**, *ce mardi*	下个周二 **xià (ge) zhōu'èr**, *mardi prochain*
上个世纪 **shàng (ge) shìjì**, *le siècle dernier*	本世纪 **běn shìjì**, *ce siècle*	下个世纪 **xià (ge) shìjì**, *le siècle prochain*
过去 **guòqu** *autrefois, auparavant*	现在 **xiànzài** *maintenant,* *en ce moment,* *à présent*	将来 **jiānglái** *dans l'avenir*
以前 **yǐqián** *avant*		以后 **yǐhòu** *après, désormais*
刚才 **gāngcái** *juste à l'instant*		过一会儿 **(guò) yīhuìr** *dans un moment*

Voici quelques précisions utiles :

今年底	jīnnián dǐ	à la fin de cette année
明年初	míngnián chū	au début de l'année prochaine
上个月初	shàng ge yuè chū	au début du mois dernier
下个月底	xià ge yuè dǐ	à la fin du mois prochain
明天早上	míngtiān zǎoshang	tôt demain matin
昨天晚上	zuótiān wǎnshang	hier soir
今天上午	jīntiān shàngwǔ	ce matin
今天下午	jīntiān xiàwǔ	cet après-midi
周四中午	zhōusì zhōngwǔ	jeudi midi
下下星期	xià-xià xīngqī	la semaine en quinze
五年以前	wǔ nián (yǐ) qián	il y a cinq ans
两年以后	liǎng nián (yī)hòu	dans deux ans
最近	zuìjìn	récemment, ces temps-ci
这几天	zhè jǐ tiān	ces jours-ci
原来	yuánlái	à l'origine, auparavant
那时候	nà shíhou	à ce moment-là
那天	nà tiān	ce jour-là

我小的时候	wǒ xiǎo de shíhou	*quand j'étais enfant*
过几天	guò jǐ tiān	*dans quelques jours*
一会儿就	yíhuìr jiù	*dans un instant (alors)*
等一会儿	děng yíhuìr	*dans un moment*
很久以前	hěn jiǔ yǐqián	*il y a très longtemps*
假期期间	jiàqī qījiān	*pendant les vacances*

Moments et heures

几点了？	Jǐ diǎn le?	*Quelle heure est-il ?*
一点二十分钟	Yī diǎn èr shí (fēnzhòng).	*Il est 1 h 20.*
几点出发？	Jǐ diǎn chūfā?	*On part à quelle heure ?*
早上七点一刻	zǎoshàng qī diǎn yī kè	*à 7 h 15*
上午九点半	shàngwǔ jiǔ diǎn bàn	*à 9 h 30*
中午十二点	zhōngwǔ shí èr diǎn	*à 12 h 00*
中午一点差一刻	zhōngwǔ yī diǎn chà yī kè	*à 1 h moins le quart*
下午两点三刻	xiàwǔ liǎng diǎn sān kè	*à 14 h 45*
晚上九点整	wǎnshang jiǔ diǎn zhěng	*à 20 h pile*

Temps nécessaire, durée prévue, durée écoulée

要多长时间？	Yào duō cháng shíjiān?	*Il faut combien de temps ?*
要十分钟。	Yào shí fēnzhōng.	*Il faut 10 minutes.*
一个小时 一个钟头	yī ge xiǎoshí yī ge zhōngtou	*une heure*
半个小时 半个钟头	bàn ge xiǎoshí bàn ge zhōngtou	*une demi-heure*
一个半小时	yī ge bàn xiǎoshí	*une heure et demie*
您要住多长时间？	Nín yào zhù duō cháng shíjiān ?	*Vous allez rester combien de temps ?*
你住在上海多久了？	Nǐ zhù zài Shànghǎi duō jiǔ le?	*Tu habites à Shanghai depuis combien de temps ?*

ANNEXE 6 : PARTICULES ET INTERJECTIONS

Particules finales

吗？ ma ?	Question oui-non	你是马丁吗？ **Nǐ shì Mǎ Dīng ma ?** *Est-ce que tu es Martin ?*
呢？ ne ?	Question elliptique	我是德国人，你呢？ **Wǒ shì Déguórén, nǐ ne ?** *Je suis allemand, et toi ?*
	Question renforcée	您找谁呢？ **Nín zhǎo shéi ne ?** *Qui cherchez-vous au juste ?*
吧？ ba ?	Supposition à vérifier	他是你弟弟吧？ **Tā shì nǐ dìdi ba ?** *Ce doit être ton petit frère, non ?*
呢 ne	Inachèvement	还没吃饭呢。 **Hái méi chī fàn ne.** *On n'a pas encore mangé.*
	Progressif	外面下着雨呢。 **Wàimiàn xià-zhe yǔ ne.** *Il pleut dehors.*
吧 ba	Incitation et impératif	走吧。 **Zǒu ba.** *Allons-y. On est partis.*
了 le	Degré atteint et dépassement Changement attesté	人太多了！ **Rén tài duō le !** *Il y a trop de monde !* 他病了。 **Tā bìng le.** *Il est (tombé) malade.*
	Changement envisagé	雨不下了。　**Yǔ bú xià le.** *Il ne pleut plus.* 如果明天天晴了…… **Rúguǒ míntiān tiān qíng le…** *S'il fait beau demain, si le temps s'arrange demain…*
	Durée écoulée jusqu'à maintenant	你们结婚多长时间了？ **Nǐmen jiéhūn duō cháng shíjiān le ?** *Vous êtes mariés depuis combien de temps ?*

啊 a 呀/哟 ya/yo	Exclamatif		是啊。 **Shì a.** *Oui, oui.* 你快点去呀。 **Nǐ kuài qù ya.** *Vas-y vite.*
啦 la	Contraction de 了 le + 啊 a		你都不说话怎么啦？ **Nǐ dōu bù shuō huà zěnme lā ?** *Tu ne dis rien, qu'est-ce que tu as ?*

Suffixes verbaux

Verbe 了 **le**	Action accomplie	我睡了八小时。 **Wǒ shuì-le bā xiǎoshí.** *J'ai dormi huit heures.*
Verbe 着 **zhe**	Action durative	请你帮我看着姓李。 **Qǐng nǐ bāng wǒ kān-zhe xínglǐ.** *Surveille mes bagages s'il te plaît.*
Verbe 1 着 **zhe** + Verbe 2	Position	你别站着吃饭。 **Nǐ bié zhàn-zhe chī fàn.** *Ne mange pas debout.*
	Moyen	他骑着自行车回来的。 **Tā qí-zhe zìxíngchē huí-lái de.** *Il est revenu à vélo.*
Verbe 过 **guo**	Expérience vécue	你去过中国吗？ **Nǐ qù-guo Zhōngguo ma ?** *Tu es déjà allé en Chine ?*
Verbe 得 **de** + (不) + Adjectif	Jugement Degré	你说得对，他说得不对。 **Nǐ shuō-de duì, tā shuō-de bú duì.** *Tu as raison de dire ça et il a tort.* 他唱得比我好。． **Tā chàng-de bǐ wǒ hǎo.** *Il chante mieux que moi.*
Verbe 1 得 **de** Verbe 2	Potentiel positif	你听得懂吗？ **Nǐ tīng-de-dǒng ma ?** *Tu comprends (ce que tu écoutes) ?*

Verbe 1 不 bu Verbe 2	Potentiel négatif	我看不懂。 Wǒ kàn-bu-dǒng. *Je ne comprends pas (ce que je lis ou regarde).*
Verbe 得 de 了 liǎo	Potentiel positif	做得了 zuò-de-liǎo *c'est faisable, réalisable, jouable*
Verbe 不 bu 了 liǎo	Potentiel négatif	做不了 zuò-bu-liǎo *mission impossible, on laisse tomber,* etc.

La particule 的 *de*

→ Elle relie le déterminant au nom, mais il arrive que le nom soit sous-entendu :

我的工作	wǒ de gōngzuò	*mon travail*
很好的工作	hěn hǎo de gōngzuò	*un très bon travail*
我妈妈的工作	wó māma de gōngzuò	*le travail de ma mère*
你想要的工作	nǐ xiǎngyào de gōngzuò	*le travail que tu souhaites*
他的上衣是黑的。	Tā de shàngyī shì hēi de. (shàngyī)	*Sa veste est noire.*
这是谁的？	Zhè shì shéi de ?	*À qui est-ce ?*
是我的。	Shì wǒ de.	*C'est à moi.*

→ Très souvent, la particule 的 **de** achève une phrase sans qu'il y ait un nom sous-entendu identifiable. Il s'agit alors de souligner l'affirmation : 她一定会考上大学的。 **Tā yídìng huì kǎo-shàng dàxué de.** *Elle réussira son examen d'entrée dans le supérieur, c'est sûr.*

→ La tournure {是… 的} encadre un adjectif comme pour le nominaliser : 这是真的。 **Zhè shì zhēn de.** *Ceci est vrai, c'est la vérité.*

→ La tournure {是… 的} marque souvent une action passée : 你是什么时候回来的？ **Nǐ shì shénme shíhou huí-lái de?** *Quand es-tu revenue ?* 我是打车来的。 **Wǒ shì dǎ chē lái de.** *Je suis venu en taxi.*

Interjections

啊？ a ?	Incompréhension	*Hein ?*
哎哟 āiyō / 哎呀 āiyā	Émotion	*Oh la la*
哈！hā !	Rire	*Ha, ha !*
哪里 nǎli	Modestie	*Oh non, quand même pas.*
哦 ó	Étonnement	*Ah bon ?*
哟 yō	Surprise	*Oh*
哦 ò	Compréhension	*Je vois*
嗯 èn/ēn	Approbation	*Oui*
喂 wei	Téléphone	*Allo*
嘘 xū	Faire taire	*Chut*

ANNEXE 7 : 86 CARACTÈRES À SAVOIR ÉCRIRE

La colonne 5 renvoie à la leçon où le signe est présenté. La colonne 4 donne le nombre total de traits.

不	bù	ne pas, non	4	Intro
必	bì	nécessaire	5	18
草	cǎo	herbe	9	27
车	chē	véhicule	4	15
出	chū	sortir	5	17
春	chūn	printemps	9	29
次	cì	fois	6	14
大	dà	grand	3	7
代	dài	époque	4	30
点	diǎn	point	9	10
二	èr	deux	2	1
丰	fēng	abondant	4	30
个	ge	individu	3	6
工	gōng	travail	3	16
公	gōng	public	4	26
功	gōng	mérite	5	23
古	gǔ	ancien	5	30
汉	hàn	(rivière)	5	19
好	hǎo	bon	6	13
画	huà	dessiner	8	28
花	huā	fleur	7	27
会	huì	savoir-faire	6	21
火	huǒ	feu	4	15
交	jiāo	échanger	6	22
节	jié	segment, fête	5	29
可	kě	pouvoir	5	20

科	kē	science	9	20
口	kǒu	orifice	3	20
力	lì	force	2	23
两	liǎng	deux	7	6
马	mǎ	cheval	3	28
美	měi	beau	9	24
门	mén	porte	3	17
木	mù	bois	4	16
年	nián	année	6	17
女	nǐ	féminin	3	13
朋	péng	ami	8	16
平	píng	plat	5	18
气	qì	énergie, air	4	23
去	qù	aller	5	8
人	rén	humain	2	6
日	rì	soleil, jour	4	3
三	sān	trois	3	1
山	shān	montagne	3	5
上	shàng	sur, monter	3	8
生	shēng	naissance	5	11
石	shí	pierre	5	27
是	shì	être	9	4
手	shǒu	main	4	9
水	shuǐ	eau	4	25
四	sì	quatre	5	10
田	tián	champ	5	28

天	**tiān**	ciel	4	12
同	**tóng**	identique	6	19
头	**tóu**	tête	5	27
土	**tǔ**	terre	3	5
网	**wǎng**	filet	6	15
味	**wèi**	goût, arôme	8	24
文	**wén**	signe, motif	4	2
问	**wèn**	demander	6	18
下	**xià**	sous, descendre	3	8
闲	**xián**	oisif	7	26
乡	**xiāng**	campagne	3	29
小	**xiǎo**	petit	3	7
心	**xīn**	cœur	4	14
休	**xiū**	repos	6	26
学	**xué**	apprendre	8	19
业	**yè**	occupation	5	25
一	**yī**	un	1	10

医	**yī**	médecine	7	21
用	**yòng**	utiliser	5	21
友	**yǒu**	ami	4	16
有	**yǒu**	avoir	6	4
余	**yú**	surplus	7	25
雨	**yǔ**	pluie	8	7
语	**yǔ**	langue parlée	9	22
元	**yuán**	(monnaie)	4	10
园	**yuán**	jardin	7	26
月	**yuè**	mois, lunaison	4	3
在	**zài**	se trouver à	6	29
早	**zǎo**	tôt	6	11
中	**zhōng**	milieu	4	2
周	**zhōu**	cycle, semaine	8	12
字	**zì**	caractère écrit	6	19
子	**zǐ**	enfant	3	12
坐	**zuò**	s'asseoir	7	9

Relecture : Mei Mercier

Conception graphique, couverture et intérieur : Sarah Boris
Ingénieur du son : Léonard Mule @ Studio du Poisson Barbu

© 2018, Assimil - www.assimil.com
Dépôt légal : août 2018
N° d'édition : 4419 - décembre 2024
ISBN : 978-2-7005-0935-9
www.assimil.com

Imprimé en République tchèque par PBtisk